Outils de
contrôle stratégique

3e édition

Hugues Boisvert et Michel Vézina

JFD
Éditions

Outils de contrôle stratégique, 3e édition
Hugues Boisvert
Michel Vézina
© 2017 Les Éditions JFD inc.

Catalogage avant publication de Bibliothèque et Archives nationales du Québec et Bibliothèque et Archives Canada

Boisvert, Hugues
Vézina, Michel

Outils de contrôle stratégique, 3e édition.

Comprend des références bibliographiques.

ISBN 978-2-924651-59-9

1. Gestion – Contrôle – Stratégie. 2. Planification stratégique 3. Tableaux de bord (Gestion) 4. Gestion budgétaire et gouvernance I. Titre.

HD58.95.B63 2017   658.4'013   C2017-941378-3

Les Éditions JFD
CP 15 Succ. Rosemont
Montréal (Québec) H1X 3B6
Téléphone : 514-999-4483
Courriel : info@editionsjfd.com
www.editionsjfd.com

ISBN : 978-2-924651-59-9
Dépôt légal : 3e trimestre 2017
Bibliothèque et Archives nationales du Québec
Bibliothèque et Archives Canada

Infographie et graphisme : Adrien Rowen et Jean-Sébastien Delorme
Correction : Marie Vézina

Imprimé au Québec

Table des matières

Module 4 – Financement

Module 5 – Tableaux de bord de gestion

Module 6 – Gestion des risques

Module 7– Gouvernance

Module 8 – Structure opérationnelle

Module 9 – Rémunération incitative

Module 10 – Processus budgétaire

Module 11 – Suivi budgétaire

Module 12 – Analyse de la productivité

Introduction

La fonction première du contrôle de gestion (de gouvernance, stratégique et opérationnel) vise à s'assurer que les systèmes de gestion et les décisions des gestionnaires soient cohérents avec l'orientation stratégique de l'organisation et contribuent à la création de valeur pour ses partenaires socio-économiques, ses actionnaires et les autres parties prenantes. Le contrôle stratégique est ainsi envisagé dans une perspective multidimensionnelle où les outils de contrôle sont complémentaires et interreliés.

1. Quels outils de contrôle facilitent la mise en œuvre et l'évaluation de la stratégie?
2. Les systèmes de contrôle sont-ils correctement utilisés au sein de l'organisation?
3. Les systèmes de contrôle sont-ils cohérents avec la stratégie?

La boîte à outils ici proposée se veut une réponse concrète à ces questions. En effet, cette série de fiches offre un survol exhaustif des outils de contrôle stratégique les plus couramment utilisés au sein des organisations pour faciliter la mise en œuvre et l'évaluation de leurs stratégies. Chacune des fiches-synthèse est enrichie d'un outil de diagnostic permettant d'évaluer les possibilités d'améliorer les systèmes de contrôle stratégique déjà en place ou envisagés. Pour ajouter à la réflexion, un outil d'évaluation de la cohérence entre la stratégie et les systèmes de contrôle figure en conclusion de chacun des modules suggérés, soit :

Module 1	Contrôle de gestion, mécanismes et objectifs
Module 2	Analyse stratégique
Module 3	Évaluation financière des investissements
Module 4	Financement
Module 5	Tableaux de bord de gestion
Module 6	Gestion des risques
Module 7	Gouvernance
Module 8	Structure opérationnelle
Module 9	Rémunération incitative
Module 10	Processus budgétaire
Module 11	Suivi budgétaire
Module 12	Analyse de la productivité

Remerciements

Cette troisième édition est le fruit des questions et suggestions reçues des deux éditions précédentes. Par rapport à la deuxième édition, nous avons ajouté plus de 20 nouvelles fiches notamment dans le cadre des modules 1, 2, 3, 10 et 11. Nous avons ajouté des fiches sur la stratégie des organismes à but non lucratif, sur l'évaluation de la situation financière des organisations, sur l'évaluation qualitative des options stratégiques, sur les marges et le coût de revient, sur l'évaluation d'entreprises, sur les catégories de budgets et sur le suivi budgétaire. De plus, le module processus budgétaire a été scindé en deux modules soit un module portant sur le processus budgétaire et un module portant sur le suivi budgétaire. Enfin, les fiches de cohérence stratégique ont été intégrées à la fin de chaque module.

Nous tenons à remercier tous les étudiants qui ont utilisé les dernières éditions. Puis, nous remercions particulièrement Samuel Séguin qui a beaucoup contribué aux fiches du module 6, Marie-Andrée Caron qui nous a donné la fiche 7.3 sur la responsabilité sociale et environnementale et Jean-Pierre Vidal qui nous a donné la fiche 8.6 sur la fiscalité des prix de transfert. Enfin, nous avons bénéficié des suggestions de Ghyslain Cadieux de la firme RCGT et de Daniel Denault, Chef de la direction financière de EXO-S inc. lors de la deuxième édition.

Pour cette édition ainsi que pour les éditions précédentes, nous remercions Valérie Allard, Maryse Flibotte et Olga Prin pour leur expertise rédactionnelle et la révision linguistique de ces fiches. Nous remercions par ailleurs tous les auteurs que nous avons cités et qui nous ont stimulés par leurs idées. Enfin, nous remercions les étudiants qui, par leurs questions, nous amènent toujours à pousser plus loin notre réflexion.

Hugues Boisvert et Michel Vézina

1 | Contrôle de gestion, cadre conceptuel et mécanismes

Aperçu du module 1

- Fiche 1.1 : Le contrôle de gestion, cadre conceptuel

- Fiche 1.2 : Le contrôle de gestion, mécanismes

- Fiche 1.3 : Le contrôle de gouvernance

- Fiche 1.4 : Le contrôle stratégique au sein des entreprises à but lucratif

- Fiche 1.5 : Le contrôle stratégique au sein des organismes sans but lucratif

- Fiche 1.6 : OBNL et systèmes de contrôle stratégique

- Fiche 1.7 : Le contrôle opérationnel

- Fiche 1.8 : Mécanismes de contrôle

- Fiche 1.9 : Objectifs du contrôle de gestion

- Fiche 1.10 : Concept de cohérence stratégique

- Fiche 1.11 : Cohérence des systèmes de contrôle

Le contrôle de gestion, cadre conceptuel

Gestion de la performance organisationnelle
Objectif Assurer la cohérence stratégique et la performance organisationnelle.

Connaissances	Utilisations
● Orientations stratégiques ● Stratégie de contrôle	● Assurer la cohérence stratégique ● Améliorer la performance organisationnelle

Mission

● Raison d'être d'une organisation. Elle se précise par la vision.

Vision

● Détermine les orientations stratégiques prises par l'organisation.

Stratégie

● Ensembles des orientations adoptées par l'organisation afin de réaliser sa vision.

● La stratégie d'une entreprise à but lucratif concerne la rentabilité à long terme de l'organisation.

● La stratégie d'un OSBL concerne est associé au succès de sa mission.

Objectifs des systèmes de contrôle

● Supportent l'élaboration, la mise en œuvre et l'évaluation de la stratégie.

Systèmes de contrôle

● La maîtrise de l'organisation : La légitimité déclinée en responsabilité économique, sociale et écologique, assurée par le contrôle de gouvernance.

● La maîtrise des grandes orientations : la compétitivité de la mission, du produit et du métier, assurée par le contrôle stratégique.

● La maîtrise de l'exploitation : la productivité des ressources, des activités et des processus, assurée par le contrôle opérationnel.

Mécanismes de contrôle

● Les systèmes de contrôle peuvent être utilisés comme instruments de pilotage ou comme instrument de reddition de comptes.

Cohérence stratégique

- Le concept de cohérence stratégique permet aux systèmes de contrôle de faciliter la mise en œuvre et l'évaluation de la stratégie.

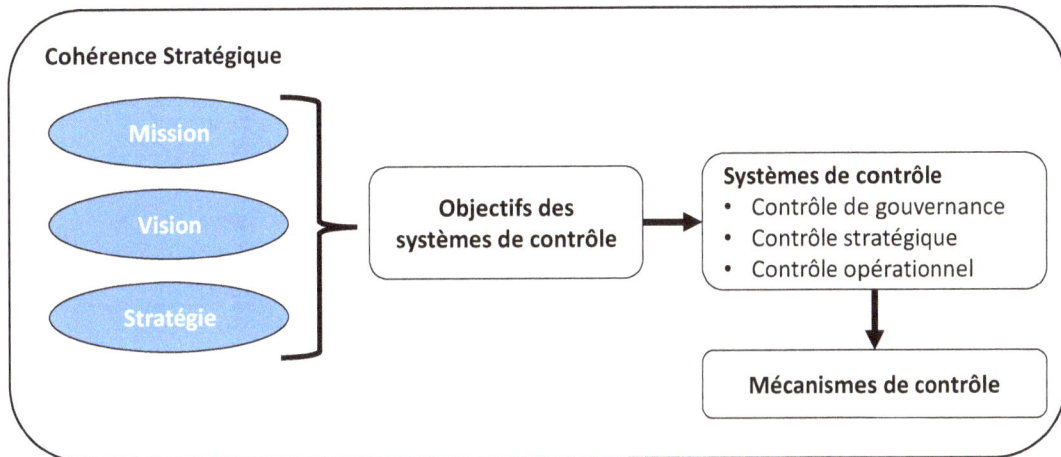

Cohérence Stratégique

Mission
Vision
Stratégie
→ Objectifs des systèmes de contrôle →

Systèmes de contrôle
- Contrôle de gouvernance
- Contrôle stratégique
- Contrôle opérationnel

↓

Mécanismes de contrôle

- Les systèmes de contrôle ont pour objectif de supporter la stratégie de l'organisation
- La cohérence stratégique permet d'assurer la légitimité, la compétitivité et la productivité qui, en s'influençant mutuellement, affecte la performance organisationnelle.
- La cohérence stratégique influence la compétitivité et la productivité.

Diagnostic du contrôle de gestion

ÉNONCÉS *Dans l'organisation...*	Tout à fait en accord	Plutôt en accord	Plutôt en désaccord	Tout à fait en désaccord	Sans objet
1. Les gestionnaires comprennent l'importance de la cohérence stratégique.					
2. Les gestionnaires sont en mesure d'évaluer la cohérence stratégique.					
3. Les gestionnaires cherchent constamment à améliorer la cohérence stratégique.					
4. Le contrôle de gouvernance assure la maîtrise de l'organisation c'est-à-dire sa responsabilité économique, sociale et écologique.					
5. Le contrôle de gouvernance s'appuie sur la structure opérationnelle, des politiques, des procédures et des règles de fonctionnement.					
6. Le contrôle stratégique assure la maîtrise des grandes orientations de l'organisation, de la stratégie en vue de la compétitivité.					
7. Le contrôle stratégique s'appuie sur des objectifs et des cibles issus d'analyses stratégiques.					
8. Le contrôle opérationnel assure la maîtrise de l'exploitation, c'est-à-dire vise la productivité des ressources, des activités, des processus.					
9. Le contrôle opérationnel s'appuie des standards et des benchmarks externes.					
10. Les systèmes de contrôle bénéficient d'un soutien technologique approprié pour la production d'information pour la prise de décision.					

Pour chacun des énoncés, indiquez votre opinion (en attribuant une valeur de 3 à **Tout à fait en accord**, de 2 à **Plutôt en accord**, de 1 à **Plutôt en désaccord** et de 0 à **Tout à fait en désaccord**). Les questions **Sans objet** sont exclues du décompte. Un résultat inférieur à 15/30 (ou à 50 % du maximum) suggère des possibilités d'amélioration du contrôle de gestion au sein de l'organisation.

Le contrôle de gestion, mécanismes

Gestion de la performance organisationnelle
Objectif Assurer la cohérence stratégique et la performance organisationnelle.

Connaissances des mécanismes	**Utilisations**
● Systèmes de contrôle ● Mécanismes de contrôle	● Contrôles de gouvernance ● Contrôles stratégiques ● Contrôles opérationnels

Systèmes de contrôle et mécanismes de contrôle

Les systèmes de contrôle regroupent les différents mécanismes de contrôle abordé dans le cadre de cet ouvrage. Le tableau suivant permet d'identifier les préoccupations liées aux différents mécanismes de contrôle en fonction du système correspondant.

IIllustration des liens entre les systèmes de contrôle et les mécanismes de contrôle

Mécanismes de contrôle	Contrôles de gouvernance	Contrôles stratégiques	Contrôles opérationnels
Analyse stratégique	Stratégie d'entreprise	Stratégie d'affaires	Stratégie fonctionnelle
Évaluation financière des investissements	Rendement des actionnaires	Rendement sur capital investi	Productivité
Stratégie de financement	Structure financière	Financement des projets	Gestion des liquidités
Tableaux de bord de gestion	Objectifs stratégiques	Objectifs tactiques	Objectifs opérationnels
Gestion des risques	Risques organisationnels	Risques liés aux projets	Risques opérationnels
Gouvernance	Conseil d'administration	Comité de direction	Cadres intermédiaires
Structure opérationnelle	Structure organisationnelle	Structure des unités d'affaires	Organisation du travail
Rémunération incitative	Rémunération des dirigeants	Rémunération des gestionnaires	Rémunération variable
Processus budgétaire	Allocation des ressources	Plan stratégique	Budget annuel
Suivi budgétaire	Ratios financiers	Budgets d'exploitation	Analyse détaillés des écarts
Analyse de la productivité	Performance organisationnelle	Productivité des unités d'affaires	Efficience des processus

Contrôles de gouvernance

- Les contrôles de gouvernance, qui assurent qui la légitimité déclinée en responsabilité économique, sociale et écologique, se concentrent sur l'amélioration de la performance globale de l'organisation au sein de son environnement.

Contrôles stratégiques

- Les contrôles stratégiques, qui assurent la compétitivité de la mission, du produit et du métier, se concentrent sur l'amélioration de la performance de chaque unité d'affaires.

Contrôles opérationnels

- Les contrôles opérationnels, qui permettent d'accroître la productivité des ressources, des activités et des processus, se concentrent sur l'amélioration de l'efficience de chaque composante de l'organisation.

Diagnostic des mécanismes de contrôle de gestion

ÉNONCÉS *Dans l'organisation...*	Tout à fait en accord	Plutôt en accord	Plutôt en désaccord	Tout à fait en désaccord	Sans objet
1. Les gestionnaires s'assurent que les systèmes de contrôle de gouvernance assurent qui la légitimité déclinée en responsabilité économique, sociale et écologique, assurée par le contrôle de gouvernance.					
2. Les systèmes de gouvernance permettent d'améliorer la performance globale de l'organisation.					
3. Les gestionnaires s'assurent que les systèmes de contrôle stratégiques assurent la compétitivité de la mission, du produit et du métier.					
4. Les gestionnaires s'assurent que les systèmes de contrôle stratégiques permettent d'améliorer la performance de chaque unité d'affaires.					
5. Les gestionnaires s'assurent que les systèmes de contrôle opérationnels contribuent à l'optimisation des ressources, des activités et des processus.					
6. Les gestionnaires s'assurent que les systèmes de contrôle opérationnels permettent d'accroître l'efficience des composantes de l'organisation.					
7. La direction est consciente de la contribution des systèmes de contrôle à la performance organisationnelle.					
8. Les gestionnaires possèdent l'expertise pour évaluer la pertinence des mécanismes de contrôle.					
9. Les gestionnaires possèdent l'expertise pour évaluer la cohérence entre les mécanismes de contrôle et la stratégie.					
10. Les systèmes d'information permettent d'évaluer l'efficience des mécanismes de contrôle.					

Pour chacun des énoncés, indiquez votre opinion (en attribuant une valeur de 3 à **Tout à fait en accord**, de 2 à **Plutôt en accord**, de 1 à **Plutôt en désaccord** et de 0 à **Tout à fait en désaccord**). Les questions **Sans objet** sont exclues du décompte. Un résultat inférieur à 15/30 (ou à 50 % du maximum) suggère des possibilités d'amélioration du contrôle de gestion au sein de l'organisation.

Le contrôle de gouvernance

Maîtriser l'organisation
Objectif Assurer la légitimité de l'organisation.

Connaissances	**Utilisations**
● Responsabilité économique ● Responsabilité sociale ● Responsabilité écologique	● Collaboration ● Intégration ● Apprentissage

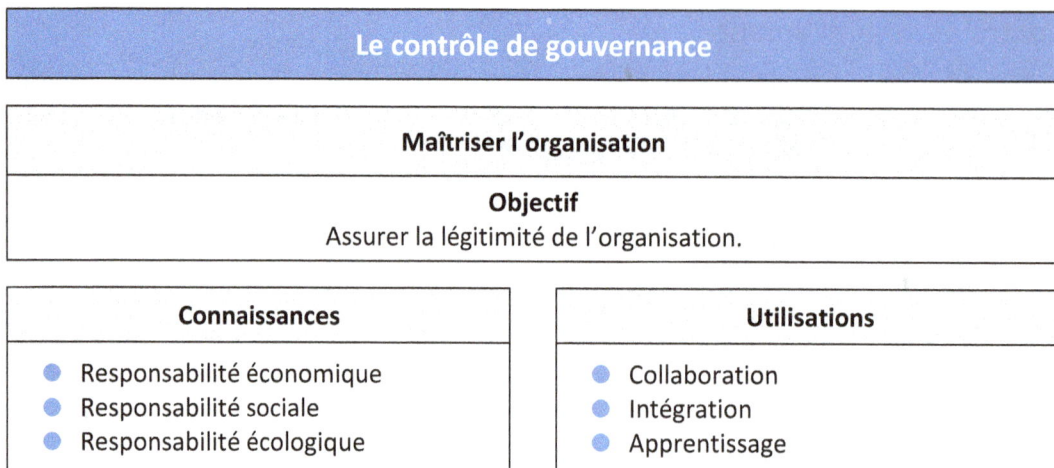

Assurer la maîtrise de l'organisation

- La responsabilité du contrôle de gouvernance incombe à la direction.
- Le conseil d'administration doit s'en assurer.
- En relation avec l'environnement, le contrôle de gouvernance implique :
  - Le respect des lois, des règles et des normes;
  - Une réponse appropriée aux tendances de la société;
  - Une réponse appropriée aux attentes des parties prenantes.
- En ce qui a trait à l'organisation, le contrôle de gouvernance implique :
  - La mise en place d'une structure organisationnelle et son évolution;
  - Instauration de régimes de rémunération;
  - Implantation d'une politique de gestion des risques;
  - L'utilisation d'indicateurs clés de performance (KPI).

Défi du contrôle de gouvernance[1]

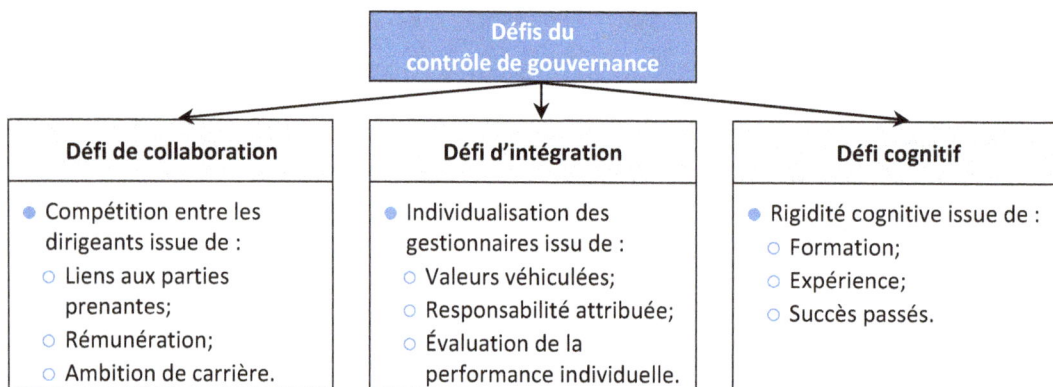

Défis du contrôle de gouvernance		

Défi de collaboration	**Défi d'intégration**	**Défi cognitif**

● Compétition entre les dirigeants issue de :
  ○ Liens aux parties prenantes;
  ○ Rémunération;
  ○ Ambition de carrière.
	● Individualisation des gestionnaires issu de :
	  ○ Valeurs véhiculées;
	  ○ Responsabilité attribuée;
	  ○ Évaluation de la performance individuelle.
		● Rigidité cognitive issue de :
		  ○ Formation;
		  ○ Expérience;
		  ○ Succès passés.

Collaboration

- Les mécanismes de contrôle (structure organisationnelle, rémunération, gestion des risques, situation financière et indicateurs clés de performance) doivent favoriser la collaboration entre les gestionnaires.
- Le contrôle de gouvernance doit amener la direction à être attentive aux tendances de la société.

Intégration

- Les mécanismes de contrôle énoncés doivent favoriser l'intégration des valeurs véhiculées dans l'organisation.
- Le contrôle de gouvernance doit prendre en compte les attentes des parties prenantes.

Apprentissage

- Les mécanismes de contrôle énoncés doivent favoriser l'apprentissage organisationnel.
- Le contrôle de gouvernance doit encourager l'apprentissage collectif.

Diagnostic
du contrôle de gouvernance

ÉNONCÉS *Dans l'organisation...*	Tout à fait en accord	Plutôt en accord	Plutôt en désaccord	Tout à fait en désaccord	Sans objet
1. Le contrôle de gouvernance évalue la structure organisationnelle.					
2. Le contrôle de gouvernance procède à une analyse de la situation financière pour le CA.					
3. Le contrôle de gouvernance évalue la politique de rémunération.					
4. Le contrôle de gouvernance évalue la politique de gestion des risques.					
5. Le contrôle de gouvernance évalue les autres politiques de gestion et les règles de fonctionnement.					
6. Le contrôle de gouvernance évalue les attentes des actionnaires (ou des propriétaires).					
7. Le contrôle de gouvernance assure la pérennité économique de l'organisation.					
8. Le contrôle de gouvernance assure la responsabilité sociale de l'organisation.					
9. Le contrôle de gouvernance assure la responsabilité écologique de l'organisation.					
10. Le contrôle de gouvernance assure la cohérence de l'organisation.					

Pour chacun des énoncés, indiquez votre opinion (en attribuant une valeur de 3 à **Tout à fait en accord**, de 2 à **Plutôt en accord**, de 1 à **Plutôt en désaccord** et de 0 à **Tout à fait en désaccord**). Les questions **Sans objet** sont exclues du décompte. Un résultat inférieur à 15/30 (ou à 50 % du maximum) suggère des possibilités d'améliorer les pratiques de contrôle de gouvernance au sein de l'organisation.

Le contrôle stratégique au sein des entreprises à but lucratif

Maîtriser les grandes orientations stratégiques des entreprises à but lucratif

Objectif
Assurer la compétitivité de la mission, du métier et du produit.

Connaissances	Utilisations

• Stratégie d'entreprise
• Stratégie d'affaires
• Stratégie fonctionnelle
	• Identification de la stratégie
	  ○ … d'entreprise
	  ○ … d'affaires
	  ○ … fonctionnelle

Déclinaison de la stratégie[2]

Niveau hiérarchique	Questions clés	Choix stratégiques	Niveau organisationnel
Organisation	**Stratégie d'entreprise**		
	Quel est le meilleur choix d'industrie?	Industrie unique, diversification liée (avec intégration) ou diversification non liée (sans intégration ou conglomérat)	Siège social
	Dans quelles industries ou quels secteurs d'activité aurions-nous avantage à évoluer?	Intégration horizontale, intégration verticale ou diversification latérale (voir fiche 1.3)	
Unité d'affaires stratégiques (*Strategic Business Units*)	**Stratégie d'affaires**		
	Quelle est la mission de l'unité d'affaires?	Construire/renforcer, maintenir, récolter/ rentabiliser, désinvestir	Siège social, unité d'affaires ou gammes de produits ou services
	Stratégie concurrentielle		
	Comment concurrencer?	Faible prix, différenciation	

	Où concurrencer?	Marché vaste ou restreint (focalisation) :
		  ○ *Territoire* : local, régional, national ou mondial;
		  ○ *Produits* : génériques ou spécialisés;
		  ○ *Clientèle* : générale ou spécifique.	

Fonctions, ateliers ou services	**Stratégies fonctionnelles**		
	Avec quoi concurrencer?	Impartition de services Qualité et innovation des produits et services Efficience des processus Technologies de production Qualité de la gestion	Fonctions administratives

Au niveau de l'organisation : la stratégie d'entreprise[3]

● La stratégie d'entreprise (ou stratégie de diversification) traite essentiellement de l'éventail de ses domaines d'activité et de leur synergie. Elle permet de définir le degré d'intégration des différentes unités d'affaires au sein de l'organisation.

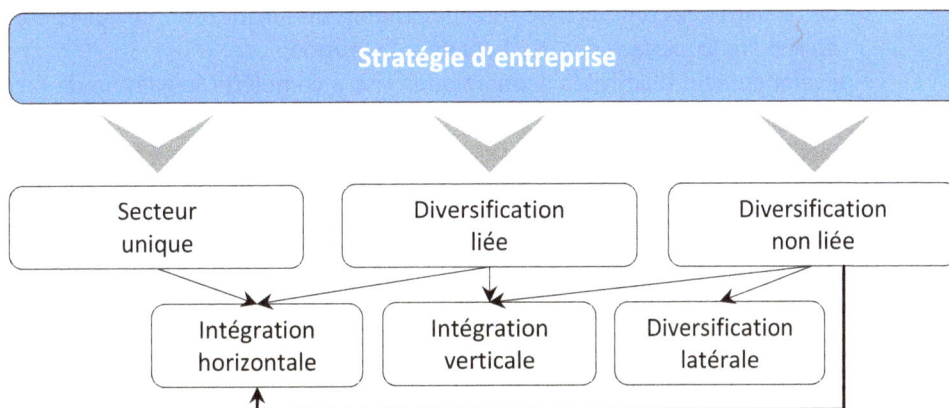

```
                    Stratégie d'entreprise

        ↓                    ↓                    ↓

   Secteur            Diversification       Diversification
   unique                 liée                non liée

        Intégration        Intégration        Diversification
        horizontale        verticale            latérale
```

● **Le concept** de diversification[4] :

○ La diversification signifie l'incursion d'une organisation dans de nouveaux marchés, de nouveaux secteurs d'activité;

○ Les motifs invoqués pour diversifier sont variés, de la volonté de mieux répartir les risques à la nécessité de survie;

○ Par ailleurs, la diversification peut être **liée** (au sein du même secteur d'activité/de la même chaîne de valeur) ou **non liée** (toucher deux secteurs distincts);

○ La diversification peut conduire à l'intégration **horizontale** lorsque le nouveau produit est conforme à la pratique actuelle de l'organisation; à l'intégration **verticale** lorsque celle-ci étend son activité en amont ou vers l'aval de la chaîne de valeur du secteur d'activité et à la diversification **latérale** lorsqu'elle choisit de pénétrer un nouveau domaine d'activité;

○ Elle peut se faire par la création de nouvelles unités, par regroupement d'entreprises (fusions et acquisitions) ou encore par des ententes de partenariat.

● **Intégration horizontale**[5] :

○ L'intégration horizontale (ou concentration horizontale) est l'expansion que prend une organisation dans les domaines relevant de son exploitation courante ou dans des domaines connexes (activités économiques au même niveau de la chaîne de valeur que ses produits), soit en s'agrandissant, soit en se liant avec d'autres organisations du même secteur d'activité;

○ Les fusions se traduisent par une intégration horizontale lorsque deux organisations exercent la même activité et visent le même marché. Il en résulte une concurrence moins forte et une plus grande part du marché pour la société issue de la fusion;

- L'acquisition d'activités économiques peut viser :
  - des organisations concurrentes, avec pour conséquence de diminuer la concurrence,
  - des activités de commercialisation de produits similaires, avec l'objectif de se diversifier,
  - des activités de commercialisation de produits de substitution, ce qui a pour effet de réduire la menace des produits de substitution;
- Le développement d'activités économiques vise à compléter la gamme de produits de l'organisation;
- L'objectif de l'intégration horizontale est de répartir les coûts d'infrastructure sur un plus grand volume de production;
- Il peut aussi s'agir de réduire la concurrence, voire parfois de créer un monopole.

- **Intégration verticale**[6] :
  - L'intégration verticale se fait au sein de la chaîne de valeur d'un secteur d'activité. Selon cette stratégie, une organisation élargit le champ de ses opérations en ajoutant des activités en amont ou en aval dans la chaîne de valeur à ses activités actuelles;
  - Plus précisément, c'est l'expansion que prend l'organisation dans des domaines reliés directement à la production ou à la commercialisation des produits et services faisant l'objet de son exploitation;
  - Il est possible d'y parvenir par le développement interne ou l'achat de matières premières chez des fournisseurs (intégration ascendante) ou des clients (intégration descendante). L'intégration peut être partielle ou complète, lorsqu'elle s'étend de l'obtention de la matière première à la livraison du produit fini;
  - Par exemple, en aviculture, l'intégration verticale englobe les activités suivantes : *souche, couvoir, aliment, transformation, commercialisation.*

- **Diversification latérale**[7] :
  - La diversification latérale signifie qu'une organisation étend ses activités par une incursion dans un domaine d'activité sans lien avec ses produits et services actuels ni avec les marchés dans lesquels elle évolue;
  - Par exemple, l'acquisition d'une société manufacturière de produits électroniques par une organisation agricole exige un certain apprentissage en matière de compétences, de savoir-faire et de compréhension du marché.

Les stratégies des unités d'affaires

- Les stratégies des unités d'affaires (*Strategic Business Unit*) regroupent, entre autres, les choix stratégiques liés à la stratégie d'affaires et à la stratégie concurrentielle.
- Les unités d'affaires d'une même organisation peuvent opter pour des stratégies différentes.
- Dans certains cas, la stratégie d'affaires et la stratégie concurrentielle peuvent être établies en fonction des gammes de produits.

La stratégie d'affaires[8]

- La stratégie d'affaires détermine l'allocation des ressources au sein des unités d'affaires.
- Celle-ci doit être ajustée en fonction de la croissance du marché et de la part de marché détenue par l'organisation.

Déclinaison de la stratégie d'affaires

- **Construire/renforcer :** L'organisation cherche constamment à développer son action commerciale et à saisir les occasions. Elle innove, expérimente divers projets en vue de répondre aux tendances et génère sans cesse de l'incertitude chez sa concurrence. Son domaine d'activité est en redéfinition constante par l'adjonction de nouveaux produits et créneaux ou encore le désengagement des secteurs en perte de vitesse.

La stratégie d'affaires

	Croissance	Maintien	Récolte	Retrait
Produits et services	Introduction de nouveaux produits ou services	Améliorations de produits ou services dans le souci de maintenir sa position concurrentielle	Pas ou peu d'investissement	Élimination de produits ou services
Marchés	Expansion géographique ou incursion dans de nouveaux marchés	Concentration dans un marché donné	Pas ou peu d'investissement	Abandon de la distribution dans certaines régions
Compétences	Investissements massifs dans les immobilisations, la technologie et la RD	Entretien des immobilisations et des systèmes de TI	Aucun investissement en immobilisations	Disposition des immobilisations
	Embauche et formation intensive de la main-d'œuvre	Formation régulière de la main-d'œuvre Maintien des effectifs	Peu d'embauche et formation minimale	Politique de licenciement massif ou de retraite par attrition

- **Maintenir :** L'organisation cherche à exploiter de nouvelles occasions d'affaires tout en maintenant une base stable d'activités dans un domaine raisonnablement mature et protégé. Le portefeuille est nourri par la sélection et l'imitation des meilleurs produits, services et marchés développés par des organisations innovatrices du même secteur d'activité.
- **Récolter/rentabiliser :** L'organisation cherche à maintenir un domaine d'activité stable et bien défini pour y bâtir une position de chef de file en matière de qualité et/ou de prix de manière continue et progressive. Cette stratégie s'adresse à un segment du marché global, soit celui qui lui semble le plus rentable.
- **Désinvestir :** L'organisation cherche à se départir d'activités généralement en perte de vitesse et non rentables afin de récupérer partiellement ses investissements.

La stratégie concurrentielle

- Posséder la combinaison d'avantages concurrentiels dans un segment du marché donné pour être en mesure de se positionner. Selon Porter[9], les principales stratégies génériques possibles sont :
  - **Vaste marché :**
    - Domination par les prix les plus bas,
    - Différenciation par l'innovation;
  - **Spécialisation du marché (niche ou marché restreint) :**
    - Concentration par les coûts,
    - Concentration par la différenciation.

Identification de la stratégie d'entreprise/diversification

Stratégie d'entreprise	Secteur unique	Diversification liée	Diversification non liée
Intégration horizontale			
Intégration verticale	■		
Diversification latérale	■	■	

- Veuillez cocher la case correspondant à la stratégie de diversification.
- Les cases en noir ne constituent pas des choix cohérents avec la stratégie retenue.

Identification de la stratégie de déploiement des ressources

Stratégie de déploiement des ressources	Croissance organique	Alliance	Acquisition	Fusion	Impartition
Stratégie correspondante					

Identification du marché

Marché	Territoire visé				Produits ou services		Clientèle cible	
	Mondial	National	Régional	Local	Génériques	Spécialisés	Générale	Spécifique
Marché cible vaste			■			■		■
Marché cible restreint (niche)	■				■		■	

- Veuillez cocher les cases correspondant à la situation de l'organisation.
- Utilisez une grille par produit ou service.
- Les cases en noir ne constituent pas des choix cohérents avec la stratégie d'entreprise.

Identification des stratégies d'unités d'affaires

Stratégie des unités d'affaires	Stratégie d'affaires				Stratégie concurrentielle		
	Désinvestissement	Récolte	Maintien	Croissance	Prix	Mixte	Différenciation
Stratégie correspondante							

- Pour chacun des deux volets de la stratégie, veuillez cocher la case qui correspond à la situation de l'organisation.
- Utilisez une grille par unité d'affaires.

Diagnostic
du contrôle stratégique

ÉNONCÉS *Dans l'organisation...*	Tout à fait en accord	Plutôt en accord	Plutôt en désaccord	Tout à fait en désaccord	Sans objet
1. Le contrôle stratégique procède à une analyse FFOM.					
2. Le contrôle stratégique analyse la chaîne de valeur de l'industrie.					
3. Le contrôle stratégique procède à une analyse concurrentielle (Porter).					
4. Le contrôle de gouvernance s'appuie sur des incitatifs stratégiques et analyse le cycle de vie du produit.					
5. Le contrôle stratégique procède à une analyse de la valeur des produits et services.					
6. Le contrôle stratégique analyse les projets d'investissement.					
7. Le contrôle stratégique établit des indicateurs liés à la stratégie.					
8. Le contrôle stratégique utilise des *benchmarks* externes des activités.					
9. Le contrôle stratégique utilise des *benchmarks* externes des produits et services.					
10. Le contrôle stratégique assure la cohérence de la stratégie avec l'organisation.					

Pour chacun des énoncés, indiquez votre opinion (en attribuant une valeur de 3 à **Tout à fait en accord**, de 2 à **Plutôt en accord**, de 1 à **Plutôt en désaccord** et de 0 à **Tout à fait en désaccord**). Les questions **Sans objet** sont exclues du décompte. Un résultat inférieur à 15/30 (ou à 50 % du maximum) suggère des possibilités d'amélioration au niveau des pratiques du contrôle stratégique.

Le contrôle stratégique au sein des organismes à but non lucratif

Maîtriser les grandes orientations stratégiques des organismes à but non lucratif

Objectif
Assurer la réalisation de la mission avec efficience et efficacité.

Connaissances	Utilisations

● Mission sociale
● Sources de financement
● Utilisation des ressources
	● Identification de la stratégie
	   ○ … financement
	   ○ … services aux membres et partenaires
	   ○ … protection du public et service à la clientèle
	   ○ … gestion efficiente des ressources

Au niveau de l'organisation : Les composantes de la mission

● La mission des organismes à but non lucratif (OBNL) s'articule généralement autour de deux grandes dimensions. La première dimension est le financement qui permet de réaliser la mission et d'assurer la pérennité de l'organisation. La deuxième dimension est l'utilisation des ressources qui permet de réaliser la mission et donc d'assurer des services de qualité aux membres et aux partenaires, de protéger le public et de répondre aux besoins de la clientèle dans un contexte de gestion efficiente des ressources disponibles.

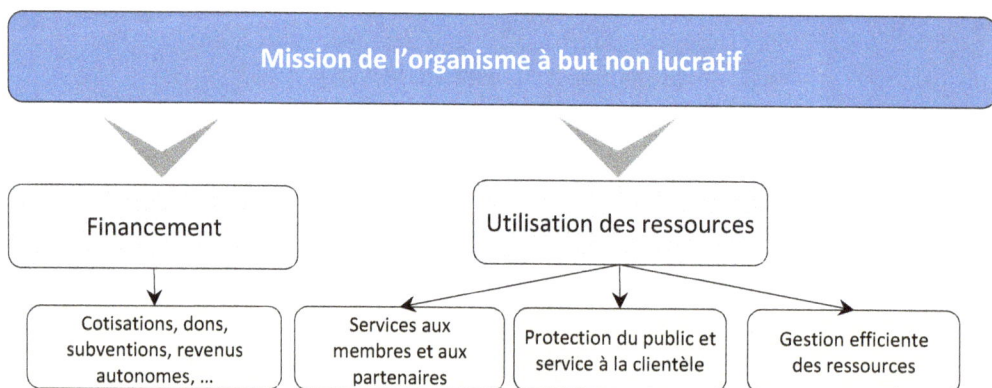

Mission de l'organisme à but non lucratif

- **Financement**
  - Cotisations, dons, subventions, revenus autonomes, …
- **Utilisation des ressources**
  - Services aux membres et aux partenaires
  - Protection du public et service à la clientèle
  - Gestion efficiente des ressources

Composantes de la mission selon le type d'OBNL

	Financement	Utilisation des ressources		
Exemples	Cotisations, dons, subventions, revenus autonomes	Service aux membres et aux partenaires	Protection du public et service à la clientèle	Gestion efficiente des ressources
Universités	Subventions et revenus autonomes	Soutien au corps professoral et mobilisation du personnel	Qualité de la formation, valorisation de la recherche et du transfert et implication dans la communauté	Pourcentage des ressources allouées à l'enseignement et à la recherche
Ordres professionnels	Cotisations, revenus autonomes	Valorisation de la profession et services aux membres	Protection du public	Pourcentage des ressources allouées à la protection du public et aux services aux membres
Secteur hospitalier	Subventions, dons et frais accessoires	Personnel qualifié, infrastructures adéquates et adoption des meilleures pratiques	Qualité, accessibilité et continuité des soins de santé	Pourcentage des ressources allouées aux activités cliniques et de recherche
Organismes de charité	Dons du public, des entreprises et subventions	Visibilité des donateurs et recrutement des bénévoles	Établissement des priorités et impacts des retombées pour les bénéficiaires	Pourcentage des ressources bénéficiant directement à la clientèle

Mission et mesure de performance

● Les efforts de financement et la gestion efficiente des ressources permettent de dégager les ressources financières nécessaires à la réalisation du cœur de la mission des OBNL. Elles seront utilisées pour mettre en place des projets qui bénéficieront directement aux parties prenantes.

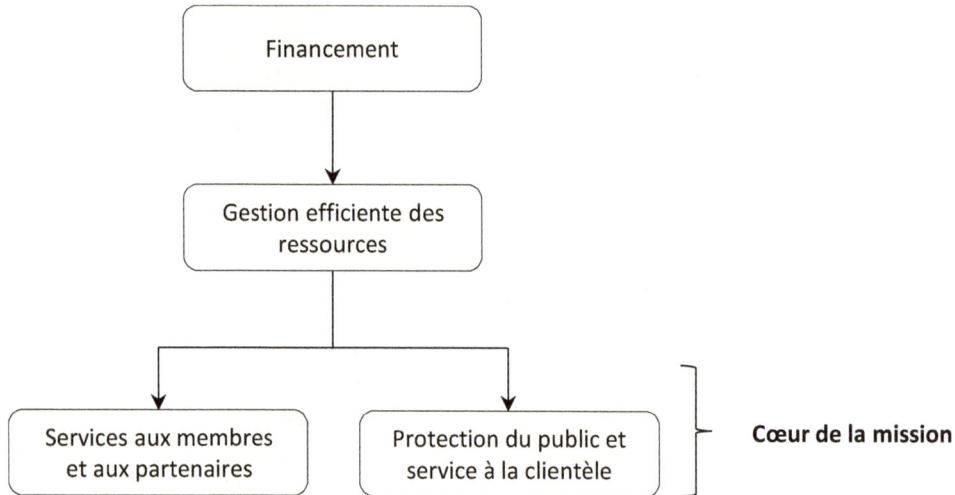

```
        ┌─────────────────────┐
        │    Financement      │
        └──────────┬──────────┘
                   │
                   ▼
        ┌─────────────────────┐
        │ Gestion efficiente  │
        │   des ressources    │
        └──────────┬──────────┘
          ┌────────┴────────┐
          ▼                 ▼
  ┌──────────────┐  ┌──────────────────┐
  │ Services aux │  │ Protection du    │   ⎤
  │ membres et   │  │ public et        │   ⎬ Cœur de la mission
  │ aux          │  │ service à la     │   ⎦
  │ partenaires  │  │ clientèle        │
  └──────────────┘  └──────────────────┘
```

● La déclinaison de la mission des OBNL prend généralement la forme d'objectifs stratégiques qui sont généralement associés aux composantes de la mission dont le succès est mesuré à l'aide d'indicateurs de performance.

Exemples d'indicateurs de performance	Financement	Utilisation des ressources		
	Cotisations, dons, subventions, revenus autonomes	Service aux membres et aux partenaires	Protection du public et service à la clientèle	Gestion efficiente des ressources
Efficacité	Croissance des revenus	Satisfaction des membres et des partenaires	Satisfaction de la clientèle et du public	Respect des budgets alloués aux projets
Efficience	Diversité sources de revenus	Ressources humaines et matérielles suffisantes	Nombre de projets réalisés	Pourcentage des revenus utilisés pour la gestion de l'organisation

Diagnostic du contrôle stratégique pour les OBNL

ÉNONCÉS *Dans l'organisation...*	Tout à fait en accord	Plutôt en accord	Plutôt en désaccord	Tout à fait en désaccord	Sans objet
1. La mission de l'organisation est clairement définie et partagée par toutes les parties prenantes.					
2. Les stratégies de financement sont clairement établies.					
3. Le contrôle stratégique permet d'assurer une gestion efficiente des ressources qui ont été mises en place.					
4. L'expertise permettant d'assurer une gestion efficiente des ressources est disponible.					
5. Le contrôle stratégique permet de répondre adéquatement aux attentes des membres et des partenaires.					
6. Le contrôle stratégique permet d'assurer la protection du public et de répondre adéquatement aux besoins de la clientèle.					
7. Le contrôle stratégique permet de maximiser les ressources financières disponibles pour la réalisation de la mission.					
8. La réalisation de chaque composante de la mission a été évaluée en fonction d'indicateurs de performance précis.					
9. Le contrôle stratégique utilise des entreprises comparables afin d'évaluer la performance de ses activités.					
10. Le contrôle stratégique s'est assuré que toutes les mesures possibles ont été prises pour assurer la pérennité de l'organisation.					

Pour chacun des énoncés, indiquez votre opinion (en attribuant une valeur de 3 à **Tout à fait en accord**, de 2 à **Plutôt en accord**, de 1 à **Plutôt en désaccord** et de 0 à **Tout à fait en désaccord**). Les questions **Sans objet** sont exclues du décompte. Un résultat inférieur à 15/30 (ou à 50 % du maximum) suggère des possibilités d'amélioration au niveau du contrôle stratégique des OBNL.

OBNL et systèmes de contrôle stratégique

Importance des systèmes de contrôle stratégique pour les OBNL

Objectif
Aider les OBNL à identifier les systèmes de contrôle
les plus stratégiques pour la réalisation de leur mission

Connaissances
- Organismes à but non lucratif
- Mission
- Systèmes de contrôle

Utilisations
- Cohérence des systèmes de contrôle
- Adéquation entre mission et systèmes de contrôle

Importance des systèmes de contrôle pour chaque composante de la mission

Mécanismes de contrôle	Financement	Service aux membres et aux partenaires	Protection du public et service à la clientèle	Gestion efficiente des ressources
Déploiement des systèmes de contrôle	Utile	Utile	Utile	Critique
Analyse stratégique	Critique	Critique	Critique	Utile
Évaluation financière des investissements	Critique	Accessoire	Accessoire	Utile
Stratégie de financement	Critique	Utile	Utile	Utile
Tableaux de bord de gestion	Critique	Critique	Critique	Critique
Gestion des risques	Critique	Critique	Critique	Critique
Gouvernance	Critique	Critique	Critique	Utile
Structure opérationnelle	Utile	Utile	Utile	Critique
Rémunération incitative	Accessoire	Accessoire	Utile	Accessoire
Processus budgétaire	Critique	Utile	Utile	Critique
Suivi budgétaire	Critique	Utile	Utile	Critique
Analyse de la productivité	Utile	Utile	Utile	Critique

Légende :
Critique — (cercle vert)
Utile — (carré jaune)
Accessoire — (triangle orange)

Cohérence, adéquation et pertinence

- La notion de cohérence stratégique pour les OBNL est différente de la notion de cohérence stratégique pour les entreprises à but lucratif.
- Pour les OBNL, le tableau présenté ci-dessus indique plutôt la pertinence de chaque système de contrôle stratégique par rapport aux différentes dimensions de la mission des OBNL.
- Pour les entreprises à but lucratif, il est possible d'identifier pour chaque élément de la stratégie une adéquation entre les systèmes de contrôle en place et les intentions stratégiques.

Les systèmes de contrôle critiques

- L'analyse stratégique, les tableaux de bord de gestion, la gestion des risques et la gouvernance sont généralement les systèmes de contrôle critiques; ils sont essentiels à la réalisation de la mission de l'organisation

Les systèmes de contrôle utiles

- Le déploiement des systèmes de contrôle, la stratégie de financement, la structure opérationnelle, le processus budgétaire, le suivi budgétaire et l'analyse de la productivité sont des composantes importantes, mais non critiques des systèmes de contrôle des OBNL, dans la mesure où elles ont généralement un impact plus limité sur chaque composante de la mission.

Les systèmes de contrôle accessoires

- Bien qu'importants pour certains OBNL, les systèmes d'évaluation financière des investissements et de rémunération incitative sont moins souvent sollicités pour mettre en œuvre les différentes composantes de la mission.

Diagnostic des systèmes de contrôle pour les OBNL

	ÉNONCÉS *Dans l'organisation...*	Tout à fait en accord	Plutôt en accord	Plutôt en désaccord	Tout à fait en désaccord	Sans objet
1.	Les systèmes de contrôle sont adéquatement déployés.					
2.	L'analyse stratégique aide à la prise de décisions relatives à l'élaboration de la mission.					
3.	L'évaluation financière des investissements supporte le cœur de la mission.					
4.	La stratégie de financement assure la pérennité des opérations.					
5.	Les tableaux de bord de gestion orientent les décisions relatives aux composantes de la mission.					
6.	La gestion des risques limite les risques liés à la réalisation de la mission.					
7.	La gouvernance encadre la réalisation de la mission.					
8.	La structure opérationnelle facilite la réalisation de la mission.					
9.	Le processus et le suivi budgétaire permettent d'améliorer l'efficience des opérations.					
10.	L'analyse de la productivité permet de réduire les coûts au maximum.					

Pour chacun des énoncés, indiquez votre opinion (en attribuant une valeur de 3 à **Tout à fait en accord**, de 2 à **Plutôt en accord**, de 1 à **Plutôt en désaccord** et de 0 à **Tout à fait en désaccord**). Les questions **Sans objet** sont exclues du décompte. Un résultat inférieur à 15/30 (ou à 50 % du maximum) peut indiquer que l'OBNL est à risque quant à sa capacité à réaliser sa mission.

Le contrôle opérationnel

Maîtriser l'exploitation
Objectif Assurer la productivité des ressources, des activités et des processus.

Connaissances	**Utilisations**
● Activités principales ● Activités de soutien ● Processus	● Indicateurs opérationnels ● Contrôles ● Réingénierie

Définition

● Un processus[10] est une suite d'activités liées entre elles, qui passe des fournisseurs aux clients en vue de créer de la valeur aux clients.

Activités d'un processus

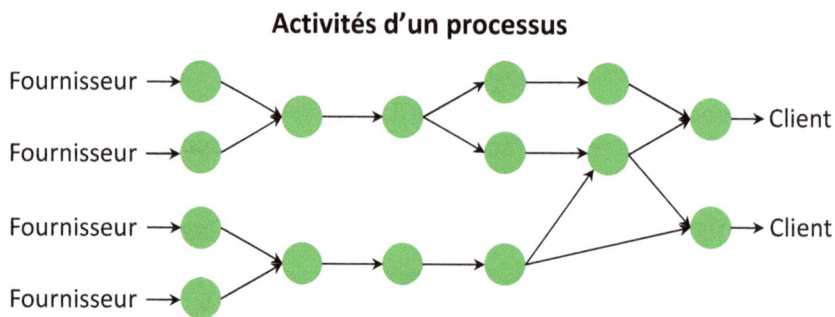

Modèles

● Le modèle de l'APQC[11] (www.apqc.org) distingue les processus de la chaîne de valeur[12] (principaux) des processus de soutien (secondaires).

Processus principaux (chaîne de valeur)	**1.** Développer une vision et une stratégie	**2.** Développer et gérer des produits et des services	**3.** Mettre en marché et vendre des produits et des services	**4.** Produire et livrer des produits et des services	**5.** Gérer le service à la clientèle

Processus de soutien
6. Développer et gérer des ressources humaines
7. Gérer les technologies de l'information
8. Gérer les ressources financières
9. Gérer les ressources matérielles
10. Gérer l'environnement, la santé et la sécurité
11. Gérer les relations extérieures
12. Gérer la connaissance, l'amélioration et le changement

- Le modèle de Brandenburg[13] suggère plutôt une classification des processus en trois groupes : processus opérationnels ou de réalisation, processus de soutien et processus de pilotage, de management ou décisionnel.

Activités principales

- Les activités principales constituent la chaîne de valeur interne à une organisation car chaque activité ajoute de la valeur aux produits et services aux yeux des clients.

Activités de soutien

- Les activités de soutien ont pour objectif de rendre plus performantes les activités principales.

Processus

- La gestion par processus incite les gestionnaires à concentrer leur attention sur la valeur produite telle que perçue par les clients.

Diagnostic
du contrôle opérationnel

ÉNONCÉS *Dans l'organisation...*	Tout à fait en accord	Plutôt en accord	Plutôt en désaccord	Tout à fait en désaccord	Sans objet
1. Le contrôle opérationnel fait un suivi budgétaire mensuel.					
2. Le contrôle opérationnel se donne des indicateurs opérationnels.					
3. Le contrôle opérationnel assure le suivi des projets et des programmes.					
4. Le contrôle opérationnel fait le suivi du développement des produits.					
5. Le contrôle opérationnel procède à une analyse de la capacité.					
6. Le contrôle opérationnel procède à une analyse des coûts d'obtention de la qualité.					
7. Le contrôle opérationnel établit des standards de consommation des ressources.					
8. Le contrôle opérationnel utilise des standards de productivité des activités.					
9. Le contrôle opérationnel utilise des *benchmarks* externes d'efficacité des processus.					
10. Le contrôle opérationnel assure la cohérence de l'exploitation avec la stratégie et l'organisation.					

Pour chacun des énoncés, indiquez votre opinion (en attribuant une valeur de 3 à **Tout à fait en accord**, de 2 à **Plutôt en accord**, de 1 à **Plutôt en désaccord** et de 0 à **Tout à fait en désaccord**). Les questions **Sans objet** sont exclues du décompte. Un résultat inférieur à 15/30 (ou à 50 % du maximum) suggère des possibilités d'améliorer les pratiques du contrôle opérationnel.

Mécanismes de contrôle

Systèmes de contrôle interactif et diagnostique
Objectif Comprendre les systèmes de contrôle interactif et diagnostique.

Connaissances	**Utilisations**
● Systèmes interactifs ● Systèmes diagnostiques ● Valeurs, leviers, balises	● Étendue de contrôle ● Soutien à la prise de décision ● Reddition de comptes

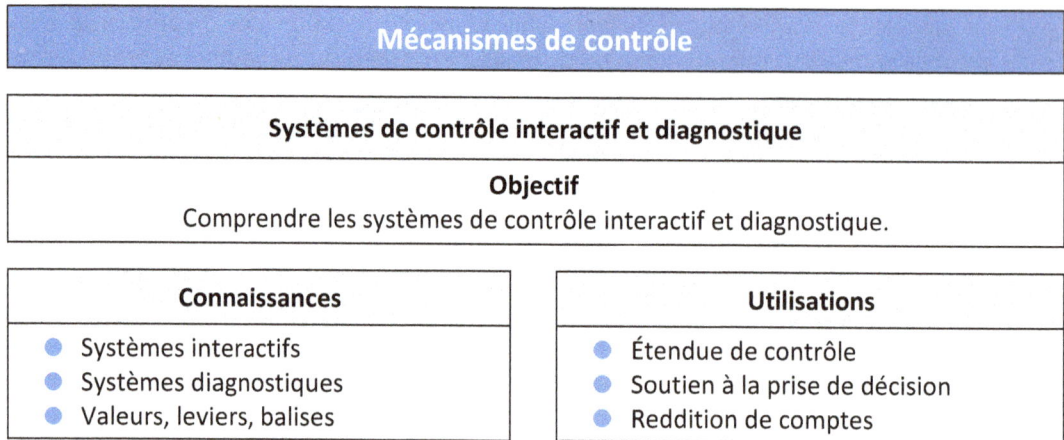

Définition et utilité des systèmes de contrôle interactif et diagnostique[14]

- Un système de contrôle n'est pas diagnostique, ni interactif en soi; c'est l'utilisation que l'on fait qui est diagnostique ou interactive.

- Les gestionnaires ont recours aux systèmes de contrôle diagnostiques pour effectuer le suivi des résultats organisationnels et corriger les écarts par rapport aux standards de performance.

- Les systèmes de contrôle interactifs sont utilisés par les gestionnaires dans la gestion des activités de leurs subordonnés.

- Les comités de gestion sont généralement au cœur des systèmes de contrôle interactif.

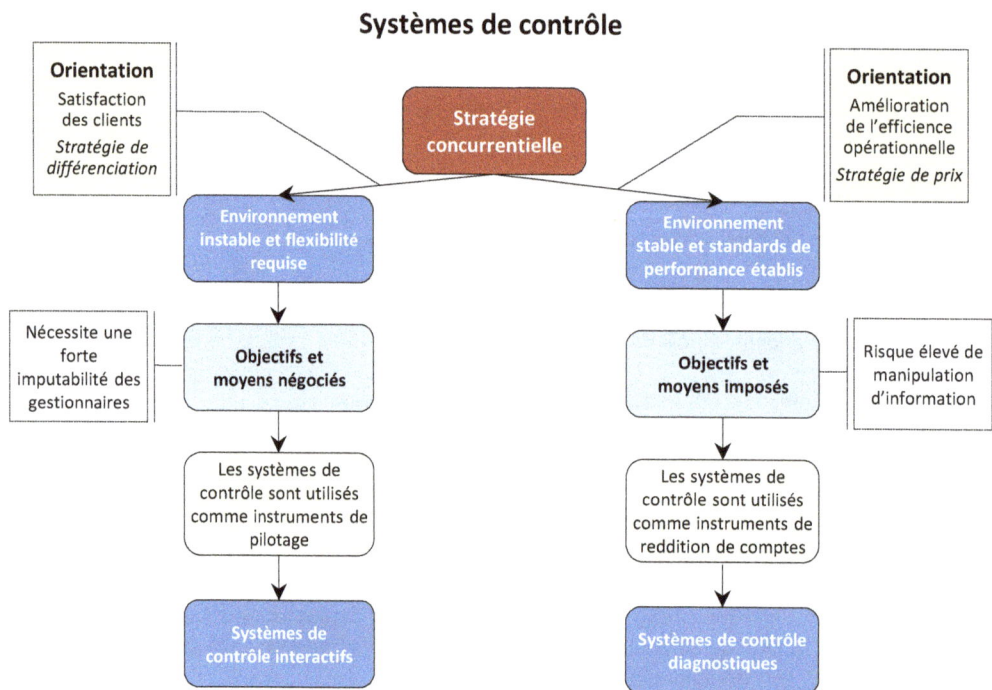

Systèmes de contrôle

Modèle de Simons[15]

Diagnostic
des mécanismes de contrôle

ÉNONCÉS *Dans l'organisation…*	Tout à fait en accord	Plutôt en accord	Plutôt en désaccord	Tout à fait en désaccord	Sans objet
1. Les systèmes d'influence comprennent la philosophie de direction, la culture de l'organisation et la rémunération.					
2. Les systèmes de limites comprennent les lois, les règles, les normes et les politiques de gestion.					
3. Les systèmes de contrôle diagnostique comprennent tous les rapports financiers, de production et de mise en marché.					
4. Les systèmes de contrôle interactif comprennent tous les comités de gestion, y compris le comité de direction.					
5. Les systèmes d'influence sont évalués en fonction de l'impact sur les comportements.					
6. Les systèmes de limites définissent le domaine de la prise de décision en organisation.					
7. Les rapports issus des systèmes d'information (SI) informent les gestionnaires des résultats obtenus.					
8. Les comités de gestion stimulent la collaboration et l'apprentissage organisationnel.					
9. Dans un environnement stable, les systèmes de contrôle diagnostiques sont davantage utilisés.					
10. Dans un environnement instable, les systèmes de contrôle interactifs sont davantage utilisés.					

Pour chacun des énoncés, indiquez votre opinion (en attribuant une valeur de 3 à **Tout à fait en accord**, de 2 à **Plutôt en accord**, de 1 à **Plutôt en désaccord** et de 0 à **Tout à fait en désaccord**). Les questions **Sans objet** sont exclues du décompte. Un résultat inférieur à 15/30 (ou à 50 % du maximum) suggère des possibilités d'améliorer l'utilisation des mécanismes de contrôle.

Objectifs du contrôle de gestion

Objectifs en lien avec la performance organisationnelle
Objectif Comprendre le rôle des systèmes de contrôle en organisation.

Connaissances	Utilisations
● Rentabilité (efficacité) ● Cohérence organisationnelle ● Légitimité ● Compétitivité ● Productivité	● Adaptation des contrôles ● Étendue de contrôle ● Soutien à la prise de décision ● Reddition de comptes

La rentabilité (l'efficacité)

- Dans les entreprises à but lucratif, la rentabilité à long terme est l'objectif premier.
- Les indicateurs privilégiés sont le RCI et ses composantes ainsi que le RNR et la VÉA.
- Dans les organisations sans but lucratif (OSBL), l'objectif premier est l'atteinte des objectifs liés à la mission dans le respect de l'équilibre budgétaire.
- Les indicateurs privilégiés sont en lien avec la mission.

La cohérence organisationnelle

- Considérant l'organisation formée d'un système technique comprenant un cadre de gouvernance, de contrôle stratégique et de contrôle opérationnel ainsi qu'un système social formé d'un cadre politique, symbolique et cognitif, la cohérence organisationnelle définit la qualité des liens entre les six éléments des systèmes technique et social.
- Elle comprend la qualité des liens entre les objectifs poursuivis par les cadres du système technique et les défis à relever par les cadres du système social.

La légitimité

- La légitimité d'une organisation se définit par sa responsabilité économique, sa responsabilité sociale et sa responsabilité écologique.
- Les indicateurs à privilégier pour les volets de la responsabilité sociale et écologique sont multiples et propres à un secteur d'activité.

La compétitivité

- La compétitivité détermine le niveau d'attrait d'une organisation comparativement à d'autres organisations du même secteur d'activité.
- Les indicateurs à privilégier touchent les parts de marché (succès de la mission), les indicateurs de productivité (des activités) et la valeur ajoutée (des produits).

La productivité

- La productivité se définit par des indicateurs de ratios d'extrants/intrants.
- On retrouve des ratios de consommation des ressources, des ratios de productivité des activités et des ratios d'efficience des processus.

Liens entre les objectifs poursuivis

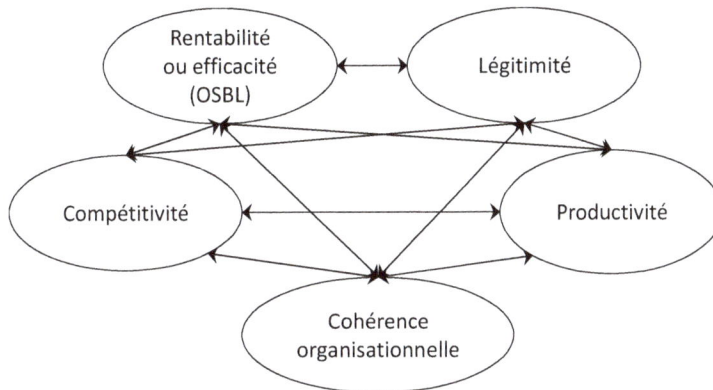

- La cohérence organisationnelle influence positivement les quatre autres objectifs.
- La compétitivité et la productivité s'influencent mutuellement et influencent la rentabilité et la légitimité.
- La rentabilité et la légitimité s'influencent mutuellement.

Diagnostic des objectifs du contrôle

ÉNONCÉS *Dans l'organisation...*	Tout à fait en accord	Plutôt en accord	Plutôt en désaccord	Tout à fait en désaccord	Sans objet
1. La rentabilité est bien mesurée par des indicateurs appropriés.					
2. La poursuite de la rentabilité dispose des mécanismes de contrôle appropriés.					
3. La légitimité de l'organisation (ses responsabilités sociale et écologique) est mesurée par des indicateurs appropriés.					
4. La poursuite de la légitimité de l'organisation dispose des mécanismes de contrôle appropriés.					
5. La compétitivité est bien mesurée par des indicateurs appropriés.					
6. La poursuite de la compétitivité dispose des mécanismes de contrôle appropriés.					
7. La productivité est bien mesurée par des indicateurs appropriés.					
8. La poursuite de la productivité dispose des mécanismes de contrôle appropriés.					
9. La cohérence organisationnelle est bien mesurée par des indicateurs appropriés.					
10. La poursuite de la cohérence organisationnelle dispose des mécanismes de contrôle appropriés.					

Pour chacun des énoncés, indiquez votre opinion (en attribuant une valeur de 3 à **Tout à fait en accord**, de 2 à **Plutôt en accord**, de 1 à **Plutôt en désaccord** et de 0 à **Tout à fait en désaccord**). Les questions **Sans objet** sont exclues du décompte. Un résultat inférieur à 15/30 (ou à 50 % du maximum) suggère de revoir les objectifs de contrôle dans l'organisation.

Concept de cohérence stratégique

Le lien entre la stratégie et les systèmes de contrôle
Objectifs
Réfléchir sur les interactions possibles entre la stratégie et les systèmes de contrôle. Saisir l'importance de la cohérence stratégique dans sa mise en œuvre.

Connaissances	Utilisations
• Cohérence stratégique • Stratégie • Implantation des systèmes de contrôle stratégique	• Élaboration de la stratégie • Paramétrisation des systèmes de contrôle • Diagnostic des systèmes de contrôle

Le concept de cohérence[16] stratégique

- Le concept de cohérence stratégique permet aux systèmes de contrôle de faciliter la mise en œuvre et l'évaluation de la stratégie.
- Règle générale, les outils de contrôle stratégique ne diffèrent que dans l'utilisation qui en est faite. Selon le cas, la façon d'utiliser ces outils peut avoir un impact négatif ou positif sur l'atteinte des objectifs stratégiques.
- Shank et Govindarajan (1995)[17] soulignent que les systèmes de contrôle utilisés doivent être compatibles pour aspirer à une mise en œuvre efficace de la stratégie. L'adéquation entre la stratégie et les systèmes de contrôle repose sur les prémisses suivantes :
  - ○ La stratégie de l'organisation joue un rôle dans les incertitudes auxquelles se voit confrontée la direction de l'organisation, et influence les choix à court et à long terme;
  - ○ Les systèmes de contrôle de gouvernance, stratégique et opérationnel peuvent aisément être modifiés pour aider la direction à pallier les incertitudes auxquelles elle doit faire face et faire les choix qui s'imposent entre le court et le long terme;
  - ○ Des stratégies différentes exigent souvent des systèmes de contrôle stratégique, administratif et opérationnel différents.

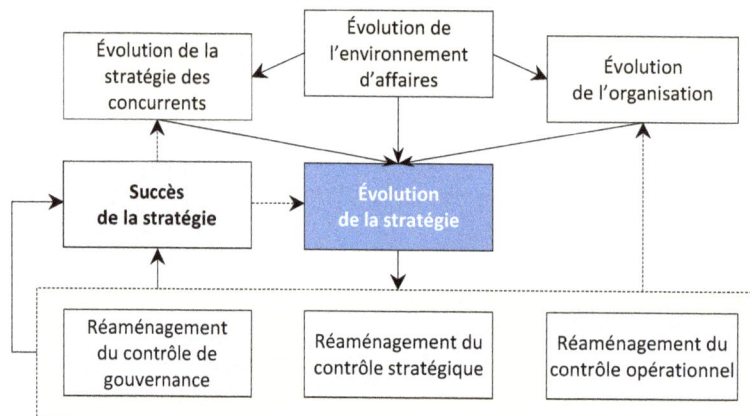

Prescriptions théoriques de cohérence stratégique

Stratégie de l'unité d'affaires		
Stratégie concurrentielle	Différenciation	Prix
Stratégie d'affaires	Croissance	Récolte
Systèmes de contrôle • Contrôle de gouvernance • Contrôle stratégique • Contrôle opérationnel	• Le contrôle est plutôt interactif.[18] • Le rôle des comités de gestion est important. • Le contrôle vise davantage à gérer qu'à surveiller ou rendre des comptes.[19]	• Le contrôle est plutôt diagnostique. • Des standards et des balises sont requis pour évaluer la performance. • Le contrôle vise davantage à surveiller et rendre des comptes.
Incertitude	Élevée	Faible

Diagnostic de cohérence stratégique

ÉNONCÉS *Dans l'organisation…*	Tout à fait en accord	Plutôt en accord	Plutôt en désaccord	Tout à fait en désaccord	Sans objet
1. La stratégie est clairement définie et communiquée					
2. Les gestionnaires ont adapté les systèmes de contrôle en fonction de la stratégie mise de l'avant					
3. Une révision de la stratégie entraîne systématiquement une réévaluation du contrôle stratégique					
4. Des mécanismes formels sont en place pour évaluer la cohérence entre la stratégie et les systèmes de contrôle sur une base régulière					
5. Lorsque la cohérence stratégique est déficiente, les écarts sont rapidement analysés et, le cas échéant, les actions qui s'imposent sont initiées					
6. Les comités de gestion sont utilisés lorsque l'organisation cherche à mieux comprendre les incertitudes liées à l'environnement (PESTEL)					
7. Le contrôle fondé sur les standards est privilégié lorsque l'organisation dispose de balises comparatives fiables					
8. La veille stratégique (vigie) vise à mieux comprendre l'évolution du contexte compétitif du secteur d'activité					
9. Le système de contrôle fournit les informations nécessaires à la reddition de comptes dans l'atteinte des objectifs ciblés par les gestionnaires					
10. Les systèmes de contrôle de gouvernance, stratégique et opérationnel sont cohérents avec les orientations stratégiques					

Pour chacun des énoncés, indiquez votre opinion (en attribuant une valeur de 3 à **Tout à fait en accord**, de 2 à **Plutôt en accord**, de 1 à **Plutôt en désaccord** et de 0 à **Tout à fait en désaccord**). Les questions **Sans objet** sont exclues du décompte. Un résultat inférieur à 15/30 (ou à 50 % du maximum) suggère des possibilités d'amélioration au niveau de la cohérence stratégique. Toutefois, il est à noter, que certaines divergences, pourvu qu'elles soient bien définies, sont parfois justifiées, voire expressément voulues par les dirigeants.

Cohérence des systèmes de contrôle

Recherche de cohérence stratégique

Objectif
Évaluer la cohérence entre la stratégie, l'organisation et le contrôle.

Éléments stratégiques	Éléments de contrôle
● Stratégie d'entreprise ● Stratégie d'affaires ● Stratégie concurrentielle	● Identité organisationnelle ● Systèmes et stratégie de contrôle ● Objet de contrôle

Évaluation
des pratiques de contrôle

Catégorie		Énoncés	Évaluation
1.	Identité organisationnelle	Influences dominantes : stratégie concurrentielle et philosophie de direction	
		Influence équilibrée entre les dimensions	
		Influences dominantes : philosophie de direction et structure opérationnelle	
2.	Systèmes de contrôle	Préséance des systèmes de contrôle stratégique	
		Équilibre des systèmes de contrôle	
		Préséance des systèmes de contrôle administratif et opérationnel	
3.	Stratégie de contrôle	Souvent interactive	
		Mixte	
		Souvent diagnostique	
4.	Objet de contrôle	Les résultats	
		Mixte	
		Les processus de gestion	

Pour chaque énoncé, cochez la case correspondant à la situation de l'organisation. Ensuite, à l'aide de la grille proposée ci-après, établissez un diagnostic de cohérence.

Stratégie, organisation et contrôle[20]
Proposition de diagnostic de cohérence stratégique

Catégorie	Énoncés	Stratégie d'entreprise			Stratégie d'affaires			Stratégie concurrentielle		
		Secteur unique	Diversification liée	Diversification non liée	Récolte	Maintien	Croissance	Prix	Mixte	Différenciation
Identité organisationnelle	Influences dominantes : stratégie concurrentielle et philosophie de direction				▲	□	●	▲	□	●
	Influence équilibrée entre les dimensions				□	●	□	□	●	□
	Influences dominantes : philosophie de direction et structure opérationnelle				●	□	▲	●	□	▲
Systèmes de contrôle	Préséance des systèmes de contrôle stratégique				▲	□	●	▲	□	●
	Équilibre des systèmes de contrôle				□	●	□	□	●	□
	Préséance des systèmes de contrôle administratif et opérationnel				●	□	▲	●	□	▲
Stratégie de contrôle	Souvent interactive	▲	□	●	▲	□	●	▲	□	●
	Mixte	□	●	□	□	●	□	□	●	□
	Souvent diagnostique	●	□	▲	●	□	▲	●	□	▲
Objet de contrôle	Les résultats	▲	□	●	▲	□	●	▲	□	●
	Mixte	□	●	□	□	●	□	□	●	□
	Les processus de gestion	●	□	▲	●	□	▲	●	□	▲

- La littérature et l'expérience pratique nous amènent à recommander l'harmonisation de certaines pratiques de contrôle avec la stratégie d'entreprise, la stratégie d'affaires et la stratégie concurrentielle.

- Pour chacun des énoncés, le **rond vert** ● indique une parfaite cohérence, le **carré jaune** □, une cohérence modérée et le **triangle rouge** ▲ l'absence de cohérence. Généralement, l'absence de cohérence requiert une analyse de la situation et peut justifier la modification des pratiques de contrôle.

- Il est important de préciser que certaines divergences, pourvu qu'elles soient bien définies, sont parfois justifiées, voire expressément voulues par les dirigeants. Il est donc important de faire preuve d'une grande **prudence** dans l'analyse de la cohérence entre la stratégie et les systèmes de contrôle.

Notes

1. BOISVERT, Hugues et Richard DÉRY (2013). *Le contrôle de gestion, l'interface entre la comptabilité et le management.* Les Éditions JFD, chapitre 9 p. 135.
2. ANTHONY, Robert N. et Vijay GOVINDARAJAN (2007). New York, *Management Control Systems.* McGraw-Hill Irwin, p. 58.
3. ANTHONY, Robert N. et Vijay GOVINDARAJAN (2007). *Management Control Systems*, New York, McGraw-Hill Irwin, p. 62.
4. Office québécois de la langue française. *Le grand dictionnaire terminologique.* http://grand dictionnaire.com
5. Idem.
6. Idem.
7. Institut canadien des comptables agréés. http://www.icca.ca
8. CÔTÉ, Marcel et Marie-Claire MALO (2002). *La gestion stratégique.* Montréal, Gaëtan Morin Éd., p.54.
9. PORTER, Michael E. (1998). *Competitive Advantage: Creating and Sustaining Superior Performance*. New York, The Free Press. 668 p.
10. BOISVERT, Hugues et collaborateurs (2011). La comptabilité de management, prise de décision et contrôle, 5e édition, ERPI. P. 175.
11. L'APQC (American Productivity Quality Center) réalise annuellement plusieurs études d'analyse comparative en utilisant ce modèle que l'on peut obtenir sur leur site. Chaque processus est décomposé en processus de deuxième niveau, puis de deuxième, de troisième et de quatrième. On y retrouve ainsi plus de 800 activités regroupées en processus d'affaires.
12. Le concept de chaîne de valeur a été popularisé au milieu des années 1980 par Michael Porter dans son ouvrage *L'avantage concurrentiel*, publié en 1986 chez InterÉditions.
13. Voir http://www.hb-conseil.com/centre_actu1.htm
14. Les concepts de contrôle interactif et diagnostique sont proposés et définis dans SIMONS, Robert (1995). *Levers of Control, How Managers Use Innovative Control Systems to Drive Strategic Renewal*. Harvard Business School Press, 217 p.
15. SIMONS, Robert (1995). *Levers of Control, How Managers Use Innovative Control Systems to Drive Strategic Renewal*. Harvard Business School Press, p. 7.
16. Cohérence au sens de la définition de *Alignment* donnée par KAPLAN, Robert S. et David P. NORTON (2006). *Alignment: Using the Balance Scorecard to Create Corporate Synergies.* Harvard Business School Press.
17. Adaptation du schéma de SHANK, John K. et Vijay GOVINDARAJAN (1995). *La gestion stratégique des coûts.* Les Éditions d'Organisation, p. 93.
18. Les systèmes de contrôle interactifs servent essentiellement à fournir des informations de gestion nécessaires aux gestionnaires afin de leur permettre de faire face aux incertitudes liées à l'exécution de la stratégie. Les systèmes de contrôle diagnostiques visent plutôt la reddition de comptes permettant de s'assurer que les gestionnaires réalisent les objectifs fixés.
19. L'utilisation des systèmes de contrôle comme outils de surveillance vise la reddition de comptes alors que leur utilisation comme outils de gestion sert plutôt à l'appui de la prise de décision. Les systèmes de contrôle stratégique destinés à la reddition de comptes sont

généralement fondés sur des indicateurs plus quantitatifs sur lesquels les gestionnaires ont peu d'influence et pour lesquels leur marge de manœuvre et les possibilités de réviser les cibles sont limitées.

20. La proposition de diagnostic de cohérence est inspirée du chapitre 5 du livre SHANK, John K. et Vijay GOVINDARAJAN (1993). *Strategic Cost Management, The NewTool for Competitive Advantage*. The Free Press, 226 p.

2 | Analyse stratégique

Aperçu du module 2

- Fiche 2.1 : Mission, vision, cibles, valeurs et stratégie

- Fiche 2.2 : Analyse stratégique

- Fiche 2.3 : Forces et faiblesses de l'organisation

- Fiche 2.4 : Occasions et menaces de l'environnement

- Fiche 2.5 : Analyse de la situation financière

- Fiche 2.6 : Modèle d'analyse financière

- Fiche 2.7 : Effet de levier

- Fiche 2.8 : Valeur économique ajoutée

- Fiche 2.9 : Analyse des forces concurrentielles (Porter)

- Fiche 2.10 : Analyse du potentiel de marché

- Fiche 2.11 : Analyse de la chaîne de valeur

- Fiche 2.12 : Évaluation des options stratégiques

- Fiche 2.13 : Modèle d'affaires

- Fiche 2.14 : Cohérence de l'analyse stratégique

Mission, vision, cibles, valeurs et stratégie
Concepts clés liés à la stratégie
Objectif
Comprendre les concepts liés à la stratégie.

Connaissances	**Utilisations**
• Mission • Vision • Cibles • Valeurs • Stratégie	• Cycle de gestion • Analyse stratégique • Système d'information • Prise de décision

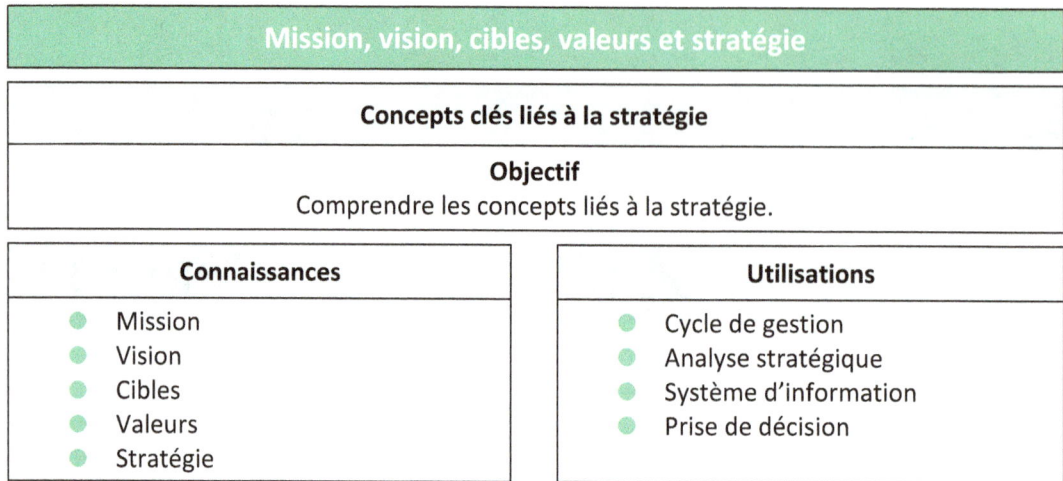

Contrôle stratégique

- Le contrôle stratégique vise à choisir les grandes orientations d'une organisation, en fonction de sa mission, de sa vision et de ses valeurs.

- La déclinaison de la mission en cibles stratégiques permet de fixer les objectifs de performance.

Mission
La raison d'être d'une organisation
La mission se précise par la vision

Vision
L'objectif principal qui définit la mission
La vision détermine l'orientation stratégique
que souhaite prendre la direction

Cibles
La déclinaison de la mission en cibles
Les cibles stratégiques concrétisent la mission, précisent la
vision et permettent de choisir des cibles de performance

Valeurs
Les moyens à privilégier pour réaliser la mission
Les valeurs traduisent l'identité organisationnelle,
elles définissent la culture et l'éthique d'une organisation

Stratégie
L'ensemble des activités planifiées pour réaliser la mission
La stratégie donne les grandes orientations de l'action
d'une organisation, elle se décline en plans

Cycle de gestion

- Cycle de gestion classique : *planifier*, *diriger*, *organiser* et *contrôler* (PODC).
- Cycle de contrôle stratégique : *planifier*, *mettre en œuvre* et *évaluer*.

Analyse stratégique

- L'analyse stratégique est inhérente à la planification stratégique.

Système d'information

- L'information pour la prise de décision provient de trois sources : des systèmes informatiques, des analyses faites par les professionnels spécialistes des questions étudiées et des discussions en comités de gestion.

Prise de décision

- La prise de décision est la réalisation des plans élaborés dans le but de mettre en œuvre la stratégie.

Diagnostic des concepts liés à la stratégie

ÉNONCÉS *Dans l'organisation...*	Tout à fait en accord	Plutôt en accord	Plutôt en désaccord	Tout à fait en désaccord	Sans objet
1. La mission est le point de départ de la réflexion menant aux choix des orientations stratégiques.					
2. La vision indique la manière dont l'organisation entend réaliser sa mission.					
3. Les objectifs stratégiques déterminent les cibles à atteindre par la stratégie.					
4. Les valeurs indiquent les moyens à privilégier pour réaliser les cibles stratégiques.					
5. La stratégie se décline en plans opérationnels appelés en vue d'atteindre les cibles stratégiques.					
6. Le contrôle de gouvernance assure la cohérence de l'infrastructure organisationnelle et des politiques avec la stratégie.					
7. Le contrôle stratégique permet de choisir les grandes orientations stratégiques.					
8. Le contrôle opérationnel permet le suivi de l'exploitation, des projets et des programmes.					
9. Le système d'information produit de l'information utile à la prise de décision.					
10. Les discussions en comités de gestion permettent d'analyser de manière interactive les dernières informations reçues.					

Pour chacun des énoncés, indiquez votre opinion (en attribuant une valeur de 3 à **Tout à fait en accord**, de 2 à **Plutôt en accord**, de 1 à **Plutôt en désaccord** et de 0 à **Tout à fait en désaccord**). Les questions **Sans objet** sont exclues du décompte. Un résultat inférieur à 15/30 (ou à 50 % du maximum) suggère des possibilités d'amélioration au niveau de l'application des concepts liés à la stratégie.

Analyse stratégique
Cadre d'analyse des options stratégiques
Objectif Intégrer les informations concernant l'environnement[1] et l'organisation dans le but d'identifier et d'analyser les options stratégiques pertinentes.

Connaissances	**Utilisations**
● Diagnostic de l'environnement ● Diagnostic organisationnel ● Vision stratégique	● Cibles stratégiques ● Planification stratégique ● Mise en œuvre de la stratégie

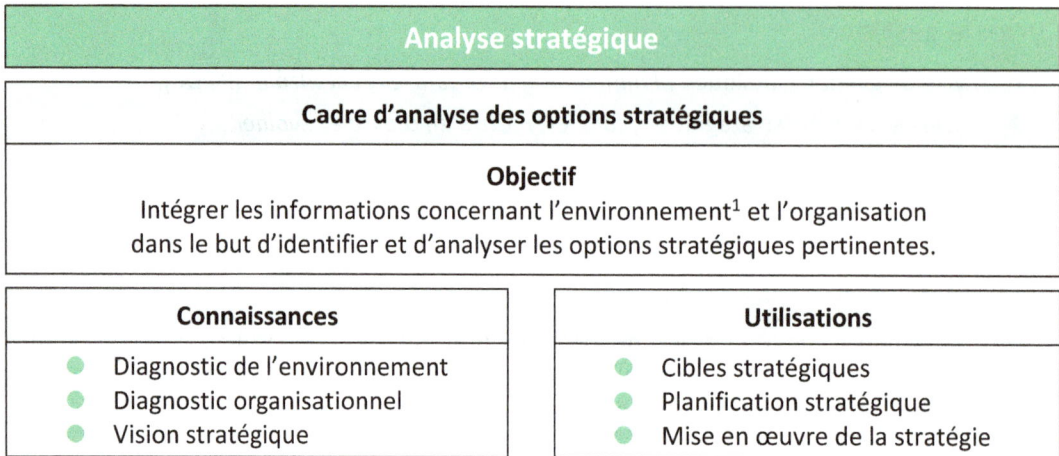

Définition et utilité de l'analyse stratégique

● L'analyse stratégique consiste à analyser les occasions et les menaces de l'environnement en relation avec les forces et les faiblesses de l'organisation afin d'identifier les options stratégiques potentiellement intéressantes.

● L'exercice permet également d'améliorer les systèmes de contrôles facilitant la mise en œuvre de la stratégie.

Un cadre d'analyse stratégique

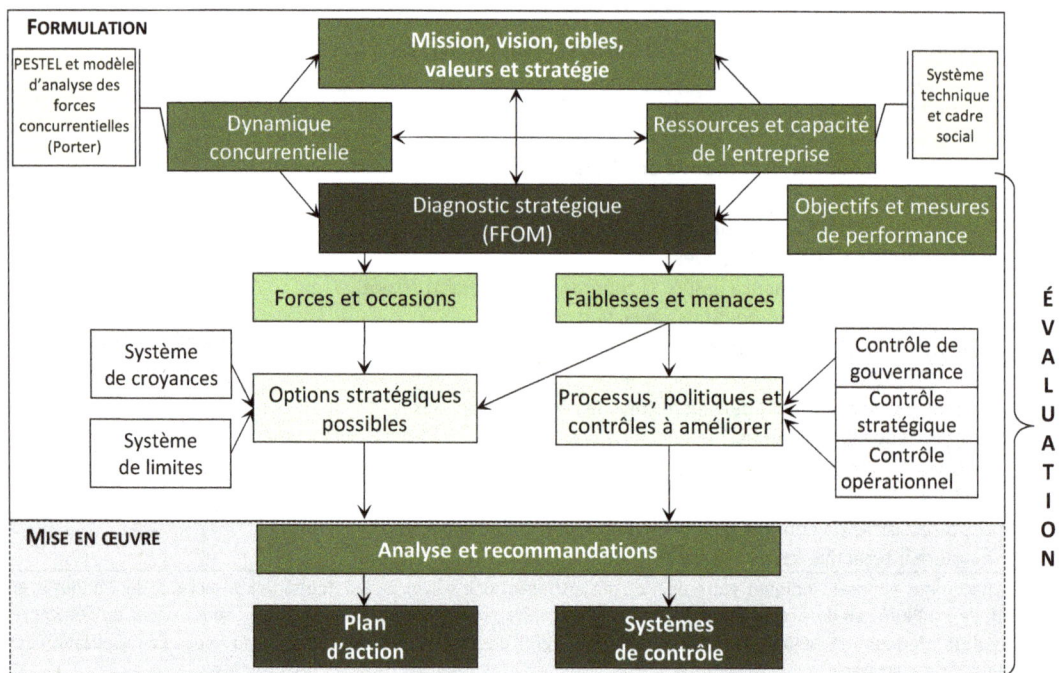

44

Les étapes de l'analyse stratégique

- L'analyse **FFOM** (*SWOT*) est réalisée à l'aide de plusieurs modèles.
- Pour l'analyse externe :
  - Le modèle d'analyse **PESTEL** permet de mieux connaître les tendances de la société, politiques, économiques, socioculturelles, technologiques, environnementales ainsi que les exigences législatives;
  - Il faut aussi identifier les attentes des partenaires d'affaires (clients, fournisseurs, investisseurs, employés, etc.);
  - Le **modèle d'analyse concurrentielle** de Porter permet de mieux connaître la force des concurrents en présence, les entrants potentiels, les clients et leur force de négociation, les fournisseurs et leur pouvoir de négociation, ainsi que les produits de substitution.
- Pour l'analyse interne :
  - Le **système technique** permet de réévaluer les contrôles liés à la gouvernance, à la stratégie et à l'exploitation;
  - **Le cadre social** permet d'analyser les dimensions politiques, symboliques et cognitives d'une organisation, son système de croyances et de limites.
- Les **options stratégiques** représentent les perspectives suscitant le plus d'intérêt en fonction des forces et des faiblesses de l'organisation, des occasions et des menaces de l'environnement.
- L'analyse stratégique permet de relever les améliorations pouvant être apportées aux **systèmes de contrôle** pour corriger les faiblesses, miser sur les forces, profiter des occasions et se prémunir contre les menaces ou simplement mieux parer l'organisation face à la concurrence.

Diagnostic des pratiques d'analyse stratégique

ÉNONCÉS *Dans l'organisation...*	Tout à fait en accord	Plutôt en accord	Plutôt en désaccord	Tout à fait en désaccord	Sans objet
1. L'analyse stratégique est en mesure d'identifier les tendances de la société.					
2. L'analyse stratégique tient compte des exigences liées aux lois, aux règles et aux normes.					
3. L'analyse stratégique est attentive aux attentes des partenaires d'affaires.					
4. On procède à l'analyse des forces concurrentielles.					
5. On procède à l'analyse de la chaîne de valeur de l'industrie.					
6. On procède à l'analyse de la situation financière de l'organisation.					
7. On procède à l'analyse du potentiel de marché.					
8. On évalue la compétitivité du métier.					
9. On évalue la compétitivité du produit.					
10. On analyse la cohérence des contrôles avec les choix stratégiques.					

Pour chacun des énoncés, indiquez votre opinion (en attribuant une valeur de 3 à **Tout à fait en accord**, de 2 à **Plutôt en accord**, de 1 à **Plutôt en désaccord** et de 0 à **Tout à fait en désaccord**). Les questions **Sans objet** sont exclues du décompte. Un résultat inférieur à 15/30 (ou à 50 % du maximum) suggère des possibilités d'amélioration au niveau des pratiques d'analyse stratégique de l'organisation.

Forces et faiblesses de l'organisation

Identification des forces et faiblesses de l'organisation
Objectif
Identifier les forces et les faiblesses de l'organisation.

Connaissances	**Utilisations**
● Diagnostic du système technique ● Diagnostic du cadre social ● Cohérence stratégique	● Miser sur les forces ● Contrôler les faiblesses ● Adapter les contrôles

Diagnostic des forces et des faiblesses de l'organisation

- La grille du tableau suivant propose une série de forces et de faiblesses potentielles à titre d'exemple. La liste n'est nullement exhaustive.
- Les éléments liés à l'environnement (politique, économique, socioculturel, technologique, environnemental et législatif) doivent être considérés comme des occasions ou des menaces pour l'organisation.

	Catégories	Caractéristiques	Indices	Très élevée	Élevée	Faible	Très faible	Sans objet
Ressources organisationnelles	Culture	● Cohésion ● Respect de l'autorité ● Travail d'équipe	● Cohérence des décisions ● Perception de l'autorité ● Fréquence des conflits					
	Structure opérationnelle	● Gouvernance ● Capacité d'innovation ● Culture d'innovation ● Flexibilité ● Relations entre unités administratives	● Indépendance, expertise du CA ● % de nouveaux produits ● Budgets de la RD ● Cycle de développement ● Conflits relatifs au prix de cession interne					
	Ressources humaines	● Motivation ● Mobilisation ● Sécurité ● Formation ● Compétences ● Capacité de rétention ● Climat de travail	● Absentéisme ● Retards ● Taux d'accidents de travail ● Budgets de formation ● Budgets de consultants ● % des postes vacants ● Conflits de travail/griefs					
	Performance financière	● Rendement ● Rentabilité ● Utilisation des actifs ● Revenus ● Contrôle des coûts ● Endettement ● Liquidités	● Variation RCI ou VÉA ● Variation rendement/ventes ● Rotation des actifs ● Croissance des ventes ● Marges brutes et nettes ● Dette LT/capitaux propres ● FDR/autofinancement					
	Produits et services offerts	● Caractéristiques produits et services ● Qualité des produits et services ● Performances du produit ● Design ● Étendue de la gamme ● Degré de maturité de la gamme ● Éventail (combinaison) de produits	● Produits et services c. concurrence ● Taux de retour ● Évaluation indépendante/concours ● Nombre de brevets ● Variété c. concurrents ● Nombre de brevets / % nouveaux produits ● Écarts budgétaires					

Processus de gestion	Compétitivité	• Leadership • Positionnement • Intégration horizontale • Intégration verticale	• Position sur le marché • Parts de marché • Couverture géographique • Intégration chaîne de valeur					
	Gestion des technologies	• Sophistication techno. • Capacité concurrentielle	• Âge moyen des équipements • Investissements infrastructure					
	Approvisionnement	• Disponibilité des MP • Délai de livraison • Qualité des appro. • Coût relatif des appro.	• % des commandes en suspens • Délais de réapprovisionnement • Retour aux fournisseurs • Prix des MP					
	Production	• Coûts de production • Délais de production • Qualité de la production	• Marges brutes • Cycle de production • Taux de rejet/pertes					
	Marketing	• Marchés cibles • Service à la clientèle • Satisfaction des clients • Service après-vente	• Évolution c. concurrence • Nombre de plaintes • Plaintes/taux de satisfaction • Plaintes, coûts de garanties					
	Communication	• Publicité et promotion • Participation aux foires et expositions • Relations publiques • Image de marque	• Budget de mise en marché • Budget de représentation/ventes • Présence dans les médias • Réputation de l'organisation					
	Distribution et logistique	• Organisation distribution • Canaux de distribution • Force de vente • Services de livraison • Gestion des stocks • Efficience du transport	• Coût moyen par livraison • Bassin de clients potentiels • Budget du personnel de ventes • Délais de livraison • Ruptures de stock • Coûts de transport/ventes					
	Systèmes d'information	• Qualité de l'information • Délais de production de l'information • Coûts de production TI • Qualité des équipements TI • Mise à jour des SI • Expertise du personnel	• Erreur dans les rapports • Cycle de production de l'information • Budget TI/ventes • Âge des équipements • Investissements annuels en TI • Budgets de formation en TI					
Contrôle de gestion	Contrôle stratégique	• Analyse FFOM • Analyse de la chaîne de valeur de l'industrie • Analyse concurrentielle • Analyse du cycle de vie des produits et de la valeur • Analyse des projets d'investissement • Indicateurs stratégiques	• Présence et fonctionnement efficace des mécanismes de contrôle stratégique requis					
	Contrôle de gouvernance	• Structure organisationnelle • Analyse de la situation financière • Politique de rémunération • Politique de gestion des risques • Autre politiques et règles de fonctionnement • Indicateurs clés de performance	• Présence et fonctionnement efficace des mécanismes de contrôle administratif requis					
	Contrôle opérationnel	• Suivi budgétaire • Standards et benchmarks • Suivi des projets et des programmes • Suivi du développement des produits • Analyse de la capacité • Analyse de la qualité • Indicateurs opérationnels	• Présence et fonctionnement efficace des mécanismes de contrôle opérationnel requis					

Évaluez chacun des énoncés par rapport à leur évolution dans le temps, en fonction des attentes ou par rapport aux concurrents. Les éléments recevant la note **Très élevée** peuvent être considérés comme des forces. Les éléments recevant la note **Très faible** peuvent être considérés comme des faiblesses. Veuillez reporter ces éléments dans l'analyse FFOM (SWOT).

Occasions et menaces de l'environnement

Identification des occasions et des menaces de l'environnement

Objectif
Identifier les occasions et les menaces issues de l'environnement.

Connaissances
- Tendances de la société
- Exigences des lois, des règles et des normes de l'industrie
- Attentes des partenaires d'affaires
- Forces concurrentielles

Utilisations
- Profiter des occasions
- Contrôler les menaces
- Adapter les contrôles

Diagnostic des occasions et menaces de l'environnement

- Cette grille, inspirée des modèles d'analyse de l'environnement PESTEL et d'analyse concurrentielle de Porter, permet d'effectuer un diagnostic des occasions et des menaces issues de l'environnement d'une organisation.
- La liste suivante est fournie à titre d'exemple. Elle n'est pas exhaustive. Il est nécessaire de la compléter pour tenir compte des spécificités de l'organisation évaluée.
- Les occasions et les menaces sont liées à l'environnement politique, légal, économique et concurrentiel de l'organisation.

Modèles	Catégorie	Caractéristiques	Très favorable	Favorable	Défavorable	Très défavorable	Sans objet
PESTEL	Politique	• Subventions gouvernementales • Politique monétaire • Stabilité des régimes politiques • Commerce extérieur • Politiques fiscales					
	Économique	• Évolution du PIB • Taux d'intérêt • Taux de chômage • Taux d'imposition • Inflation • Cycle économique • Immobilier • Confiance des ménages					
	Socioculturel	• Répartition des revenus • Démographie • Mortalité • Pyramide d'âge • Mobilité sociale • Changements de mode de vie • Éducation • Consumérisme • Attitude par rapport au loisir et au travail • Niveau d'éducation • Distribution des revenus					

	Technologique	• Dépenses publiques en RD • Nouveaux brevets • Vitesse de transferts technologiques • Taux d'obsolescence • Nouvelles découvertes et nouveaux équipements					
	Environnement	• Recyclage des déchets • Formation en santé et sécurité, notamment SIMDUT • Incitatifs relatifs aux énergies renouvelables • Lois sur la protection de l'environnement • Réglementation et urbanisme • Cataclysmes naturels • Groupes de pression environnementaux					
	Législatif	• Législation fiscale • Droit des affaires • Exportation et accords de libre-échange • Tarifs douaniers et réglementation • Protection des consommateurs • Programmes d'accès à l'emploi • Loi sur les monopoles • Normes de sécurité • Réglementation en matière de santé et sécurité • Droit du travail					
Modèle d'analyse concurrentielle de Porter	Concurrents en présence	• Croissance du marché • Évolution des parts de marché • Contrôle de l'industrie • Potentiel de fusion et d'acquisition • Degré de consolidation du secteur • Nombre de concurrents directs					
	Nouveaux concurrents potentiels	• Barrières à l'entrée • Degré de saturation de l'industrie • Entrants potentiels					
	Clients et leur pouvoir de négociation	• Pouvoir de négociation des clients (nombre et taille) • Ententes contractuelles avec les clients • Besoins potentiels des clients • Évolution des besoins des clients • Mobilité des clients					
	Fournisseurs et leur pouvoir de négociation	• Indépendance face aux fournisseurs • Ententes contractuelles avec les fournisseurs • Nombre de fournisseurs potentiels • Disponibilités des ressources • Santé financière des fournisseurs • Image des fournisseurs (poursuites/réputation)					
	Produits de substitution	• Variété des produits de substitution • Qualité des produits de substitution • Taille des concurrents • Prix des produits de substitution • Demande pour les produits de substitution • Potentiel d'intégration des produits de substitution					

Évaluez chacun des énoncés par rapport à leur évolution dans le temps, aux attentes ou par rapport aux concurrents. Les éléments recevant la note **Très favorable** peuvent être considérés comme des possibilités. Les éléments recevant la note **Très défavorable** peuvent être considérés comme des menaces. Veuillez reporter ces éléments dans l'analyse FFOM (SWOT).

Analyse de la situation financière

Éléments de l'analyse financière

Objectif
Effectuer une analyse de la situation financière de l'organisation afin
d'identifier clairement les forces et les faiblesses liées à la gestion financière.

Connaissances	Utilisations
• Analyse de la rentabilité • Analyse de la capitalisation • Analyse de la trésorerie • Analyse du rendement aux propriétaires	• Planification stratégique • Choix des investissements • Choix du financement

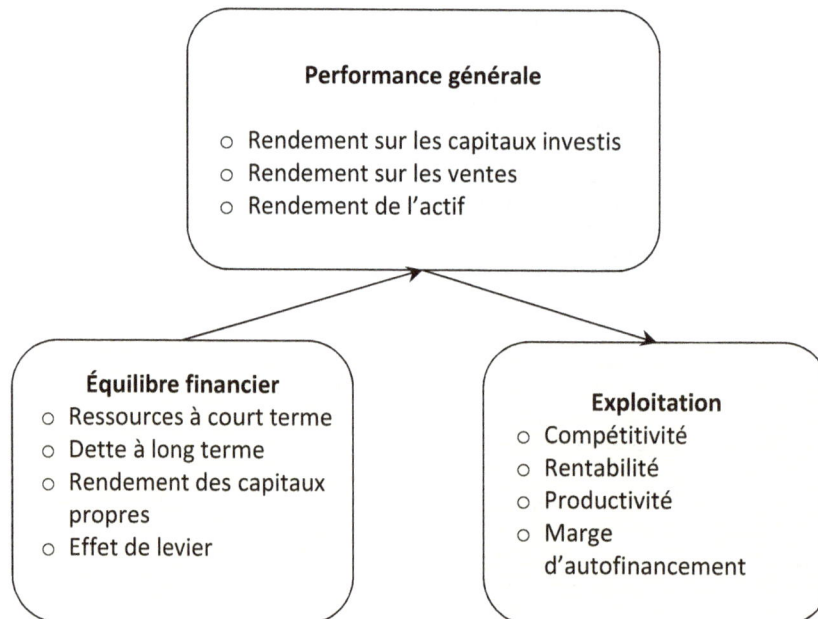

Performance générale

○ Rendement sur les capitaux investis
○ Rendement sur les ventes
○ Rendement de l'actif

Équilibre financier
○ Ressources à court terme
○ Dette à long terme
○ Rendement des capitaux propres
○ Effet de levier

Exploitation
○ Compétitivité
○ Rentabilité
○ Productivité
○ Marge d'autofinancement

L'analyse financière

- De manière générale, l'analyse financière est une étape de l'analyse stratégique d'une organisation.

- Au-delà de permettre l'identification des forces et des faiblesses de la gestion financière d'une organisation, les informations recueillies permettent d'évaluer dans quelle mesure elle peut profiter des possibilités qui s'ouvrent à elle tout en résistant aux menaces potentielles de l'environnement.

- Il existe plusieurs modèles d'analyse financière dans la littérature. Le modèle présenté ci-dessus propose d'analyser 11 dimensions de la performance financière afin d'établir un diagnostic financier rapide de la performance générale, de l'exploitation et de l'équilibre financier. L'utilisation de ratios complémentaires permet, au besoin, de raffiner l'analyse. La fiche 2.6 présente un modèle d'analyse financière détaillé pour aider à réaliser le diagnostic financier.

- Dans le cadre de l'analyse stratégique, le poste « flux de trésorerie liés aux activités opérationnelles », qui fait partie des flux de trésorerie, est un indice de la capacité d'autofinancement des options stratégiques privilégiées.

- Dans le cadre de l'analyse stratégique, le calcul de l'effet de levier permet à l'entreprise d'évaluer la pertinence de recourir à l'endettement afin d'améliorer le rendement de ses investissements.

Diagnostic
de l'analyse de la situation financière

ÉNONCÉS *Dans l'organisation…*	Tout à fait en accord	Plutôt en accord	Plutôt en désaccord	Tout à fait en désaccord	Sans objet
1. L'analyse stratégique inclut systématiquement une analyse de la situation financière.					
2. L'analyse de la situation financière permet d'évaluer les forces et les faiblesses en termes de performance financière.					
3. L'analyse de la situation financière permet d'évaluer la capacité de réaliser les options stratégiques privilégiées.					
4. L'analyse de la situation financière permet d'évaluer la capacité de résister aux menaces potentielles de l'environnement.					
5. Le diagnostic rapide de la performance financière est suivi d'une analyse plus détaillée lorsque des faiblesses ont été identifiées.					
6. Les ratios de performance générale sont utilisés pour évaluer globalement la performance financière.					
7. L'analyse de la rentabilité comprend une analyse de la compétitivité, de la rentabilité et de la productivité.					
8. L'analyse de l'équilibre financier inclut une analyse des ressources à court terme, de la dette à long terme et du rendement des capitaux propres.					
9. L'analyse des flux de trésorerie liés aux activités opérationnelles vise à évaluer la capacité d'autofinancement.					
10. Les données historiques, les compétiteurs sélectionnés et les données de l'industrie permettent une évaluation comparative de la performance financière.					

Pour chacun des énoncés, il s'agit d'indiquer votre opinion (en attribuant une valeur de 3 à **Très souvent,** de 2 à **Souvent**, de 1 à **Rarement** et de 0 à **Très rarement**). Les questions **Sans objet** sont exclues du décompte. Un résultat inférieur à 15/30 (ou à 50 % du maximum) suggère des possibilités d'amélioration au niveau de l'analyse financière de l'organisation.

Modèle d'analyse financière

Modèle d'analyse financière
Objectif Disposer d'un outil d'analyse permettant d'évaluer les principales composantes de la situation financière de l'organisation.

Connaissances	Utilisations
• Analyse de la rentabilité • Analyse des ressources à court terme • Analyse des dettes à long terme • Analyse du rendement des capitaux propres	• Analyse des principaux ratios • Évaluation de l'exploitation • Évaluation de l'équilibre financier

Principaux ratios financiers

- De manière générale, l'analyse financière commence par une évaluation des dix principaux ratios financiers, soit les trois ratios de performance générale, le ratio de part de marché ou le ratio de croissance des ventes, le ratio de marge d'exploitation, le ratio de rendement brut, le ratio de fonds de roulement, le ratio d'endettement, le ratio de rentabilité des capitaux propres et l'effet de levier (voir le tableau de la page suivante).

- L'indication de problématiques au niveau de ces ratios peut nécessiter l'analyse de ratios supplémentaires afin d'expliquer la situation.

Performance générale

- Des ratios de performance générale inférieurs aux attentes conduisent à se questionner sur la performance de l'exploitation et sur l'équilibre financier de l'organisation.

Performance de l'exploitation

- Un ratio de résultat net sur vente inférieur aux attentes conduit à se questionner d'abord sur la croissance des ventes et, si l'information est disponible, sur l'évolution des parts de marché. Par la suite, une analyse de la rentabilité peut indiquer des difficultés liées à la gestion des coûts. Enfin, l'analyse de productivité peut indiquer que les ressources ne sont pas utilisées de façon efficiente.

Équilibre financier

- Si la croissance des ventes n'est pas problématique, un taux de rotation de l'actif, mesuré par le ratio ventes divisé par l'actif total, inférieur aux attentes conduit à se questionner d'abord sur les ressources financières à court terme. Le ratio de fonds de roulement inférieur à 1 peut indiquer des problèmes en termes de gestion des liquidités, de gestion des comptes clients, de gestion des stocks ou de gestion des comptes fournisseurs. Par la suite, il est pertinent d'analyser les ressources financières à long terme, soit l'endettement et le rendement des capitaux propres. Le taux d'endettement de l'organisation et sa capacité à rembourser sa dette sont des informations importantes. En ce qui concerne le rendement des actionnaires, l'analyse de la rentabilité des capitaux propres, de l'effet de levier et, s'il y a lieu, du rendement par action peuvent également donner des indications sur l'équilibre financier.

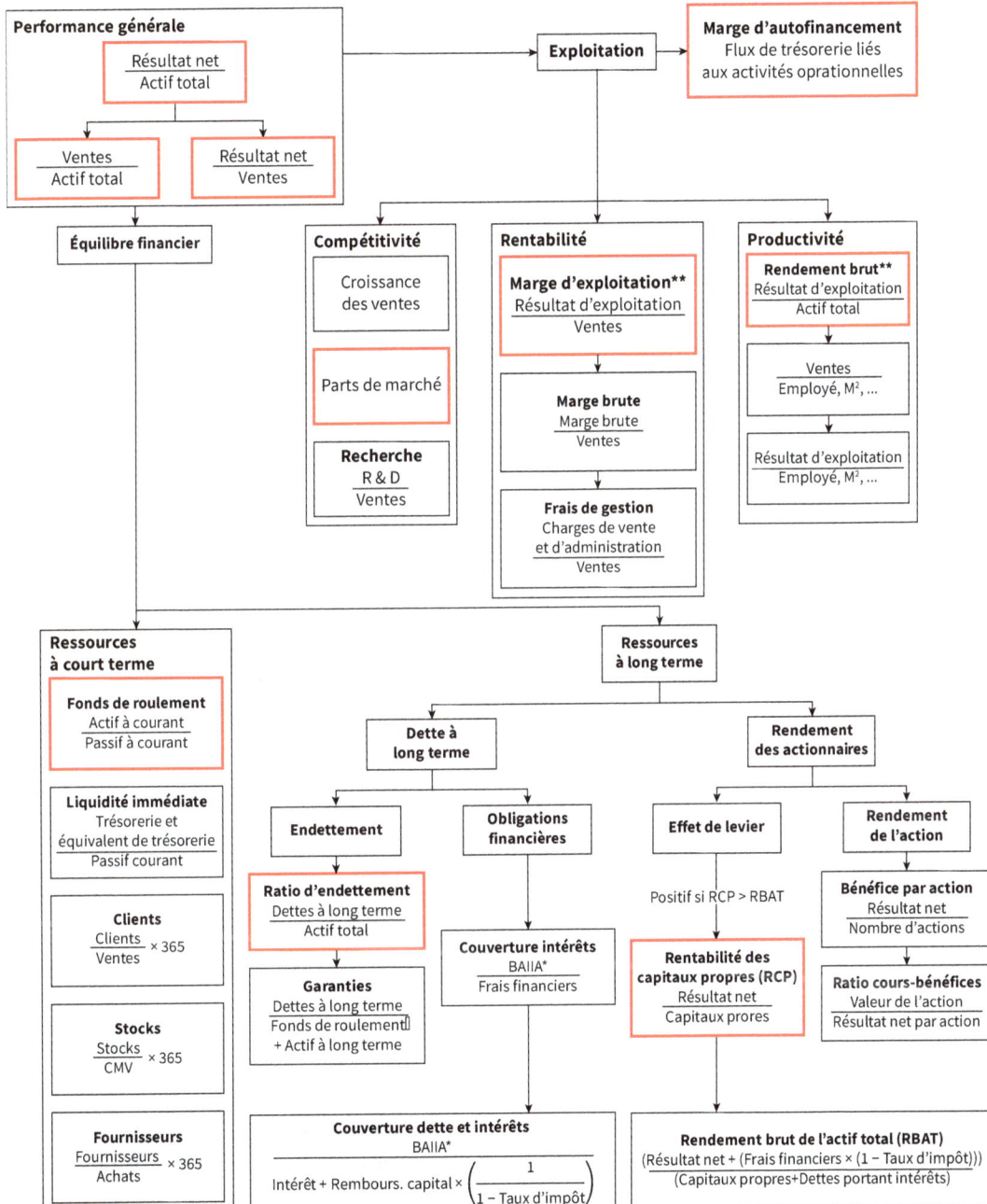

Performance générale

$$\frac{\text{Résultat net}}{\text{Actif total}}$$

$$\frac{\text{Ventes}}{\text{Actif total}}$$ $$\frac{\text{Résultat net}}{\text{Ventes}}$$

Exploitation

Marge d'autofinancement
Flux de trésorerie liés aux activités oprationnelles

Équilibre financier

Compétitivité

Croissance des ventes

Parts de marché

Recherche
$$\frac{\text{R \& D}}{\text{Ventes}}$$

Rentabilité

Marge d'exploitation**
$$\frac{\text{Résultat d'exploitation}}{\text{Ventes}}$$

Marge brute
$$\frac{\text{Marge brute}}{\text{Ventes}}$$

Frais de gestion
$$\frac{\text{Charges de vente et d'administration}}{\text{Ventes}}$$

Productivité

Rendement brut**
$$\frac{\text{Résultat d'exploitation}}{\text{Actif total}}$$

$$\frac{\text{Ventes}}{\text{Employé, M}^2, ...}$$

$$\frac{\text{Résultat d'exploitation}}{\text{Employé, M}^2, ...}$$

Ressources à court terme

Fonds de roulement
$$\frac{\text{Actif à courant}}{\text{Passif à courant}}$$

Liquidité immédiate
$$\frac{\text{Trésorerie et équivalent de trésorerie}}{\text{Passif courant}}$$

Clients
$$\frac{\text{Clients}}{\text{Ventes}} \times 365$$

Stocks
$$\frac{\text{Stocks}}{\text{CMV}} \times 365$$

Fournisseurs
$$\frac{\text{Fournisseurs}}{\text{Achats}} \times 365$$

Ressources à long terme

Dette à long terme

Endettement

Ratio d'endettement
$$\frac{\text{Dettes à long terme}}{\text{Actif total}}$$

Garanties
$$\frac{\text{Dettes à long terme}}{\text{Fonds de roulement + Actif à long terme}}$$

Obligations financières

Couverture intérêts
$$\frac{\text{BAIIA*}}{\text{Frais financiers}}$$

Couverture dette et intérêts
$$\frac{\text{BAIIA*}}{\text{Intérêt + Rembours. capital} \times \left(\frac{1}{1 - \text{Taux d'impôt}}\right)}$$

Rendement des actionnaires

Effet de levier

Positif si RCP > RBAT

Rentabilité des capitaux propres (RCP)
$$\frac{\text{Résultat net}}{\text{Capitaux prores}}$$

Rendement de l'action

Bénéfice par action
$$\frac{\text{Résultat net}}{\text{Nombre d'actions}}$$

Ratio cours-bénéfices
$$\frac{\text{Valeur de l'action}}{\text{Résultat net par action}}$$

Rendement brut de l'actif total (RBAT)
$$\frac{(\text{Résultat net} + (\text{Frais financiers} \times (1 - \text{Taux d'impôt})))}{(\text{Capitaux propres+Dettes portant intérêts})}$$

*: BAIIA= Résultat net + intérêts, impôts et amortissements (EBITDA)

**: Peut également être calculé à partir du BAIIA

Utilité de l'analyse financière

- Les faiblesses relevées lors de l'analyse financière conduisent généralement à des recommandations afin d'améliorer la situation financière de l'organisation.

- C'est seulement suite à cette analyse qu'il est possible d'évaluer la capacité de l'organisation à profiter des options stratégiques qui s'offrent à elle.

- Les ratios financiers d'une organisation peuvent être comparés aux données historiques, aux données de l'industrie ou à d'autres entreprises par le biais d'analyses comparatives (*Benchmarking*).

**Diagnostic de
l'analyse des ratios financiers**

ÉNONCÉS *Dans l'organisation...*	Tout à fait en accord	Plutôt en accord	Plutôt en désaccord	Tout à fait en désaccord	Sans objet
1. Des cibles sont déterminées pour tous les ratios financiers jugés importants.					
2. Les cibles sont établies en fonction des objectifs stratégiques.					
3. Un ratio de rendement net sur ventes qui n'atteint pas les cibles conduit à une évaluation de la compétitivité et de la rentabilité de la productivité.					
4. Un ratio de rotation des actifs qui n'atteint pas les cibles conduit à une évaluation de la compétitivité, des ressources à court terme, de la dette à long terme et du rendement des capitaux propres.					
5. Les conclusions de l'analyse financière conduisent rapidement à l'identification d'actions correctives.					

Pour chacun des énoncés, il s'agit d'indiquer votre opinion (en attribuant une valeur de 3 à **Très souvent,** de 2 à **Souvent**, de 1 à **Rarement** et de 0 à **Très rarement**). Les questions **Sans objet** sont exclues du décompte. Un résultat inférieur à 8/15 (ou à 50 % du maximum) suggère des possibilités d'amélioration au niveau de l'analyse de l'effet de levier au sein de l'organisation.

Effet de levier

Évaluation de l'effet de levier
Objectif
Disposer d'un outil d'analyse financière permettant de déterminer l'endettement et de déterminer l'impact de la dette sur la rentabilité de l'organisation.

Connaissances	Utilisations
• Effet de levier • Rentabilité des capitaux propres • Taux de rentabilité économique • Rendement brut de l'actif total	• Pertinence de la dette • Décisions d'emprunt • Évaluation de l'équilibre financier

L'effet de levier

• Dans le cadre de l'analyse stratégique, lorsque l'organisation envisage l'endettement comme moyen de financement des options stratégiques, l'effet de levier est une information importante. Si la rentabilité des capitaux propres est supérieure au rendement brut de l'actif total, alors l'effet de levier est positif. Dans ce contexte, l'organisation obtient une rentabilité sur les capitaux propres supérieure au coût de la dette.

$$\textbf{Rentabilité des capitaux propres (RCP)}$$
$$\frac{\text{Résultat net}}{\text{Capitaux propres}}$$

Positif si RCP > RBAT

$$\textbf{Rendement brut de l'actif total (RBAT)}$$
$$\frac{(\text{Résultat net} + (\text{Frais financiers} \times (1 - \text{Taux d'impôt})))}{(\text{Capitaux propres} + \text{Dettes portant intérêts})}$$

• En finance, les ratios suivants sont utilisés afin de calculer l'effet de levier :

$$\textbf{Rentabilité des capitaux propres (RCP)}$$
$$\frac{\text{Résultat net}}{\text{Capitaux propres}}$$

$$-$$

$$\textbf{Taux de rentabilité économique (TRE)}$$
$$\frac{(\text{Résultat d'exploitation} \times (1 - \text{Taux d'impôt}))}{(\text{Capitaux propres} + \text{Dettes portant intérêts})}$$

$$=$$

$$\textbf{Effet de levier}$$
$$\frac{\text{Dettes portant intérêts} \times (\text{TRE} - (\text{Intérêts} \times (1 - \text{Taux d'impôt})))}{(\text{Capitaux propres} + \text{Dettes portant intérêts})}$$

Exemple d'application

● Prenons l'exemple d'une entreprise qui présente un résultat de 1 631 $ avec un actif de 15 000 $. Le rendement sur capital investi est de 10,87 %. Le taux d'intérêt moyen est de 9 % et le taux d'imposition est de 30 %.

Comptes de résultat		État de la situation financière	
Résultat d'exploitation	2 600	Actif total	15 000
Frais d'intérêts	270		
Impôts	699	Passif courant ne portant pas intérêts	1 000
Résultat net	1 631	Dettes portant intérêts	3 000
		Capitaux propres	11 000
		Passif total	15 000

● Dans cet exemple, le taux de rentabilité des capitaux propres est de 14,83 % alors que le taux de rendement brut de l'actif total, qui est égal au taux de rentabilité économique, est de 13,00 %. Puisque le taux de rentabilité des capitaux propres est supérieur au taux de rendement brut de l'actif total, l'effet de levier est positif. Il est possible de conclure que l'endettement permet d'accroître la rentabilité des capitaux propres de 1,83 %.

Utilité de l'effet de levier

● Le calcul de l'effet de levier permet aux organisations d'évaluer si l'utilisation de la dette permet d'accroître le rendement des actionnaires. Lorsque l'effet de levier est négatif, cela signifie que l'endettement a un impact négatif sur la performance de l'entreprise.

● Le calcul de l'effet de levier permet également d'évaluer dans quelle mesure l'organisation peut accroître son endettement tout en profitant d'un effet de levier positif.

Diagnostic de l'analyse de l'effet de levier

ÉNONCÉS *Dans l'organisation...*	Tout à fait en accord	Plutôt en accord	Plutôt en désaccord	Tout à fait en désaccord	Sans objet
1. Un niveau d'endettement maximal est déterminé afin de maintenir un effet de levier positif.					
2. L'analyse stratégique inclut systématiquement l'évaluation de l'effet de levier.					
3. L'analyse du financement des options stratégiques inclut l'évaluation de l'effet de levier.					
4. Un effet de levier négatif conduit rapidement à l'élaboration d'une stratégie de redressement de la situation financière.					
5. Les données historiques, les compétiteurs sélectionnés et les données de l'industrie permettent une évaluation comparative de l'effet de levier.					

Pour chacun des énoncés, il s'agit d'indiquer votre opinion (en attribuant une valeur de 3 à **Très souvent,** de 2 à **Souvent,** de 1 à **Rarement** et de 0 à **Très rarement**). Les questions **Sans objet** sont exclues du décompte. Un résultat inférieur à 8/15 (ou à 50 % du maximum) suggère des possibilités d'amélioration au niveau de l'analyse de l'effet de levier au sein de l'organisation.

Valeur économique ajoutée

Valeur économique ajoutée et coût moyen pondéré du capital
Objectif Évaluer la valeur économique ajoutée de l'organisation ou des projets projetés.

Connaissances	**Utilisations**
• Valeur économique ajoutée • Coût moyen pondéré du capital • Financement des projets	• Évaluation de la rentabilité • Estimation du coût du capital • Calcul de la création de valeur

Calcul de la valeur économique ajoutée (VEA)

- La valeur économique ajoutée est la différence entre le résultat d'exploitation et le coût du financement des capitaux. Cette valeur s'apparente au résultat net résiduel (résultat comptable moins le coût du capital).

- Dans le calcul de la VEA, le coût du financement est calculé à l'aide du CMPC

- La prise en compte du taux d'impôt permet de mesurer la VEA nette.

Valeur économique ajoutée après impôts
(Résultat d'exploitation × (1 − Taux d'impôt)) − (Capitaux propres + Dettes portant intérêts) × CMPC

Coût moyen pondéré du capital après impôts
(Fonds propres × Rendement requis + Dette portant intérêts × taux d'intérêt × (1 − Taux d'impôt)) ─── (Capitaux propres + Dettes portant intérêts)

- La VEA peut également être calculée sans tenir compte de l'aspect fiscal.

Valeur économique ajoutée avant impôts
Résultat d'exploitation − (Capitaux propres + Dettes portant intérêts) × CMPC

Coût moyen pondéré du capital avant impôts
(Fonds propres × Rendement requis + Dette portant intérêts × Taux d'intérêt) ─── (Capitaux propres + Dettes portant intérêts)

- Le CMPC peut également être calculée de la façon suivante :

Coût moyen pondéré du capital avant impôts
(% des fonds propres × Rendement requis + % de la dette portant intérêts × Taux d'intérêt

- Le rendement requis par les actionnaires excède généralement de 3 % à 5 % le taux d'intérêt moyen de la dette portant intérêts.

Estimation de valeur économique ajoutée d'un projet

- La valeur économique ajoutée d'un projet peut être estimée en soustrayant au résultat d'exploitation du projet le coût du financement :

| **Valeur économique ajoutée d'un projet avant impôts** |
| Résultat d'exploitation – Financement requis × Taux de financement |

- À titre d'exemple, prenons un projet qui requiert un investissement de 100 000 $. Il est financé à un taux de 7 % et il génère un résultat d'exploitation de 10 000 $. La VEA estimée de ce projet sera de 3 000 $ (10 000 $ - 100 000 $ x 7 %), ce qui représente une valeur ajoutée de 30 %.

Diagnostic de l'analyse de la création de valeur

	ÉNONCÉS *Dans l'organisation...*	Tout à fait en accord	Plutôt en accord	Plutôt en désaccord	Tout à fait en désaccord	Sans objet
1.	Les gestionnaires connaissent la création de valeur économique des activités d'exploitation.					
2.	Les gestionnaires sont en mesure de calculer le coût moyen pondéré du capital.					
3.	Les gestionnaires cherchent constamment à maintenir un équilibre idéal entre les capitaux propres et l'endettement.					
4.	Le rendement attendu des actionnaires est constamment réévalué en fonction du coût de financement.					
5.	Le rendement attendu des actionnaires tient également compte de l'évolution du rendement moyen dans l'industrie.					
6.	La valeur économique ajoutée de chaque projet est évaluée.					
7.	Chaque projet est associé à une stratégie de financement.					
8.	Le critère de création de valeur est un critère important dans l'analyse des options stratégiques.					
9.	Le critère de création de valeur est analysé de façon à maximiser l'effet de levier.					
10.	La création de valeur fait partie des orientations stratégiques					

Pour chacun des énoncés, indiquez votre opinion (en attribuant une valeur de 3 à **Tout à fait en accord**, de 2 à **Plutôt en accord**, de 1 à **Plutôt en désaccord** et de 0 à **Tout à fait en désaccord**). Les questions **Sans objet** sont exclues du décompte. Un résultat inférieur à 15/30 (ou à 50 % du maximum) suggère des possibilités d'amélioration au niveau de l'analyse de la création de valeur.

Analyse des forces concurrentielles (Porter)

Modèle d'analyse des forces concurrentielles
Objectif Comprendre les occasions et les menaces issues de la stratégie concurrentielle.

Connaissances	**Utilisations**
● Modèle de Porter ● Secteur d'activité ● Occasions du secteur ● Menaces du secteur	● Choix stratégiques ● Gestion stratégique

**Adaptation du modèle d'analyse des
forces concurrentielles de Michael Porter[2]**

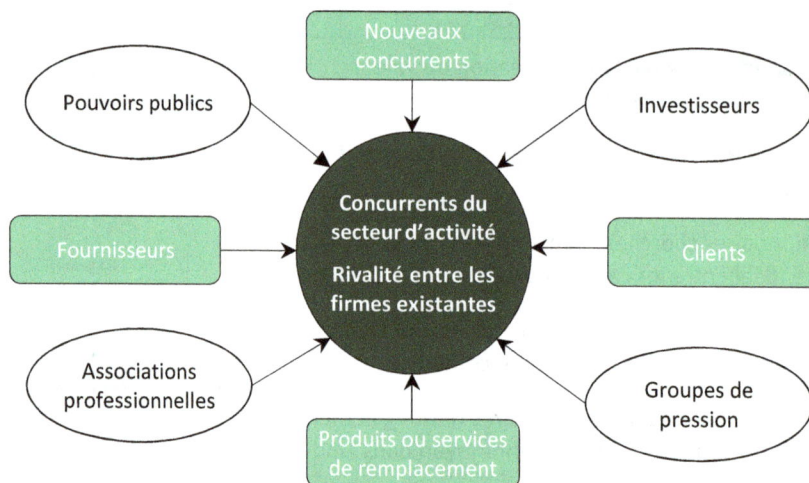

Composantes de l'environnement concurrentiel

- En première ligne : les concurrents actuels.

- En deuxième ligne : les nouveaux concurrents réels et potentiels, les produits de remplacement (pouvant venir de concurrents réels et potentiels), le pouvoir de négociation des clients et celui des fournisseurs.

- En troisième ligne : les pouvoirs publics, les groupes de pression, les associations professionnelles (syndicats et ordres professionnels) et les investisseurs.

Occasions et menaces de l'environnement concurrentiel

- Le modèle de Porter est utile pour analyser les occasions et les menaces issues des neuf composantes de l'environnement concurrentiel.

Stratégie

- Au choix, l'organisation peut opter pour une stratégie de bas prix, de différenciation ou de niche (spécialisation).

- La stratégie concurrentielle définit la combinaison d'avantages concurrentiels qu'une organisation doit posséder dans un segment du marché donné pour être en mesure de se positionner[3]. Selon Porter[4], les grandes stratégies génériques possibles sont :

Marché cible	Stratégies génériques	
Marché cible de grande échelle (de masse)	Domination par les prix les plus bas	Différenciation par une image de marque
Marché cible spécialisé (de niche)	Concentration sur les coûts	Concentration sur l'innovation

Diagnostic de l'analyse concurrentielle fondée sur le modèle de Michael Porter

ÉNONCÉS *Dans l'organisation...*	Tout à fait en accord	Plutôt en accord	Plutôt en désaccord	Tout à fait en désaccord	Sans objet
1. Les occasions et les menaces liées aux concurrents sont analysées.					
2. Les occasions et les menaces liées aux nouveaux concurrents faisant leur entrée dans l'industrie sont analysées.					
3. Les occasions et les menaces liées aux produits de remplacement nouvellement développés sont analysées.					
4. Les occasions et les menaces liées au pouvoir des clients sont analysées.					
5. Les occasions et les menaces liées au pouvoir des fournisseurs sont analysées.					
6. Les occasions et les menaces liées aux pouvoirs publics sont analysées.					
7. Les occasions et les menaces liées aux groupes de pression sont analysées.					
8. Les occasions et les menaces liées aux associations professionnelles sont analysées.					
9. Les occasions et les menaces liées aux investisseurs sont analysées.					
10. Les occasions et les menaces liées aux choix stratégiques sont analysées.					

Pour chacun des énoncés, indiquez votre opinion (en attribuant une valeur de 3 à **Tout à fait en accord**, de 2 à **Plutôt en accord**, de 1 à **Plutôt en désaccord** et de 0 à **Tout à fait en désaccord**). Les questions **Sans objet** sont exclues du décompte. Un résultat inférieur à 15/30 (ou à 50 % du maximum) suggère des possibilités d'amélioration au niveau de l'analyse concurrentielle de l'organisation en s'inspirant du modèle de Michael Porter.

Analyse du potentiel de marché

Matrice BCG et cycle de vie du produit

Objectif
Comprendre le potentiel d'un marché.

Connaissances	Utilisations
• Taux de croissance du marché • Part de marché • Cycle de vie du marché	• Grandes orientations • Objectifs • Cibles

La matrice BCG[5]

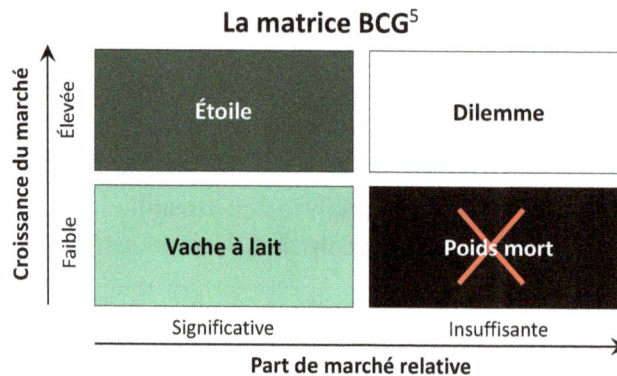

Le cycle de vie du marché

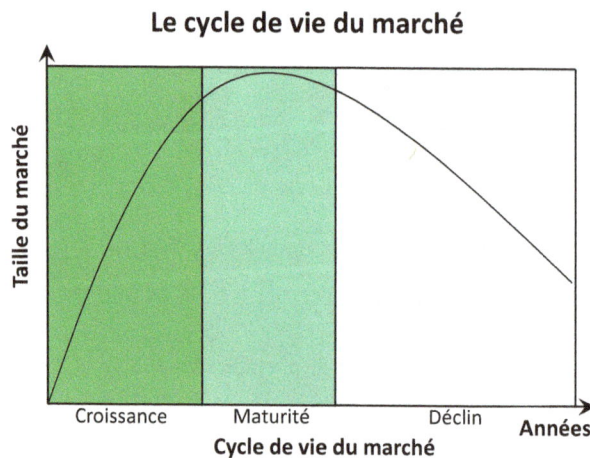

Grandes orientations, objectifs et cibles

- Étoile : **part de marché significative** dans un **marché en croissance** :
  - Objectif : accroître sa part de marché par le biais d'investissements;
  - Cible : part de marché, chiffre d'affaires, investissement annuel, résultats nets.
- Dilemme : **part de marché insuffisante** dans un **marché en croissance :**
  - Objectif : accroître sa part de marché en investissant;
  - Cible : part de marché, chiffre d'affaires, investissement annuel, résultats nets.

- Vache à lait : **part de marché significative** dans un **marché à maturité** :
  - Objectif : récolter en maximisant le RCI;
  - Cible : RCI, part de marché, résultats nets.

- Poids mort : **part de marché insuffisante** dans un **marché à maturité** :
  - Objectif : désinvestir;
  - Cible : RCI, résultats nets, valeur de liquidation.

Grandes orientations et cycle de vie du marché

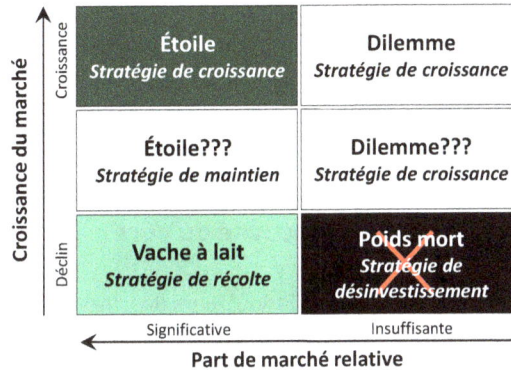

	Significative	Insuffisante
Croissance	**Étoile** *Stratégie de croissance*	**Dilemme** *Stratégie de croissance*
	Étoile??? *Stratégie de maintien*	**Dilemme???** *Stratégie de croissance*
Déclin	**Vache à lait** *Stratégie de récolte*	**Poids mort** *Stratégie de désinvestissement*

Croissance du marché · Part de marché relative

Diagnostic de l'analyse du potentiel de marché

	ÉNONCÉS *Dans l'organisation...*	Tout à fait en accord	Plutôt en accord	Plutôt en désaccord	Tout à fait en désaccord	Sans objet
1.	L'analyse stratégique tient compte de l'évolution du marché (croissance, maturité, déclin).					
2.	L'analyse stratégique tient compte de la part de marché détenue.					
3.	En présence d'un marché en croissance, l'analyse est orientée dans le but de trouver des moyens d'accroître ou de maintenir la part de marché.					
4.	En présence d'une part de marché significative dans un marché à maturité, l'analyse est orientée dans le but de maintenir la part de marché.					
5.	En présence d'une part de marché significative dans un marché en croissance, l'analyse est aussi orientée dans le but de récolter.					
6.	En présence d'une part de marché insuffisante dans un marché en croissance, l'analyse est orientée dans le but de trouver des moyens de se donner une niche intéressante.					
7.	En présence d'une part de marché insuffisante dans un marché à maturité, l'analyse est aussi orientée dans le but de diversifier.					
8.	En présence d'une part de marché significative dans un marché en déclin, l'analyse est orientée dans le but de récolter.					
9.	En présence d'une part de marché insuffisante dans un marché en déclin, l'analyse est orientée dans le but de désinvestir au meilleur prix.					
10.	En présence d'une part de marché insuffisante dans un marché en déclin, l'analyse est orientée dans le but de rechercher un autre secteur d'activité.					

Pour chacun des énoncés, indiquez votre opinion (en attribuant une valeur de 3 à **Tout à fait en accord**, de 2 à **Plutôt en accord**, de 1 à **Plutôt en désaccord** et de 0 à **Tout à fait en désaccord**). Les questions **Sans objet** sont exclues du décompte. Un résultat inférieur à 15/30 (ou à 50 % du maximum) suggère des possibilités d'amélioration au niveau des pratiques d'analyse du potentiel de marché de l'organisation.

Analyse de la chaîne de valeur
Modèle d'analyse de la chaîne de valeur d'un secteur d'activité
Objectif Évaluer la contribution d'une organisation à la chaîne de valeur d'un secteur d'activité.

Connaissances	Utilisations
● Contribution ● Concurrents ● Compétence distinctive	● Valeur ajoutée ● Compétitivité ● Possibilités et menaces

**Exemple du
secteur d'activité du porc[6]**

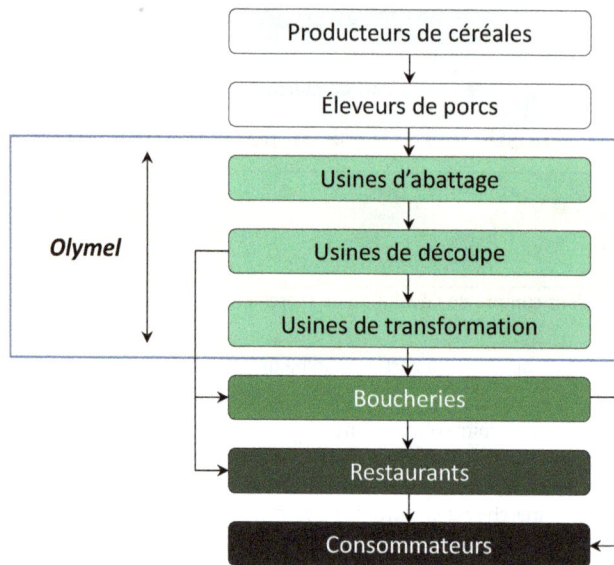

```
          ┌──────────────────────────┐
          │ Producteurs de céréales  │
          └──────────────────────────┘
                      ↓
          ┌──────────────────────────┐
          │    Éleveurs de porcs      │
          └──────────────────────────┘
                      ↓
          ┌──────────────────────────┐
  Olymel  │    Usines d'abattage      │
          └──────────────────────────┘
                      ↓
          ┌──────────────────────────┐
          │    Usines de découpe      │
          └──────────────────────────┘
                      ↓
          ┌──────────────────────────┐
          │  Usines de transformation │
          └──────────────────────────┘
                      ↓
          ┌──────────────────────────┐
          │       Boucheries          │
          └──────────────────────────┘
                      ↓
          ┌──────────────────────────┐
          │       Restaurants         │
          └──────────────────────────┘
                      ↓
          ┌──────────────────────────┐
          │      Consommateurs        │
          └──────────────────────────┘
```

Contribution

● La contribution d'une organisation à la chaîne de valeur d'un secteur d'activité correspond au rôle qu'elle y joue[7]. Sa contribution se traduit par un ensemble d'activités. Dans le cas d'Olymel, par exemple, ces activités s'articulent autour de celles des usines d'abattage, des usines de découpe et des usines de transformation. Les activités d'Olymel, si l'organisation le souhaitait, pourraient aisément s'intégrer à toute autre activité en aval ou en amont (activités liées à la boucherie, à la restauration, etc.).

Concurrents

● Les concurrents d'Olymel peuvent rivaliser entièrement ou partiellement avec ses trois principales sphères d'activités, soit l'abattage, la découpe et la transformation.

Compétence distinctive

- La compétence distinctive se révèle par l'efficience avec laquelle l'organisation parvient à exercer une activité, par exemple la productivité d'une usine.

Valeur ajoutée

- Bien saisir la valeur ajoutée, c'est aussi comprendre la marge de manœuvre dont dispose l'organisation pour exercer une activité. Dans notre exemple tiré du secteur d'activité du porc, secteur non réglementé en Amérique du Nord, les usines de découpe doivent apprendre à composer avec un prix du marché qui fluctue d'heure en heure. Ainsi, leur marge de manœuvre se situe entre le prix du marché à la sortie de l'usine et celui à l'entrée de l'usine. Ce prix correspond à la valeur ajoutée que génère l'usine.

Compétitivité

- Afin d'assurer la productivité d'une activité, son coût doit être comparé à la valeur ajoutée[8] qui en résulte.
- La compétitivité est fonction de la productivité ou des activités exercées au sein de la chaîne de valeur du secteur.

Possibilités et menaces

- Les possibilités et les menaces viennent des concurrents et de l'ensemble des organisations qui exercent une ou plusieurs activités dans la chaîne de valeur du secteur d'activité de l'organisation.

Diagnostic de l'analyse de la chaîne de valeur du secteur d'activité

	ÉNONCÉS *Dans l'organisation...*	Tout à fait en accord	Plutôt en accord	Plutôt en désaccord	Tout à fait en désaccord	Sans objet
1.	Les activités de la chaîne de valeur du secteur d'activité sont analysées.					
2.	Le rôle de l'organisation au sein de la chaîne de valeur du secteur d'activité est bien compris.					
3.	La notion de valeur ajoutée est bien comprise.					
4.	La productivité des activités exercées au sein de la chaîne de valeur est analysée en fonction de la valeur ajoutée.					
5.	Les possibilités d'intégration verticale sont évaluées.					
6.	Les possibilités d'intégration horizontale sont évaluées.					
7.	Les relations avec les fournisseurs sont évaluées.					
8.	Les activités des fournisseurs sont aussi prises en compte dans l'amélioration continue des processus encadrant les relations avec les fournisseurs.					
9.	Les relations clients sont évaluées.					
10.	Les activités des organisations clientes sont prises en compte dans l'amélioration continue des processus encadrant les relations clients.					

Pour chacun des énoncés, indiquez votre opinion (en attribuant une valeur de 3 à **Tout à fait en accord**, de 2 à **Plutôt en accord**, de 1 à **Plutôt en désaccord** et de 0 à **Tout à fait en désaccord**). Les questions **Sans objet** sont exclues du décompte. Un résultat inférieur à 15/30 (ou à 50 % du maximum) suggère des possibilités d'amélioration au niveau des pratiques d'analyse de la chaîne de valeur du secteur d'activité dans lequel évolue l'organisation.

Évaluation des options stratégiques

Démarche d'évaluation qualitative et quantitative des options stratégiques
Objectif
Évaluer la contribution des options stratégiques à la performance des organisations.

Connaissances	Utilisations
• Cohérence stratégique • Cohérence financière • Cohérence opérationnelle • Cohérence en termes de risques	• Évaluation des options stratégiques • Intégration des aspects qualitatifs et quantitatifs • Priorisation des critères

Démarche d'évaluation des options stratégiques

- L'analyse stratégique permet d'identifier les options stratégiques potentielles.
- L'étape suivante consiste à évaluer la pertinence des options stratégiques tant du point de vue qualitatif que quantitatif.
- Une approche simple et éprouvée consiste à évaluer la cohérence stratégique, financière et opérationnelle en tenant compte des risques potentiels.
- Pour chaque option stratégique, cette évaluation comporte trois étapes : 1) déterminer le poids de chaque dimension; 2) évaluer la cohérence pour chaque dimension; 3) calculer le score pondéré afin d'évaluer la valeur des options stratégiques.

Évaluation de la pertinence d'une option stratégique

1) Détermination du poids relatif de chaque dimension	Pondération
Du point de vue stratégique	
Du point de vue financier	
Du point de vue opérationnel	
Du point de vue des risques	
Total	**100 %**

2) Évaluation de la cohérence pour chaque dimension					
Échelle :	1	2	3	4	5
Sélection :	Tout à fait en désaccord	Plutôt en désaccord	Moyennement d'accord	Plutôt en accord	Tout à fait en d'accord

Du point de vue stratégique, l'option stratégique…	Option # 1	Option # 2	Option # 3
S'inscrit dans les orientations stratégiques à long terme.			
Est essentielle au succès futur de l'organisation.			
Aide l'entreprise à préserver ou à améliorer la position concurrentielle.			
Permet de créer une synergie au niveau de ses opérations.			
Répond aux besoins de la clientèle.			
Total sur 25			

Du point de vue financier, l'option stratégique…	Option 1	Option 2	Option 3
Offre une bonne rentabilité (résultat net/ventes nettes).			
Permet de générer un rendement sur investissement intéressant.			
N'impose pas une pression indue sur les obligations financières à court terme.			
Permet de générer des liquidités importantes.			
Ne pose pas de problème de financement.			
Total sur 25			
Du point de vue opérationnel, l'option stratégique…	**Option 1**	**Option 2**	**Option 3**
Repose sur un champion qui a du leadership, du temps et l'expertise requise.			
Requiert une expertise disponible au sein de l'organisation.			
Implique des ressources humaines disponibles au sein de l'organisation.			
Nécessite des ressources matérielles accessibles pour l'organisation.			
N'accroît pas substantiellement la complexité de la gestion de l'organisation.			
Total sur 25			
Du point de vue des risques, l'option stratégique…	**Option 1**	**Option 2**	**Option 3**
Ne risque pas de mettre en péril la survie de l'organisation en cas d'échec.			
Offre des probabilités de succès élevées.			
Ne met pas en péril l'équilibre financier de l'entreprise.			
Réduit les risques concurrentiels.			
A un impact positif sur l'image de l'entreprise.			
Total sur 25			

3) Calcul du score pondéré pour évaluer la valeur des options stratégiques	Option 1	Option 2	Option 3
Score pondéré = score sur 25 × (facteur de pondération / 25 %)			
Du point de vue stratégique			
Du point de vue financier			
Du point de vue opérationnel			
Du point de vue des risques			
Total sur 100 %			

Diagnostic de l'analyse de la chaîne de valeur du secteur d'activité

ÉNONCÉS *Dans l'organisation…*	Tout à fait en accord	Plutôt en accord	Plutôt en désaccord	Tout à fait en désaccord	Sans objet
1. Toutes les options stratégiques sont évaluées.					
2. La cohérence stratégique des options stratégiques est évaluée.					
3. La cohérence financière des options stratégiques est évaluée.					
4. La cohérence opérationnelle des options stratégiques est évaluée.					
5. Les risques liés aux options stratégiques sont évalués.					
6. L'évaluation de la cohérence financière est appuyée par une analyse quantitative rigoureuse (voir module 3).					
7. Chaque dimension est pondérée en fonction de son importance relative.					
8. La pondération tient compte de la nature des projets (voir module 3).					
9. La pondération des projets fait l'objet d'un consensus.					
10. Le degré de cohérence pour chaque option stratégique fait l'objet d'un consensus.					

Pour chacun des énoncés, indiquez votre opinion (en attribuant une valeur de 3 à **Tout à fait en accord**, de 2 à **Plutôt en accord**, de 1 à **Plutôt en désaccord** et de 0 à **Tout à fait en désaccord**). Les questions **Sans objet** sont exclues du décompte. Un résultat inférieur à 15/30 (ou à 50 % du maximum) suggère des possibilités d'amélioration au niveau des pratiques d'analyse des options stratégiques au sein de l'organisation.

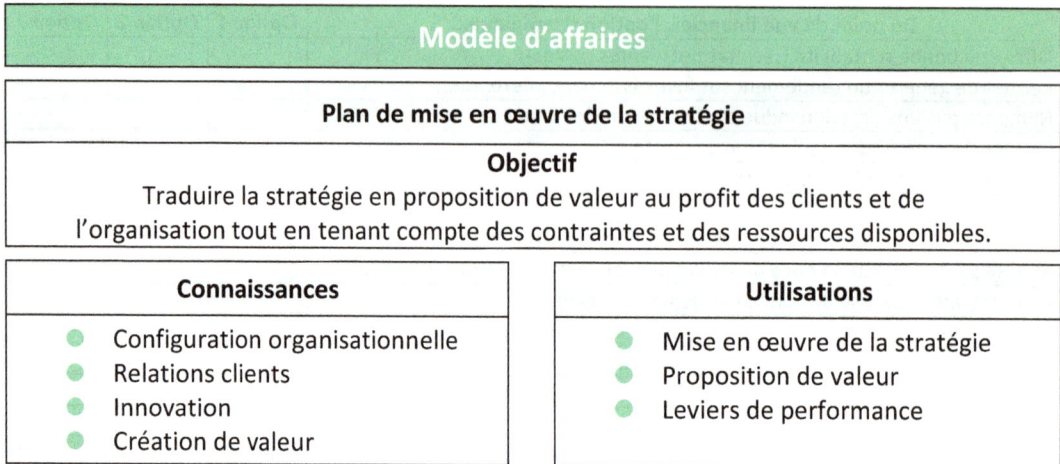

Modèle d'affaires
Plan de mise en œuvre de la stratégie
Objectif Traduire la stratégie en proposition de valeur au profit des clients et de l'organisation tout en tenant compte des contraintes et des ressources disponibles.

Connaissances	**Utilisations**
● Configuration organisationnelle ● Relations clients ● Innovation ● Création de valeur	● Mise en œuvre de la stratégie ● Proposition de valeur ● Leviers de performance

Modèle d'affaires

● Un modèle d'affaires correspond à la configuration des ressources d'une organisation et des activités de la chaîne de valeur nécessaires à la mise en œuvre de la stratégie visant à créer de la valeur pour l'organisation et pour ses clients.

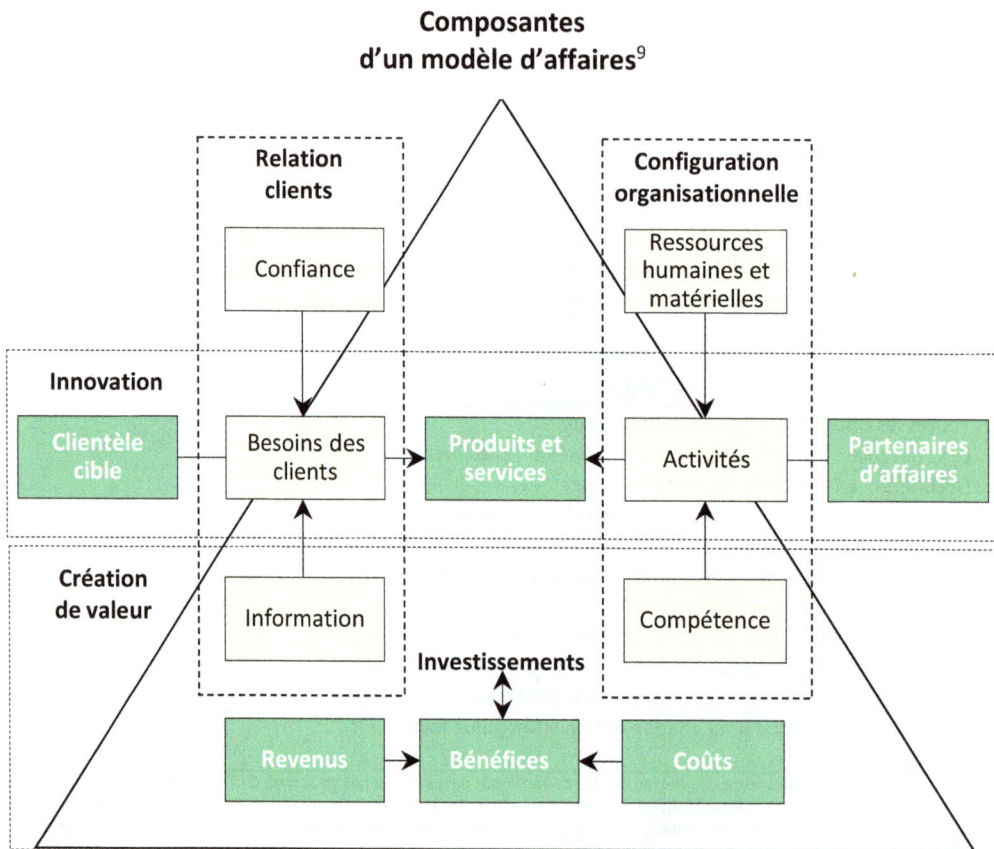

**Composantes
d'un modèle d'affaires[9]**

Modèle d'affaires et performance[10]

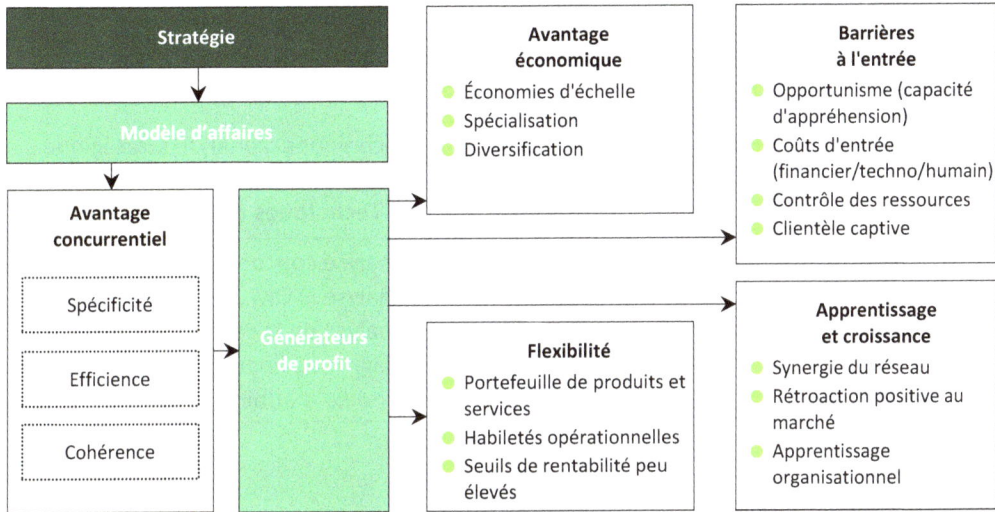

Stratégie

↓

Modèle d'affaires

↓

Avantage concurrentiel

- Spécificité
- Efficience
- Cohérence

Générateurs de profit

Avantage économique
- Économies d'échelle
- Spécialisation
- Diversification

Barrières à l'entrée
- Opportunisme (capacité d'appréhension)
- Coûts d'entrée (financier/techno/humain)
- Contrôle des ressources
- Clientèle captive

Flexibilité
- Portefeuille de produits et services
- Habiletés opérationnelles
- Seuils de rentabilité peu élevés

Apprentissage et croissance
- Synergie du réseau
- Rétroaction positive au marché
- Apprentissage organisationnel

Diagnostic du modèle d'affaires

ÉNONCÉS *Dans l'organisation...*	Tout à fait en accord	Plutôt en accord	Plutôt en désaccord	Tout à fait en désaccord	Sans objet
1. Le modèle d'affaires est le reflet de l'identité organisationnelle.					
2. La configuration organisationnelle permet la mise en œuvre adéquate de la stratégie.					
3. La qualité des clients permet de répondre adéquatement aux besoins de la clientèle cible.					
4. La configuration de la chaîne de valeur interne favorise l'innovation.					
5. La configuration de la chaîne de valeur interne permet d'accroître l'efficience de l'exploitation.					
6. Le modèle d'affaires permet d'obtenir un avantage concurrentiel durable.					
7. Le modèle d'affaires permet de comprendre la proposition de valeur offerte aux clients.					
8. La création de valeur (proposition de valeur offerte aux clients) est rendue possible par les activités de l'organisation.					
9. Le modèle d'affaires assure la pérennité de l'organisation.					
10. Le modèle d'affaires lie performance organisationnelle et rentabilité.					

Pour chacun des énoncés, indiquez votre opinion (en attribuant une valeur de 3 à **Tout à fait en accord**, de 2 à **Plutôt en accord**, de 1 à **Plutôt en désaccord** et de 0 à **Tout à fait en désaccord**). Les questions **Sans objet** sont exclues du décompte. Un score inférieur à 15/30 (ou à 50 % du maximum) suggère des possibilités d'amélioration au niveau de la conception du modèle d'affaires.

Cohérence de l'analyse stratégique

Recherche de cohérence stratégique

Objectif
Évaluer la cohérence entre la stratégie et l'utilisation des techniques d'analyse stratégique.

Éléments stratégiques	Techniques d'analyse
• Stratégie d'entreprise • Stratégie d'affaires • Stratégie concurrentielle	• Analyse concurrentielle • Analyse FFOM • Analyse de la chaîne de valeur • Diagnostic financier • Modèle d'affaires

Analyse stratégique
Évaluation des pratiques de contrôle

Catégorie		Énoncés	Évaluation
1.	Analyse concurrentielle	Axée sur les parts de marché	
		Mixte	
		Axée sur les coûts	
2.	Analyse FFOM	L'analyse externe prédominante	
		Mixte	
		L'analyse interne prédominante	
3.	Analyse de la chaîne de valeur	Axée sur l'avantage concurrentiel	
		Mixte	
		Axée sur l'efficience et les synergies	
4.	Diagnostic financier	Axé sur l'évaluation de la compétitivité et l'équilibre financier	
		Analyse équilibrée	
		Axé sur l'évaluation de la performance financière de l'exploitation et du rendement des actionnaires	
5.	Modèle d'affaires	Axé sur la relation client	
		Aucune prédominance	
		Axé sur la gestion des infrastructures	

Pour chaque énoncé, cochez la case correspondante à la situation de l'organisation. Ensuite, à l'aide de la grille proposée ci-après, établissez un diagnostic de cohérence.

Analyse stratégique[11]
Proposition de diagnostic de cohérence stratégique

Catégorie	Énoncés	Stratégie d'entreprise			Stratégie d'affaires			Stratégie concurrentielle		
		Secteur unique	Diversification liée	Diversification non liée	Récolte	Maintien	Croissance	Prix	Mixte	Différenciation
Analyse concurrentielle	Axée sur les parts de marché				▲	◻	●	▲	◻	●
	Mixte				◻	●	◻	◻	●	◻
	Axée sur les coûts				●	◻	▲	●	◻	▲
Analyse FFOM	L'analyse externe prédominante				▲	◻	●	▲	◻	●
	Mixte				◻	●	◻	◻	●	◻
	L'analyse interne prédominante				●	◻	▲	●	◻	▲
Analyse de la chaîne de valeur	Axée sur l'avantage concurrentiel				▲	◻	●	▲	◻	●
	Mixte				◻	●	◻	◻	●	◻
	Axée sur l'efficience et les synergies				●	◻	▲	●	◻	▲
Diagnostic financier	Axé sur l'évaluation de la compétitivité et de l'équilibre financier				▲	◻	●	▲	◻	●
	Analyse équilibrée				◻	●	◻	◻	●	◻
	Axé sur l'évaluation de la performance financière de l'exploitation et du rendement des actionnaires				●	◻	▲	●	◻	▲
Modèle d'affaires	Axé sur la relation client				▲	◻	●	▲	◻	●
	Aucune prédominance				◻	●	◻	◻	●	◻
	Axé sur la gestion des infrastructures				●	◻	▲	●	◻	▲

- La littérature et l'expérience pratique nous amènent à recommander l'harmonisation de certaines pratiques de contrôle avec la stratégie d'entreprise, la stratégie d'affaires et la stratégie concurrentielle.
- Pour chacun des énoncés, le **rond vert** ● indique une parfaite cohérence, le **carré jaune** ◻, une cohérence modérée et le **triangle rouge** ▲, l'absence de cohérence. Généralement, l'absence de cohérence requiert une analyse de la situation et peut justifier la modification des pratiques de contrôle.
- Il est important de préciser que certaines divergences, pourvu qu'elles soient bien définies, sont parfois justifiées, voire expressément voulues par les dirigeants. Il est donc important de faire preuve d'une grande **prudence** dans l'analyse de la cohérence entre la stratégie et les systèmes de contrôle.

Notes

1. Par environnement, on entend l'environnement politique, économique, socioculturel, technologique, environnemental et législatif (PESTEL).
2. PORTER, Michael (1986). *L'avantage concurrentiel*. InterÉditions, p. 15.
3. Office québécois de la langue française. *Le grand dictionnaire terminologique*. www.granddictionnaire.com
4. PORTER, Micheal E. (1998). *Competitive Advantage: Creating and Sustaining Superior Performance*. The Free Press. 668 p.
5. Appelée la matrice BCG parce qu'elle fut proposée pour la première fois par le Boston Consulting Group.
6. Modèle inspiré d'une entrevue avec Carole Potvin, vice-présidente finances, Olymel – capsule vidéo 8.2 du complément Web de Hugues BOISVERT, Marie-Claude BROUILLETTE, Marie-Andrée CARON, Réal JACQUES, Claude LAURIN et Alexander MERSEREAU (2011). *La comptabilité de management, prise de décision et contrôle,* 5e édition. ERPI. 644 p.
7. Capsules vidéo de Carole Potvin, vice-présidente finances, de Pascale Samoisette, directrice du prix de revient des produits frais, et de Josianne Forand, directrice du prix de revient des produits transformés, présentées au chapitre 8 (Olymel) du complément Web de Hugues BOISVERT, Marie-Claude BROUILLETTE, Marie-Andrée CARON, Réal JACQUES, Claude LAURIN et Alexander MERSEREAU (2011). *La comptabilité de management, prise de décision et contrôle,* 5e édition. ERPI. 644 p.
8. La valeur ajoutée d'une entreprise au sein de la chaîne de valeur correspond à la différence entre le prix de vente des produits et services et le prix payé pour l'ensemble des matières premières.
9. Inspirée du modèle DUBOSSON-TORBAY Magali, Alexander OSTERWALDER et Yves PIGNEUR (2002). « E-Business Model Design, Classification, and Measurement ». *Thunderbird International Business Review*, Vol. 44, no 1, janvier - février, p. 5-23.
10. HAMEL, Gary (2000). *Leading the Revolution.* Harvard Business School Press. 333 p.
11. La proposition de diagnostic de cohérence est inspirée du chapitre 5 du livre SHANK, John K. et Vijay GOVINDARAJAN (1993). *Strategic Cost Management, The NewTool for Competitive Advantage*. The Free Press, 226 p.

3 | Évaluation financière des investissements

Gestion stratégique
Activités de gestion stratégique
Objectif Comprendre le processus, les objectifs, les étapes et les analyses.

Connaissances	**Utilisations**
• Étapes et objectifs poursuivis • Analyses stratégiques • Rôle de la fonction finance	• Planification stratégique • Choix des projets et des programmes • Allocation des ressources • Mise en œuvre

Formulation de la stratégie

- Processus visant à définir et à concrétiser les choix stratégiques de l'organisation.
- Processus s'appuyant sur une série d'analyses stratégiques.

Analyses de la planification stratégique[1]

- Actualisation de la mission, de la vision, des cibles et des valeurs.
- Analyse des forces et des faiblesses de l'organisation.
- Analyse des occasions et des menaces de l'environnement.
- Analyse financière.
- Analyse des forces concurrentielles.
- Analyse du potentiel de marché.
- Analyse de la chaîne de valeur.

Planification stratégique

- Processus prenant place lors d'une rencontre annuelle.
- Processus visant à :
  - décider des projets et des programmes en lien avec la stratégie;
  - décider des ressources à allouer aux projets et aux programmes;
  - analyser la mise en œuvre des projets et des programmes.
- Processus préalable au budget annuel.

Rôle de la fonction finance

- Intégrer l'évaluation financière et le financement.

La gestion stratégique

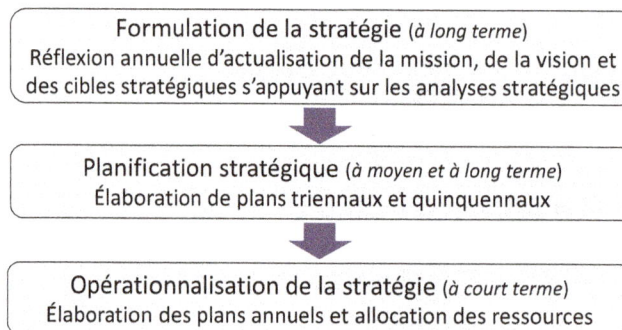

Formulation de la stratégie (*à long terme*)
Réflexion annuelle d'actualisation de la mission, de la vision et des cibles stratégiques s'appuyant sur les analyses stratégiques

Planification stratégique (*à moyen et à long terme*)
Élaboration de plans triennaux et quinquennaux

Opérationnalisation de la stratégie (*à court terme*)
Élaboration des plans annuels et allocation des ressources

Gestion stratégique et rôle de la fonction finance

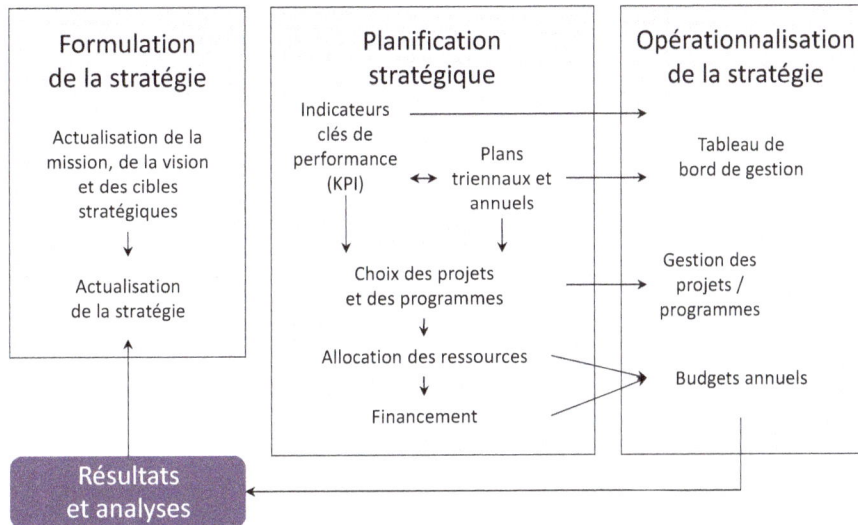

```
┌─────────────────────┐   ┌─────────────────────┐   ┌─────────────────────┐
│    Formulation      │   │    Planification    │   │ Opérationnalisation │
│   de la stratégie   │   │     stratégique     │   │    de la stratégie  │
│                     │   │                     │   │                     │
│ Actualisation de la │   │ Indicateurs         │   │    Tableau de       │
│ mission, de la vision│  │ clés de      Plans  │   │   bord de gestion   │
│ et des cibles       │   │ performance  triennaux et│                    │
│ stratégiques        │   │ (KPI)        annuels│   │                     │
│        ↓            │   │        ↓            │   │    Gestion des      │
│ Actualisation       │   │ Choix des projets   │   │     projets /       │
│ de la stratégie     │   │ et des programmes   │   │    programmes       │
│                     │   │        ↓            │   │                     │
│                     │   │ Allocation des ressources│  Budgets annuels    │
│                     │   │        ↓            │   │                     │
│                     │   │   Financement       │   │                     │
└─────────────────────┘   └─────────────────────┘   └─────────────────────┘
        ┌─────────────┐
        │  Résultats  │
        │ et analyses │
        └─────────────┘
```

Diagnostic de la gestion stratégique

ÉNONCÉS *Dans l'organisation...*	Tout à fait en accord	Plutôt en accord	Plutôt en désaccord	Tout à fait en désaccord	Sans objet
1. La direction a prévu une rencontre annuelle de réflexion et de planification stratégique.					
2. La direction procède une fois l'an à l'actualisation de la mission, de la vision, des cibles et de la stratégie.					
3. La planification stratégique vise à assurer la compétitivité dans le respect de ses responsabilités économiques, sociales et environnementales.					
4. L'actualisation de la stratégie s'appuie sur une série d'analyses stratégiques faites par le contrôleur.					
5. La planification stratégique permet la mise à jour des indicateurs clés de performance (KPI).					
6. La planification stratégique permet le choix des projets d'investissement et des programmes.					
7. L'allocation des ressources à long terme est en ligne avec les choix stratégiques.					
8. Le financement est élaboré en cohérence avec les décisions d'allocation des ressources.					
9. La dernière étape du processus de planification stratégique est celle du budget annuel.					
10. Le suivi des projets et des programmes de même que celui de l'exploitation annuel alimenteront la planification stratégique de l'an prochain.					

Pour chacun des énoncés, indiquez votre opinion (en attribuant une valeur de 3 à **Tout à fait en accord**, de 2 à **Plutôt en accord**, de 1 à **Plutôt en désaccord** et de 0 à **Tout à fait en désaccord**). Les questions **Sans objet** sont exclues du décompte. Un résultat inférieur à 15/30 (ou à 50 % du maximum) suggère des possibilités d'amélioration en matière de gestion stratégique.

Outils d'analyse de l'impact financier des décisions

Choix des outils d'analyse financière appropriés
Objectif
Choisir les outils les plus appropriés pour analyser l'impact financier des décisions.

Connaissances	Utilisation
● Décisions ● Impact financier ● Outils d'analyse	● Choix des outils appropriés à la situation

Décisions

- Les décisions peuvent porter sur une échéance à court terme ou à long terme.
- Elles peuvent porter sur les ressources à utiliser, les produits, les activités, les processus, les programmes, les projets, les politiques et l'organisation générale de l'entreprise.

Impact financier

- La fonction finance doit évaluer l'impact financier des décisions.
- L'impact financier peut se faire sentir sur la capitalisation, la rentabilité, le financement et la trésorerie.

Outils d'analyse

- La grille suivante permet d'identifier les outils d'analyse quantitative les plus appropriés compte tenu des décisions à évaluer.

Décision à évaluer / Outils d'analyse quantitative Excellent Outil : O+ Outil pertinent : O	Chiffre d'affaires	Marge brute	Marge nette	Coût complet	Marge sur coûts variables	Analyse CVB	Résultat d'exploitation/BAIIA	Résultat net	Ratios de performance générale*	Ratios d'exploitation*	Ratios d'équilibre financier*	Délais de récupération	Marge d'autofinancement	Flux monétaires	VAN	TRI	Indice rentabilité
Décisions courantes opérationnelles	O+	O+	O	O+	O	O	O+		O	O							
Décisions ad hoc à court terme	O+	O	O+		O+	O+	O+		O	O+		O+	O	O			
Évaluation d'entreprise							O+	O	O+	O+	O+		O+	O			
Projets d'investissement						O	O+	O	O+	O+	O+	O	O+	O	O+	O	O
Acquisition/création d'entreprise						O	O+	O	O+	O+	O+		O+	O	O+	O	O

* Voir fiche: 2.6

Décisions courantes opérationnelles : déterminer le prix de vente; évaluer des stocks aux états financiers; évaluer la perte réelle suite à la destruction des stocks.

Décisions ad hoc à court terme : améliorer la visibilité des produits les plus rentables; planifier les soldes; rationaliser les coûts d'opération; réduire les risques opérationnels (structure de coûts variables vs fixes); maintenir ou éliminer des produits; améliorer la productivité; évaluer la rentabilité d'une commande spéciale; lancer un nouveau produit; impartir des activités; acheter ou fabriquer un produit; vendre ou transformer davantage un produit; optimiser les combinaisons de produits.

Évaluation d'entreprise : améliorer la rentabilité d'une division; se départir des divisions non rentables; améliorer la rentabilité globale de l'entreprise; désinvestir; réduire les risques financiers; évaluer la capacité de financement.

Projets d'investissement : modifier la capacité de production; investir en équipement ; agrandir les installations; construire de nouvelles installations; déménager les installations.

Acquisition/création d'entreprise : acquérir une entreprise; créer une nouvelle entreprise; créer une coentreprise; fusionner avec une autre entreprise.

Choix des outils appropriés

- Les résultats des analyses peuvent être des données brutes (objectives) provenant de l'exploitation, des données prévisionnelles (incertaines) ou encore des données (hypothétiques) issues d'un modèle fondé sur des hypothèses de comportement.

- Chaque outil analyse présente une dimension différente. C'est pourquoi il est utile d'utiliser simultanément plusieurs outils afin d'analyser un projet sous différents angles.

- Les résultats des analyses sont habituellement discutés en comité lors de l'étape dite de l'évaluation quantitative et qualitative des options. C'est pourquoi il est utile de connaître les attentes des membres des comités en matière d'information financière.

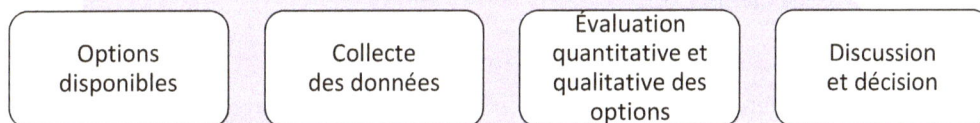

| Options disponibles | Collecte des données | Évaluation quantitative et qualitative des options | Discussion et décision |

Diagnostic des outils d'analyse financière

ÉNONCÉS *Dans l'organisation...*	Tout à fait en accord	Plutôt en accord	Plutôt en désaccord	Tout à fait en désaccord	Sans objet
1. Le choix des outils se fait en prenant en compte les objectifs visés par la décision à éclairer.					
2. Le choix des outils dépend des ressources, des produits, des activités et des processus à l'étude.					
3. Pour un projet donné, plusieurs outils sont utilisés simultanément.					
4. Un outil doit évaluer l'impact sur le financement et la capitalisation à long terme.					
5. Un outil doit évaluer l'impact sur la productivité.					
6. Un outil doit évaluer l'impact sur la rentabilité.					
7. Un outil doit évaluer l'impact sur les flux de trésorerie.					
8. Les outils doivent évaluer l'impact à court et à long terme.					
9. Les outils doivent être en mesure d'utiliser des points de repère (benchmarks) externes.					
10. Les systèmes d'information fournissent les données nécessaires sur l'utilisation des outils.					

Pour chacun des énoncés, indiquez votre opinion (en attribuant une valeur de 3 à **Tout à fait en accord**, de 2 à **Plutôt en accord**, de 1 à **Plutôt en désaccord** et de 0 à **Tout à fait en désaccord**). Les questions **Sans objet** sont exclues du décompte. Un résultat inférieur à 15/30 (ou à 50 % du maximum) suggère des améliorations possibles dans le choix des outils appropriés d'analyse financière.

Classification des coûts

Classification des coûts et prise de décision

Objectif
Comprendre l'importance de la classification des coûts pour la prise de décision.

Connaissances	Utilisations
• Notions de coût • Catégorie de coût • Pertinence des coûts	• Calcul du coût de revient • Prise de décision

Définition de coût[2]

- Le coût est le montant représentant la valeur de la contrepartie nécessaire pour acquérir ou produire un bien, ou un service, ou tout autre objet de coût.
- Un objet de coût est un élément pour lequel on veut mesurer le coût. Il peut s'agir d'un produit fabriqué, d'un service rendu, d'un programme, d'une activité, d'un client, d'une usine ou d'une division, etc.

Principales catégories de coûts, conditions d'utilisation et définitions[3]

- Connaître les différentes catégories de coûts est essentiel pour être en mesure de tenir compte adéquatement des coûts dans le processus décisionnel.

Conditions d'utilisation	Catégorie de coûts	Définition
Analyse du coût d'un objet de coût	Coût moyen	Coût total divisé par le nombre d'unités d'un bien ou d'un service.
	Coût marginal	Coût de la dernière unité produite ou du dernier service rendu.
Analyse des coûts en fonction des objets de coût	Coût direct	Coût directement engagé dans la production d'un bien ou d'un service tel que les matières premières et la main-d'œuvre directe.
	Coût indirect	Coût indirectement engagé dans la production d'un bien ou d'un service, mais nécessaire tel que le salaire des contremaîtres, le coût de la machinerie, le coût des immobilisations, etc.
Analyse des coûts dans le temps	Coût historique	Coût d'un produit ou d'un service enregistré au moment de la transaction.
	Coût de marché	Coût d'un bien ou d'un service sur le marché.
	Coût prévisionnel	Coût que l'on prévoit engager.
	Coût actualisé	Coût qui est égal à la somme qu'il faudrait débourser aujourd'hui pour acquérir un bien ou un service dans le futur (plus d'un an).
Analyse des coûts en fonction du volume d'activité	Coût variable	Coût qui varie en fonction du volume d'activité.
	Coût fixe par paliers	Coût fixe qui peut augmenter et se fixer à un palier supérieur lorsque le niveau d'activité dépasse un certain seuil.
	Coût fixe	Coût insensible à une variation du niveau d'activité.
	Coût mixte	Coût qui comporte à la fois une partie fixe et une partie variable (également appelé coût semi-variable).
Analyse des coûts en fonction de leur contrôlabilité	Coût engagé	Coût qui découle d'un engagement antérieur, donc d'une décision passée.
	Coût irrécupérable	Coût engagé et passé qui ne peut pas être récupéré.
	Coût discrétionnaire	Coût planifié dans le processus budgétaire, mais qui peut être modifié par les gestionnaires selon le besoin.

Analyse des coûts en fonction de la prise de décision	Coût pertinent	Coût dont il convient de tenir compte avant de prendre une décision.
	Coût de renonciation	Coût qui engendre un manque à gagner causé par le choix d'une solution par rapport à une autre.
	Coût cible	Coût visé pour l'achat ou la production d'un bien ou d'un service compte tenu de l'évaluation de la clientèle et des marges bénéficiaires recherchées.
	Coût fixe spécifique	Coût spécifique à l'achat ou à la production de certains biens ou services ou à certaines unités d'affaires.
	Coût fixe commun	Coût associé à l'achat ou à la production de l'ensemble des biens ou des services ou à l'ensemble des unités d'affaires.
	Coût différentiel	Coût spécifiquement associé à la comparaison de deux propositions.
Analyse des coûts par fonction	Coût de conception	Coût impliqué dans la création d'un bien ou d'un service tel que les frais de recherche et développement, et de prototypage.
	Coût de fabrication	Coût impliqué dans la fabrication d'un bien ou d'un service tel que le coût des matières premières de la main-d'œuvre directe et des frais généraux de fabrication.
	Coût de commercialisation	Coût impliqué dans la vente d'un bien ou d'un service tel que les commissions et les frais de promotion et de publicité.
	Coût administratif	Coût impliqué dans les frais administratifs associés à la gestion d'une entreprise tel que les frais de facturation, de recouvrement et de comptabilité.
	Coût de financement	Coût impliqué dans les activités de financement de l'organisation.
Prévision des coûts a priori vs a posteriori	Coût standard ou prévisionnel	Coût prévu d'un bien ou d'un service.
	Coût imputé	Coût fixe réparti entre les biens et les services produits grâce à une clé de répartition tel que le nombre d'unités, le coût des matières premières ou le temps de main-d'œuvre.
	Coût réel	Coût d'un bien ou d'un service calculé a posteriori.

Diagnostic des pratiques de classification des coûts

ÉNONCÉS *Dans l'organisation...*	Tout à fait en accord	Plutôt en accord	Plutôt en désaccord	Tout à fait en désaccord	Sans objet
1. Les gestionnaires sont sensibilisés aux différentes classifications des coûts.					
2. Une formation permet aux gestionnaires d'utiliser les bonnes classifications des coûts en fonction des décisions à prendre.					
3. Les systèmes d'information facilitent l'analyse des coûts en fonction du volume d'activité.					
4. Les gestionnaires sont conscients de leur marge de manœuvre par rapport aux coûts discrétionnaires.					
5. Les gestionnaires sont habiles à identifier les coûts pertinents à une décision.					
6. Les gestionnaires sont en mesure d'ignorer les coûts irrécupérables lorsqu'ils doivent prendre une décision.					
7. Les gestionnaires sont en mesure d'utiliser l'analyse différentielle dans la prise de décision.					
8. Les gestionnaires sont en mesure de tenir compte du coût de renonciation dans la prise de décision.					
9. Les gestionnaires connaissent bien la différence entre les coûts prévisionnels et réels.					
10. Les gestionnaires disposent de gabarits qui facilitent le calcul du coût de revient.					

Pour chacun des énoncés, indiquez votre opinion (en attribuant une valeur de 3 à **Tout à fait en accord**, de 2 à **Plutôt en accord**, de 1 à **Plutôt en désaccord** et de 0 à **Tout à fait en désaccord**). Les questions **Sans objet** sont exclues du décompte. Un résultat inférieur à 15/30 (ou à 50 % du maximum) suggère des améliorations possibles dans le choix des outils appropriés d'analyse financière.

Coût de revient

Coût de revient et prise de décision
Objectif Comprendre l'importance du coût de revient pour la prise de décision.

Connaissances	Utilisations
● Notions de coût de revient complet ● Catégories de coûts de revient ● Utilité du coût de revient	● Analyse du coût de revient ● Utilisation du coût de revient pour le prise de décision

Notions de coût de revient complet[4]

● Coût de revient complet : Ensemble des coûts attribués à un bien produit ou commercialisé par l'entreprise ou à un service fourni par cette dernière et comprenant tous les coûts engagés jusqu'à ce que le bien ou le service soit mis à la disposition de l'utilisateur ou du consommateur.

Catégories de coûts de revient[5]

● Coût de revient complet estimatif : Coût de revient estimatif d'une commande afin de s'assurer que le prix de vente fixé est compétitif et permet de réaliser un bénéfice.

● Coût de revient complet rationnel : Coût de revient, comprenant les coûts directs réels (matières premières et main-d'œuvre directe) affectés à l'objet de coût auxquels s'ajoute une juste part des coûts indirects. Ces coûts indirects sont attribués à l'objet de coût par imputation en fonction d'une base volumique. L'imputation permet ainsi d'obtenir un coût de revient stable d'une période à l'autre.

● Coût de revient complet réel : Sauf dans le cas de la fabrication ou de la vente d'un seul bien ou service, le coût de revient réel demeure un coût estimatif dans la mesure où ce coût dépend de la base d'imputation choisie, de la méthode de calcul du coût de revient et du niveau d'activité d'une période à l'autre.

Utilisation du coût de revient pour la prise de décision

● Très peu de décisions reposent en tout ou en partie sur le coût de revient complet:

  o Établir un prix de vente

  o Évaluer le coût des stocks

  o Évaluer la perte réelle suite à la destruction des stocks

Limites du coût de revient pour la prise de décision

● Bien que l'utilité du coût de revient soit indéniable, lorsque les frais fixes sont très élevés, le processus d'imputation permettant de répartir les frais fixes communs entre les unités d'affaires et entre les produits et biens peut entraîner des distorsions de coût dans la mesure où il dépend :

- o Du volume d'activité qui peut changer d'une période à l'autre;

- o De l'introduction ou du retrait de produits ou d'unités d'affaires;

- o De la base d'imputation choisie;

- o De la méthode de calcul de coût de revient choisie (traditionnelle ou par activité).

- Par conséquent, au lieu de travailler avec un coût de revient incluant des frais fixes arbitrairement répartis, plusieurs décisions peuvent être prises en tenant compte uniquement des coûts directs, soit des frais variables et des frais fixes spécifiques

Diagnostic
de l'utilisation du coût de revient

	ÉNONCÉS *Dans l'organisation…*	Tout à fait en accord	Plutôt en accord	Plutôt en désaccord	Tout à fait en désaccord	Sans objet
1.	Les gestionnaires sont sensibilisés aux différentes techniques de calcul du coût de revient.					
2.	Les gestionnaires sont formés à l'utilisation adéquate du coût de revient dans le processus décisionnel.					
3.	Les systèmes d'information facilitent le calcul du coût de revient complet.					
4.	Les gestionnaires sont conscients des limites du coût de revient complet pour certaines décisions.					
5.	Les gestionnaires sont conscients de l'impact du choix de la base d'imputation sur le coût de revient.					
6.	Les gestionnaires sont conscients de l'impact du choix des variations du volume d'activité sur le coût de revient.					
7.	Les gestionnaires sont conscients que le nombre de biens et de services a un impact sur le coût de revient.					
8.	Les gestionnaires sont conscients que le nombre d'unités d'affaires a un impact sur le coût de revient.					
9.	Les gestionnaires sont conscients que plusieurs bases d'imputation différentes peuvent être utilisées en concomitance.					
10.	Les gestionnaires sont informés des avantages et des inconvénients de la comptabilité par activités par rapport aux méthodes de calcul du coût de revient traditionnel.					

Pour chacun des énoncés, indiquez votre opinion (en attribuant une valeur de 3 à **Tout à fait en accord**, de 2 à **Plutôt en accord**, de 1 à **Plutôt en désaccord** et de 0 à **Tout à fait en désaccord**). Les questions **Sans objet** sont exclues du décompte. Un résultat inférieur à 15/30 (ou à 50 % du maximum) suggère des améliorations possibles dans le choix des outils appropriés d'analyse financière.

Notions de marge
Marge sur coûts variables, frais fixes spécifiques et frais fixes communs
Objectif Comprendre l'importance de la marge sur coûts variables et de la marge nette pour la prise de décision.

Connaissances	**Utilisation**
● Revenus et frais variables ● Frais fixes spécifiques ● Frais fixes communs	● Marge sur coûts variables ● Marge nette ● Résultat net

Notions de marge sur coûts variables

- **La marge sur coûts variables** (MCV) d'un objet correspond aux ventes, déduction faite de l'ensemble des coûts variables[6].
- (Prix de vente unitaire-Coûts variables unitaires) = $MCV_{unitaire}$.
- (Prix de vente unitaire-Coûts variables unitaires) × Volume d'activité = MCV_{totale}.
- **La marge sur coûts variables par unité d'un facteur de production** correspond à la MCVu divisée par le nombre d'unité de ce facteur de production[7] tel que le nombre d'heures de main-d'œuvre directe, le nombre d'heures machine ou la surface. Cette marge est surtout utilisée afin d'optimiser la marge nette de l'organisation.

Notions de marge nette

- **La marge nette** correspond aux revenus tirés de cet objet déduction faite de l'ensemble des coûts qui lui sont spécifiques[8].
- MCV_{totale} – Frais fixes spécifiques = Marge nette.

Utilisation de la marge sur coûts variables et de la marge nette pour la prise de décision

- Plusieurs décisions reposent en tout ou en partie sur la marge sur coûts variables et la marge nette :
  - ○ Choisir les biens et services à promouvoir;
  - ○ Améliorer la visibilité des produits les plus rentables;
  - ○ Planifier les soldes;
  - ○ Évaluer une campagne promotionnelle;
  - ○ Réduire les risques opérationnels (structure de coûts variables vs fixes);
  - ○ Maintenir ou éliminer des produits;
  - ○ Lancer un nouveau produit
  - ○ Améliorer la productivité;
  - ○ Évaluer la rentabilité d'une commande spéciale;
  - ○ Acheter ou fabriquer un produit;
  - ○ Vendre ou transformer d'avantage un produit;
  - ○ Optimiser les combinaisons de produits.

Frais communs et imputation

- L'utilisation de la marge sur coûts variables et de la marge nette exclut systématiquement les frais fixes communs, soit que les frais fixes communs sont des coûts non pertinents à la décision soit que le processus d'imputation introduit un biais qui peut réduire la pertinence du calcul des coûts dans le cadre de la prise de décision.

Diagnostic
de l'utilisation des marges dans la prise de décision

ÉNONCÉS *Dans l'organisation...*	Tout à fait en accord	Plutôt en accord	Plutôt en désaccord	Tout à fait en désaccord	Sans objet
1. Les gestionnaires sont sensibilisés au calcul et à l'utilisation de la marge sur coûts variables dans le processus décisionnel.					
2. On utilise la marge sur coûts variables par unité d'un facteur de production pour l'optimiser la production.					
3. Les gestionnaires sont sensibilisés au calcul et à l'utilisation de la marge nette dans le processus décisionnel.					
4. Les systèmes d'information facilitent le calcul de la marge sur coûts variables pour les biens et services.					
5. Les systèmes d'information facilitent le calcul de la marge sur coûts variables par unité d'un facteur de production.					
6. Les systèmes d'information facilitent le calcul de la marge nette pour les biens et services.					
7. Les systèmes d'information facilitent le calcul de la marge nette pour l'évaluation de la performance des unités d'affaires.					
8. Les gestionnaires sont en mesure d'identifier les décisions ou il est préférable d'utiliser les marges.					
9. Les gestionnaires comprennent qu'il faut éviter d'inclure les frais fixes communs impartis lorsqu'on évalue certaines décisions.					
10. Les gestionnaires sont conscients le calcul des marges doit être supporté par une analyse qualitative.					

Pour chacun des énoncés, indiquez votre opinion (en attribuant une valeur de 3 à **Tout à fait en accord**, de 2 à **Plutôt en accord**, de 1 à **Plutôt en désaccord** et de 0 à **Tout à fait en désaccord**). Les questions **Sans objet** sont exclues du décompte. Un résultat inférieur à 15/30 (ou à 50 % du maximum) suggère des améliorations possibles dans le choix des outils appropriés d'analyse financière.

Analyse Coût-Volume-Résultat (CVR)

Analyse de l'impact d'un investissement sur les résultats à long terme
Objectif
Comprendre l'impact d'un investissement sur les coûts engagés, le volume d'activité et les résultats à long terme.

Connaissances	**Utilisations**
● Modèle CVR	● Impact financier
● Coûts récurrents	● Impact sur la productivité
● Capacité de production	● Évaluation du risque

Modèle CVR

- Le modèle CVR met en relation le revenu total (R) et le coût total (C) d'une organisation avec le volume d'activité (x).

- En croisant sur le même graphique les droites R et C, on obtient le point mort, marquant le volume d'activité à partir duquel l'organisation réalise un bénéfice ou un surplus, soit le point x_0, y_0 sur le schéma.

- En croisant deux droites de coût C, associées à deux niveaux d'investissement sur le même graphique, on obtient un point d'indifférence, marquant le volume où les deux niveaux d'investissement donnent le même résultat.

- Le schéma suivant présente le modèle CVR où :
  - ○ $R = Px$ où P est le prix moyen;
  - ○ $C = C_f + C_{va}x$ où C_f est le montant de coûts fixes totaux et C_{va} est le coût variable unitaire.

$\pi = R - C = (P - C_{va})x - C_f$ où $(P - C_{va})$ est la marge sur coûts variables unitaires ($MCVu$)

Le modèle Coût-Volume-Résultat (CVR)[9]

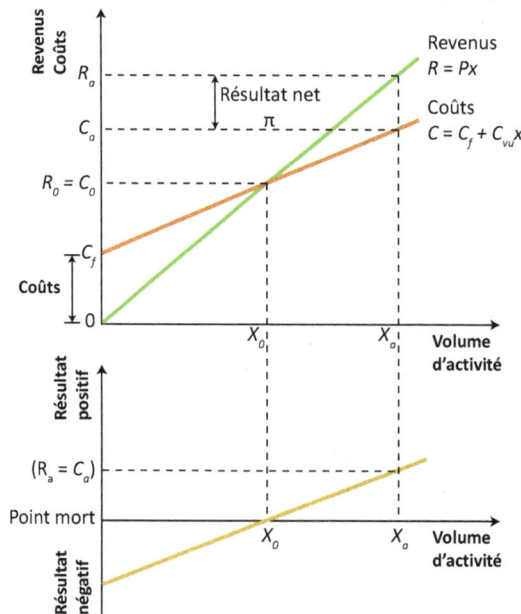

Les outils d'analyse CVR

● Le modèle CVR offre plusieurs outils qui fournissent rapidement des informations utiles à la prise de décision.

Outil	Utilité	Formule
Seuil de rentabilité	Indique le volume d'activité à partir duquel une structure de coûts devient rentable.	Volume = $CF/MCVu$
Marge de sécurité	Indique le niveau de risque associé à une structure de coûts. Plus la marge de sécurité est élevée, moins la structure de coûts est risquée.	Ventes prévues – point mort (en unité ou en $)
Résultat potentiel	Permet de calculer le résultat (bénéfice) <u>maximal</u> que peut atteindre une organisation qui fonctionne à pleine capacité.	$(MCVu \times$ volume max) – CF
Résultat cible	Permet de calculer le nombre d'unités qui doit être vendu pour atteindre un résultat espéré.	(BAI cible + $CF)/MCVu$
Seuil d'indifférence	Permet d'identifier la structure de coûts la plus rentable compte tenu du niveau d'activité prévu.	$(CF1 - CF2) / (MCVu1 - MCVu2)$

Note : Lorsque la marge sur coûts variables unitaire ($MCVu$) est inconnue, il est possible d'utiliser le pourcentage de marge sur coûts variables qui se calcule en divisant la MCV totale par les ventes nettes.

Diagnostic de l'analyse Coût-Volume-Résultats

ÉNONCÉS *Dans l'organisation...*	Tout à fait en accord	Plutôt en accord	Plutôt en désaccord	Tout à fait en	Sans objet
1. Le seuil de rentabilité de toutes les gammes de produits ou d'unités d'affaires est connu et est à jour.					
2. La marge de sécurité est utilisée pour évaluer les risques financiers associés aux gammes de produits et aux unités d'affaires.					
3. Le résultat potentiel des gammes de produits et des unités d'affaires est connu et est à jour.					
4. Au besoin, le résultat cible est calculé.					
5. Lorsque la structure de coûts de deux projets est comparée, le seuil d'indifférence est un des outils privilégiés.					
6. Les analyses CVR sont effectuées en distinguant les frais fixes communs et les frais fixes spécifiques.					
7. Les analyses CVR sont effectuées en évitant l'imputation des frais fixes communs aux gammes de produits et aux unités d'affaires.					
8. Des estimations détaillées et validées appuient toutes les analyses CVR.					
9. Les analyses CVR font l'objet de plusieurs simulations qui permettent de valider les hypothèses.					
10. Les analyses CVR facilitent l'analyse des options d'impartition.					

Pour chacun des énoncés, indiquez votre opinion (en attribuant une valeur de 3 à **Tout à fait en accord**, de 2 à **Plutôt en accord**, de 1 à **Plutôt en désaccord** et de 0 à **Tout à fait en désaccord**). Les questions **Sans objet** sont exclues du décompte. Un résultat inférieur à 18/30 (ou à 50 % du maximum) suggère des possibilités d'amélioration en matière d'utilisation de l'analyse CVR.

Processus d'allocation des ressources à long terme
Analyse des propositions d'investissement
Objectif Comprendre le processus qui mène à l'engagement des ressources à long terme.

Connaissances	**Utilisations**
● Nature des besoins ● Description du projet ● Analyses à faire ● Appui au projet	● Gestion du processus ● Évaluation des projets ● Éléments décisionnels

Modèle de propositions d'engagement des ressources à long terme[10]

Origine des besoins

● Trois possibilités :
  ○ se conformer à la réglementation;
  ○ améliorer l'efficience opérationnelle;
  ○ améliorer l'efficacité concurrentielle.

Besoins

● Idéalement, les besoins doivent être transformés en proposition par un champion qui présentera le dossier.
● Ce champion peut être le gestionnaire de première ligne ayant pris conscience d'un besoin :
  ○ respect de la réglementation;
  ○ possibilité d'améliorer l'efficience opérationnelle;
  ○ possibilité d'accroître l'efficacité concurrentielle.

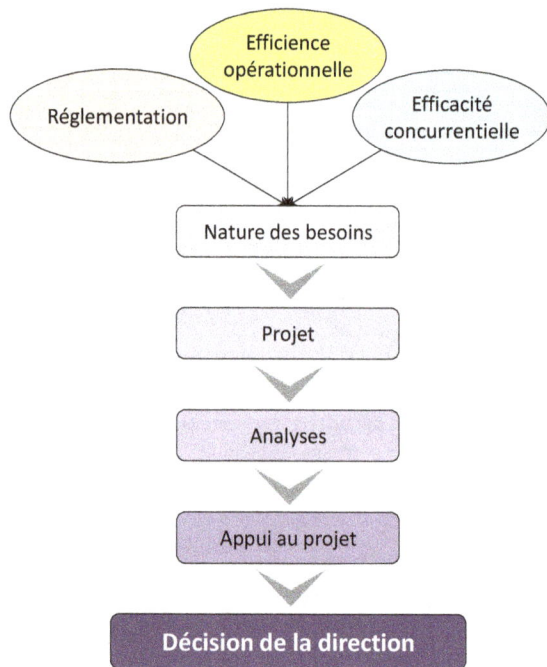

Efficience opérationnelle

Réglementation — Efficacité concurrentielle

Nature des besoins → Projet → Analyses → Appui au projet → **Décision de la direction**

Projet

● La définition d'un projet comporte le volet technique : *plans, évaluations techniques, échéanciers et coûts*.
● L'autre volet vise à en préciser les motifs, son lien avec la stratégie et son impact sur la performance organisationnelle.

Analyses

● Évaluation financière et financement.
● Évaluation du risque.
● Évaluation de l'impact du projet sur la position concurrentielle.

Appui au projet

- Dans les grandes organisations, les projets peuvent naître du niveau opérationnel, mais il revient au niveau intermédiaire de l'appuyer et à la direction de l'accepter.
- Ainsi, il incombe au champion d'un projet, en s'appuyant sur les analyses faites, d'obtenir l'appui des gestionnaires de niveau intermédiaire pour le faire accepter par la direction.
- Dans une grande organisation, la direction aura souvent à faire des choix parmi les différents projets qui lui sont proposés par les divisions.

Tableau intégrateur

Types de projet	Évaluation	Éléments décisionnels	Mesures du succès[11]
Projet de conformité à la réglementation Exemple : sécurité d'un oléoduc	• Conformité • Coût minimum	• Obligatoire • Coût/efficacité	• VANR/VANP = 1,1
Projet visant à améliorer l'efficience opérationnelle Exemple : remplacement d'un équipement	• VANR et TRI • RCI et VÉA • Délai de récupération	• Rentabilité à long terme	• VANR/VANP = 1,1
Projet visant à améliorer l'efficacité concurrentielle Exemple : nouveau produit, nouveau marché	• Cohérence stratégique • Prévisions • Risque • Point mort • VAN et TRI • RCI et VÉA • Délai de récupération	• Positionnement concurrentiel • Objectifs stratégiques • Impact sur le financement de l'organisation • Analyse du risque	• VANR/VANP d'un projet d'expansion = 0,6 • VANR/VANP d'un nouveau produit = 0,1 • Part de marché
VAN : Valeur actuelle nette **RCI** : rendement du capital investi	**TRI** : Taux de rendement interne **VÉA** : Valeur économique ajoutée	**VANR/VANP** : Valeur actuelle nette réalisée des flux monétaires/Valeur actuelle nette prévisionnelle des flux monétaires	

Diagnostic du processus d'allocation des ressources à long terme

	ÉNONCÉS *Dans l'organisation...*	Tout à fait en accord	Plutôt en accord	Plutôt en désaccord	Tout à fait en désaccord	Sans objet
1.	Pour tout projet lié à la réglementation, l'objectif est d'en assurer le respect au coût le plus bas.					
2.	Pour tout projet d'amélioration de l'efficience opérationnelle, les facteurs décisionnels sont la réduction des coûts et la productivité accrue.					
3.	Pour tout projet d'amélioration de l'efficacité concurrentielle, les facteurs décisionnels sont la croissance des ventes et des parts de marché.					
4.	L'analyste doit établir l'impact des projets liés à la réglementation sur la situation financière.					
5.	L'analyste doit établir l'impact sur la productivité des projets liés à l'efficience opérationnelle.					
6.	L'analyste doit établir l'impact sur la position concurrentielle des projets liés à l'efficacité opérationnelle.					
7.	L'analyste doit évaluer les risques associés à tous les projets analysés					
8.	L'analyste doit évaluer le financement de tous les projets et l'impact du financement sur la situation financière.					
9.	Les projets liés à la réglementation étant obligatoire, le choix des autres projets devient stratégique.					
10.	La feuille de route du chef de projet (champion) est un facteur déterminant de l'acceptation du projet par la direction.					

Pour chacun des énoncés, indiquez votre opinion (en attribuant une valeur de 3 à **Tout à fait en accord**, de 2 à **Plutôt en accord**, de 1 à **Plutôt en désaccord** et de 0 à **Tout à fait en désaccord**). Les questions **Sans objet** sont exclues du décompte. Un résultat inférieur à 15/30 (ou à 50 % du maximum) suggère des possibilités d'amélioration du processus d'allocation des ressources à long terme.

Évaluation financière d'un projet d'investissement

Techniques d'évaluation
Objectif Connaître les techniques d'évaluation financière des projets d'investissement.

Connaissances	**Utilisations**
● Flux monétaires ● Marges et point mort ● Cadre d'analyse	● Impact financier ● Rentabilité ● Risque

Flux monétaires

- L'évaluation financière d'un projet d'investissement est fondée sur les flux monétaires.
- Il importe de déterminer
  - ○ combien faudra-t-il débourser et à quel moment;
  - ○ combien sera-t-il possible de récupérer et à quel moment.

Marges et point mort

- Il importe de bien estimer les marges spécifiques au projet.
- Le point mort est une information cruciale pour évaluer le risque d'un projet.

Cadre d'analyse

- Tout investissement accroît les engagements financiers d'un côté, ce qui influence le risque financier, mais d'un autre côté, contribue à accroître la productivité et l'efficience de l'utilisation des matières.

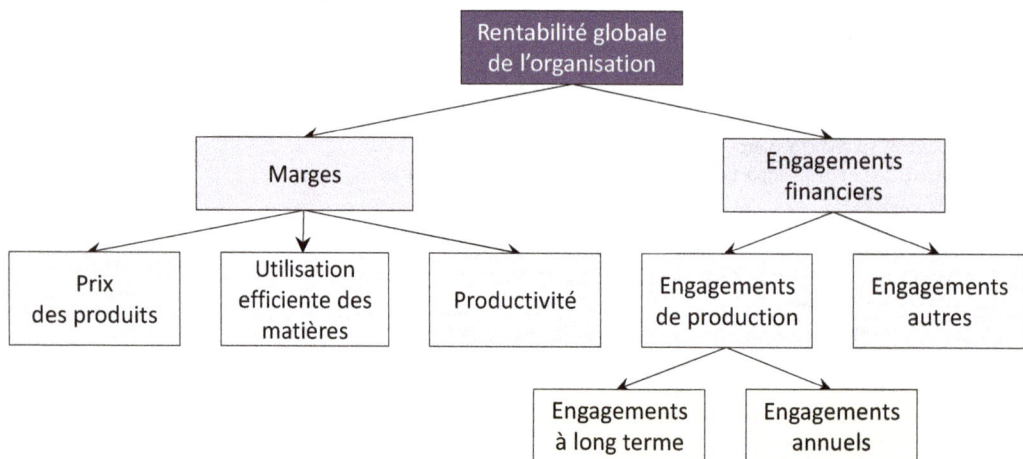

Mesures financières

- Les mesures financières peuvent varier selon le niveau hiérarchique et l'entité.

Entité	Mesures de performance
Siège social	Rendement du capital investi (RCI), résultat net, résultat net avant amortissement et frais financiers, résultat net résiduel (valeur économique ajoutée ou VÉA), délai de récupération, taux de rendement interne du projet (TRI)
Division	Mêmes indicateurs que ceux du siège social, mais adaptés à la division
Centre de profit	Résultat net, point mort du projet
Usine, atelier	Productivité mesurée par le coût unitaire
Produit	Ventes, marge dégagée par le produit
Activité	Efficience de l'activité mesurée par unité d'œuvre

Impact financier

● L'impact financier est mesuré à partir des marges et des engagements financiers (charges fixes d'exploitation et charges financières).

Rentabilité

● La rentabilité périodique (mensuelle, trimestrielle ou annuelle) doit être évaluée dans la perspective de maximiser le rendement du capital investi à long terme.

● À court terme, il peut être préférable d'investir massivement afin d'accroître sa part de marché à court terme dans la visée de récolter davantage à long terme.

Risque

● Le risque vient du caractère incertain des économies réalisées ou des revenus devant être générés par le projet.

● Le risque vient aussi du changement organisationnel nécessaire au projet.

● Le risque financier concerne les engagements financiers à long terme de l'entreprise versus les économies réalisées et les revenus générés.

Diagnostic de l'évaluation financière d'un projet d'investissement

	ÉNONCÉS *Dans l'organisation...*	Tout à fait en accord	Plutôt en accord	Plutôt en désaccord	Tout à fait en désaccord	Sans objet
1.	Les marges liées aux projets sont calculées.					
2.	Les engagements financiers des projets (coûts et débours) sont établis.					
3.	Les flux monétaires liés aux projets d'investissement sont estimés souvent selon divers scénarios.					
4.	Les indicateurs financiers établis liés aux flux monétaires (VAN et délai de récupération) sont calculés.					
5.	La rentabilité du projet est établie à court, à moyen et à long terme.					
6.	Une analyse CVR calcule le point mort, le point d'indifférence et les marges de sécurité.					
7.	Les cibles d'efficacité concurrentielle sont établies.					
8.	L'impact sur la capitalisation est établi.					
9.	L'impact des risques liés au changement organisationnel sur les résultats financiers a été analysé.					
10.	L'impact des risques externes liés à l'image de l'organisation sur les résultats financiers a été analysé.					

Pour chacun des énoncés, indiquez votre opinion (en attribuant une valeur de 3 à **Tout à fait en accord**, de 2 à **Plutôt en accord**, de 1 à **Plutôt en désaccord** et de 0 à **Tout à fait en désaccord**). Les questions **Sans objet** sont exclues du décompte. Un résultat inférieur à 18/30 (ou à 50 % du maximum) suggère des possibilités d'amélioration en matière d'évaluation financière des projets d'investissement de l'organisation.

Impact fiscal des investissements

Calcul de l'impact fiscal des investissements
Objectif Évaluer l'impact fiscal des investissements.

Connaissances	**Utilisations**
• Lois fiscales • Formules VARI et VARP	• Évaluation des projets • Planification des projets

Lois fiscales

- Les gouvernements utilisent la fiscalité pour stimuler les investissements.

- Les lois fiscales évoluent avec chaque budget d'un gouvernement.

- La direction financière doit être au fait des changements qui peuvent représenter plusieurs milliers d'économies.

Impact sur la décision d'investir

- L'impact fiscal peut inciter la direction à accélérer la décision d'investir, à la reporter ou simplement à accepter ou abandonner totalement un projet.

- L'impact fiscal va affecter les flux de trésorerie.

Formule VARI

- VARI pour Valeur actualisée des réductions d'impôts liées à l'acquisition d'un élément d'actif.

- $\text{VARI} = \dfrac{(c \times t \times d)}{(i + d)} \times \dfrac{(1 + 0{,}5i)}{(1 + i)}$

  Où :
  - c représente le coût de l'élément d'actif acquis initialement;
  - t représente le taux d'imposition marginal;
  - d représente le taux de DPA dégressif de la catégorie d'actif;
  - i représente le taux de rendement souhaité.

- Les éléments d'actif sont regroupés par catégorie pour lesquelles le gouvernement a décidé d'allouer un taux d'allocation du coût en capital sur le solde de la classe.

Formule VARP

- VARP pour Valeur actualisée des réductions d'impôts perdues à la suite de la revente d'éléments d'actif.

- $\text{VARP} = \dfrac{(E \times t \times d)}{(i + d)} \times (1 + i)^{-n}$

Où :

- ○ *E* représente la valeur résiduelle de l'élément d'actif;
- ○ *n* représente l'année de la revente de l'élément d'actif.

Évaluation des projets

● L'impact fiscal est utilisé dans l'évaluation des principaux indicateurs financiers que sont la VAN, le TRI et le délai de récupération.

Planification des projets

● L'impact fiscal est utilisé dans la planification et parfois la négociation des dates de débours en relation avec un projet.

Diagnostic de l'impact fiscal des investissements

ÉNONCÉS *Dans l'organisation…*	Tout à fait en accord	Plutôt en accord	Plutôt en désaccord	Tout à fait en désaccord	Sans objet
1. Les analystes ont l'expertise pour analyser l'impact fiscal des projets d'investissement.					
2. L'impact fiscal d'un projet est évalué distinctement des autres flux de trésorerie.					
3. Les analystes sont bien informés des conditions requises pour bénéficier de l'allocation du coût en capital.					
4. Les analystes vont calculer distinctement les éléments d'un projet appartenant à différentes catégories d'actif.					
5. Les analystes vont calculer l'impact en valeur actualisée, mais également pour chacune des années d'un projet.					
6. Les analystes vont prendre en compte les débours relatifs à un investissement lorsque celui-ci se déroule sur plusieurs mois.					
7. Les analystes vont tenir compte des conditions afférentes pour bénéficier des économies d'impôts (exemple : il faut payer de l'impôt).					
8. Les analystes peuvent proposer une cédule de paiements des éléments d'actif qui soit avantageuse fiscalement.					
9. Dans le cas d'une entreprise en démarrage, les récupérations peuvent être reportées.					
10. Les systèmes d'information fournissent des données nécessaires à l'estimation de l'impact fiscal des investissements.					

Pour chacun des énoncés, indiquez votre opinion (en attribuant une valeur de 3 à **Tout à fait en accord**, de 2 à **Plutôt en accord**, de 1 à **Plutôt en désaccord** et de 0 à **Tout à fait en désaccord**). Les questions **Sans objet** sont exclues du décompte. Un résultat inférieur à 15/30 (ou à 50 % du maximum) suggère des améliorations possibles en matière d'analyse de l'impact fiscal des investissements au sein de l'organisation.

Analyse stratégique des acquisitions et fusions d'entreprises

Intégration des décisions d'acquisition, fusion d'entreprises comme options stratégiques
Objectif Comprendre les enjeux de l'évaluation d'une entreprise et les défis à relever.

Connaissances	**Utilisations**
• Objectifs poursuivis	• Recherche d'une entreprise
• Recherche d'information	• Évaluation de l'impact
• Impact d'une transaction	• Informations à relever

Lien avec l'analyse stratégique

● L'acquisition, la fusion et même la cession d'entreprise font partie des options stratégiques qu'une organisation doit examiner dans le cadre de l'analyse stratégique.

Détermination de la valeur

● La valeur d'une entreprise dépend du point de vue adopté et des éléments pris en compte. En utilisant plusieurs approches, on obtient une fourchette de valeurs qui oriente les négociations de fusion, d'acquisition ou de cession.

Objectifs poursuivis

● La valeur d'une entreprise, au-delà de la valeur comptable, peut être fortement influencée par des éléments intangibles tels que le potentiel de croissance ou le levier stratégique anticipé. Les gestionnaires doivent rechercher des entreprises intéressantes en fonction des orientations stratégiques de leur organisation.

Impact d'une transaction

● Au-delà de l'intégration d'une nouvelle unité d'affaires, l'organisation doit également évaluer l'impact d'une acquisition ou d'une fusion d'entreprises sur ses opérations, sa structure et sa gouvernance. Les impacts sont nombreux, notamment :

  ○ Rentabilité (BAII, BAIIA, charges fixes, taux de bénéfice, point mort);

  ○ Trésorerie (Capacité d'autofinancement, couvertures des intérêts, fonds de roulement);

  ○ Capitalisation (Ratio passif/avoir propre, levier financier);

  ○ Fiscalité (Taux d'imposition, impôts reportés);

  ○ Contrôle (Actionnariat);

  ○ Gouvernance (Direction et composition du CA);

  ○ Part de marché (Accroissement rapide et immédiat);

  ○ Défis sociaux (Collaboration, intégration des valeurs, influence sur le comportement et apprentissage);

  ○ Levier stratégique (intégration horizontale, verticale, économie d'échelle et acquisition de savoir-faire, complémentarité).

Défis à relever

- Les acquisitions et les fusions d'entreprises sont complexes et nécessitent généralement l'apport de nombreux collaborateurs possédants des compétences diverses et complémentaires afin de relever les défis suivants :

  - ○ l'élaboration des critères de recherche;

  - ○ la recherche d'une entreprise;

  - ○ l'évaluation de la valeur;

  - ○ l'estimation de l'impact.

Diagnostic
de l'utilité d'évaluation d'entreprise

ÉNONCÉS *Dans l'organisation…*	Tout à fait en accord	Plutôt en accord	Plutôt en désaccord	Tout à fait en désaccord	Sans objet
1. Les raisons et les motivations liées à l'acquisition ou la fusion projetée sont liées aux orientations stratégiques.					
2. L'impact d'une transaction donnée sur la rentabilité est analysé.					
3. L'impact d'une transaction donnée sur la trésorerie est analysé.					
4. L'impact d'une transaction donnée sur la capitalisation est analysé.					
5. L'impact d'une transaction donnée sur la fiscalité est analysé.					
6. L'impact d'une transaction donnée sur le contrôle est analysé.					
7. L'impact d'une transaction donnée sur la gouvernance est analysé.					
8. L'impact d'une transaction donnée sur les parts de marché est analysé.					
9. Les défis sociaux sont pris en considération.					
10. Suite à une transaction, une stratégie d'intégration est planifiée.					

Pour chacun des énoncés, indiquez votre opinion (en attribuant une valeur de 3 à **Tout à fait en accord**, de 2 à **Plutôt en accord**, de 1 à **Plutôt en désaccord** et de 0 à **Tout à fait en désaccord**). Les questions **Sans objet** sont exclues du décompte. Un résultat inférieur à 15/30 (ou à 50 % du maximum) suggère des possibilités de la sensibilisation à l'utilité d'évaluation d'entreprise.

Évaluation d'entreprises

Notions de valeur d'une entreprise
Objectif Connaître les différentes valeurs d'une entreprise et les éléments qui l'affectent.

Connaissances	Utilisations
● Différentes valeurs ● Éléments constitutifs ● Facteurs liés au financement	● Stratégie de développement ● Fusion et acquisition ● Réalignement

Évaluation de la valeur de l'entreprise

● Les techniques d'évaluation de la valeur d'une entreprise sont nombreuses. Parmi les principales méthodes, nous retrouvons les techniques suivantes :

  ○ Valeur des actifs tangibles et intangibles;
  ○ Bénéfices potentiels;
  ○ Flux monétaires escomptés;
  ○ Valeur de l'action;
  ○ Levier stratégique.

Valeur des actifs

● Valeurs des actifs tangibles :

  ○ Valeur nette aux livres (benchmark initial);
  ○ Valeur au marché;
  ○ Valeur de remplacement.

  Ces deux dernières valeurs indépendantes de l'âge des immobilisations et des méthodes d'amortissement.

● Valeur des actifs intangibles :

  ○ Qualité de la direction (forces et faiblesses, fiche 2.3);
  ○ Qualité de l'organisation (forces et faiblesses, fiche 2.3);
  ○ Technologie (veille stratégique);
  ○ Clientèle (satisfaction, stabilité, accroissement);
  ○ Savoir-faire (recherche et développement, apprentissage).

Bénéfices potentiels

● Historiques (basés sur BAII et BAIIA);
● Futurs (basés sur l'analyse de scénarios).

Flux de trésorerie escomptés

● Extrapolation des flux monétaires futurs actualisés à partir des données historiques;
● Estimation des flux monétaires futurs actualisés à partir des synergies prévues suite à la transaction.

Valeur boursière (voir fiche : modèle d'analyse financière)

- Bénéfice par action;
- Ratio cours-bénéfice.

Levier stratégique

- Acquisition de savoir-faire (productivité, innovation);
- Capacité de production accrue;
- Économie d'échelle (effet de taille);
- Intégration horizontale (part de marché);
- Intégration verticale (contrôle clients et fournisseurs);
- Complémentarité des opérations (synergie).

Quelles techniques privilégier?

- Il est recommandé d'utiliser simultanément plusieurs techniques différentes afin d'être en mesure d'établir une fourchette de prix pour faciliter le processus de négociation.

Diagnostic de la sensibilisation à la valeur

ÉNONCÉS *Dans l'organisation...*	Tout à fait en accord	Plutôt en accord	Plutôt en désaccord	Tout à fait en désaccord	Sans objet
1. Les gestionnaires connaissent les différentes techniques d'évaluation d'entreprise et sont en mesure d'ordonnancer les valeurs obtenues en fonction des orientations stratégiques.					
2. L'expertise requise pour procéder à l'évaluation d'entreprise est disponible ou accessible.					
3. Les différentes techniques d'évaluation des actifs tangibles sont utilisées.					
4. La valeur des actifs intangibles est soigneusement évaluée.					
5. Les bénéfices potentiels sont systématiquement évalués.					
6. Les flux de trésorerie sont escomptés.					
7. Lorsque pertinent, la valeur boursière est évaluée.					
8. Les possibilités de levier stratégiques sont soigneusement évaluées.					
9. Le processus d'évaluation inclut plusieurs analyses de sensibilité.					
10. L'évaluation d'entreprise est analysée par une équipe multidisciplinaire.					

Pour chacun des énoncés, indiquez votre opinion (en attribuant une valeur de 3 à **Tout à fait en accord**, de 2 à **Plutôt en accord**, de 1 à **Plutôt en désaccord** et de 0 à **Tout à fait en désaccord**). Les questions **Sans objet** sont exclues du décompte. Un résultat inférieur à 15/30 (ou à 50 % du maximum) suggère des possibilités d'amélioration de l'utilisation de la valeur de l'entreprise dans les discussions lors de la planification stratégique annuelle.

Cohérence de la planification stratégique et des investissements

Recherche de cohérence stratégique
Objectif
Évaluer la cohérence entre la stratégie, le processus de planification stratégique et le processus d'allocation des ressources.

Éléments stratégiques	Éléments de contrôle
● Stratégie d'entreprise ● Stratégie d'affaires ● Stratégie concurrentielle	● Planification stratégique ● Allocation des ressources

Évaluation des pratiques de contrôle

	Catégorie	Énoncés	Évaluation
Planification stratégique			
1.	Rôle de la planification stratégique	Importance très élevée	
		Importance modérée	
		Moins important	
2.	Marge de manœuvre des unités d'affaires	Élevée	
		Modérée	
		Faible	
3.	Importance de l'analyse Coût-Volume-Résultat	Souvent sommaire	
		Modérée	
		Essentielle	
Allocation des ressources			
4.	Catégories d'investissements	Priorité accordée à l'efficacité concurrentielle	
		Investissements équilibrés	
		Priorité accordée à l'efficience	
5.	Évaluation des projets d'investissements	Moins formelle, délais de récupération plus longs	
		Équilibrée	
		Plus formelle, délais de récupération plus courts	
6.	Critères de choix des investissements	Emphase sur les données non financières	
		Mixte	
		Emphase sur les données financières	
7.	Taux de rendement exigé	Faible	
		Modéré	
		Élevé	
8.	Niveau d'analyse des investissements	Plutôt subjectif et qualitatif	
		Équilibré	
		Plutôt objectif et quantitatif	
Pour chaque énoncé, cochez la case correspondant à la situation de l'organisation. Ensuite, à l'aide de la grille proposée ci-après, établissez un diagnostic de cohérence.			

Planification, investissement
Proposition de diagnostic de cohérence stratégique[12]

Catégorie	Énoncés	Stratégie d'entreprise			Stratégie d'affaires			Stratégie concurrentielle		
		Secteur unique	Diversification liée	Diversification non liée	Récolte	Maintien	Croissance	Prix	Mixte	Différenciation
Planification stratégique										
Rôle de la planification stratégique	Importance très élevée				▲	□	●	▲	□	●
	Importance modérée				□	●	□	□	●	□
	Moins important				●	□	▲	●	□	▲
Marge de manœuvre des unités d'affaires	Élevée				▲	□	●	▲	□	●
	Modérée				□	●	□	□	●	□
	Faible				●	□	▲	●	□	▲
Importance de l'analyse Coût-Volume-Résultat	Souvent sommaire				▲	□	●	▲	□	●
	Modérée				□	●	□	□	●	□
	Essentielle				●	□	▲	●	□	▲
Allocation des ressources										
Catégories d'investissements	Priorité accordée à l'efficacité concurrentielle				▲	□	●	▲	□	●
	Investissements équilibrés				□	●	□	□	●	□
	Priorité accordée à l'efficience				●	□	▲	●	□	▲
Évaluation des projets d'investissements	Moins formelle, délais de récupération plus longs				▲	□	●	▲	□	●
	Équilibrée				□	●	□	□	●	□
	Plus formelle, délais de récupération plus courts				●	□	▲	●	□	▲
Critères de choix des investissements	Emphase sur les données non financières				▲	□	●	▲	□	●
	Mixte				□	●	□	□	●	□
	Emphase sur les données financières				●	□	▲	●	□	▲
Taux de rendement exigé	Faible				▲	□	●	▲	□	●
	Modéré				□	●	□	□	●	□
	Élevé				●	□	▲	●	□	▲
Niveau d'analyse des investissements	Plutôt subjectif et qualitatif				▲	□	●	▲	□	●
	Équilibré				□	●	□	□	●	□
	Plutôt objectif et quantitatif				●	□	▲	●	□	▲

- La littérature et l'expérience pratique nous amènent à recommander l'harmonisation de certaines pratiques de contrôle avec la stratégie d'entreprise, la stratégie d'affaires et la stratégie concurrentielle.
- Pour chacun des énoncés, le **rond vert** ● indique une parfaite cohérence, le **carré jaune** □, une cohérence modérée et le **triangle rouge** ▲, l'absence de cohérence. Généralement, l'absence de cohérence requiert une analyse de la situation et peut justifier la modification des pratiques de contrôle.
- Il est important de préciser que certaines divergences, pourvu qu'elles soient bien définies, sont parfois justifiées, voire expressément voulues par les dirigeants. Il est donc important de faire preuve d'une grande **prudence** dans l'analyse de la cohérence entre la stratégie et les systèmes de contrôle.

Notes

1. Voir les fiches du module 2 sur l'analyse stratégique.
2. Hugues BOISVERT, Marie-Claude BROUILLETTE, Marie-Andrée CARON, Réal JACQUES, Claude LAURIN et Alexander MERSEREAU (2011). *La comptabilité de management, prise de décision et contrôle,* 5ᵉ édition. ERPI. 644 p.
3. Idem
4. Idem
5. Idem
6. Idem
7. Idem
8. Idem
9. Schéma repris de la figure 11.2 de la page 287 du livre de BOISVERT, Hugues et collaborateurs (2011). La comptabilité de management, prise de décision et contrôle, 5e édition, ERPI.
10. Dans BOWER, Joseph L. (1986). *Managing the Resource Allocation Process*, Harvard business School Classics, p.13, l'auteur y souligne l'importance de la feuille de route du responsable dans l'acceptation du projet.
11. Idem
12. La proposition de diagnostic de cohérence est inspirée du chapitre 5 du livre SHANK, John K. et Vijay GOVINDARAJAN (1993). *Strategic Cost Management, The NewTool for Competitive Advantage*. The Free Press, 226 p.

4 | Financement

Démarche au financement

Démarche cohérente au cycle de financement
Objectif Comprendre les étapes du financement en entreprise.

Connaissances	**Utilisations**
● Prévision financière ● Diagnostic financier ● Choix du financement	● Intégration dans le cycle d'analyse stratégique ● Planifier le financement

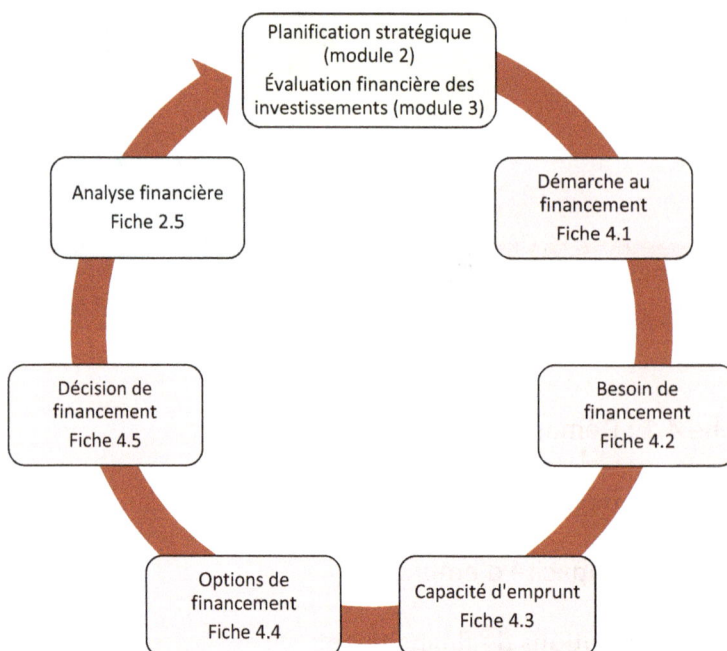

Décision d'investissement

● Dans le cadre du processus de planification stratégique et lors de l'évaluation financière des projets d'investissement, l'organisation décide des projets à réaliser.

● Les décisions d'investissement s'appuient sur la mission, la vision et la stratégie de l'organisation et découlent généralement de l'analyse stratégique (module 2).

Besoin de financement

● Afin d'évaluer la faisabilité financière d'un projet d'investissement, l'entreprise établit des prévisions financières sur la base de plans stratégiques et opérationnels.

● L'évaluation des besoins en liquidités est effectuée à l'aide d'un tableau des flux de trésorerie ou plus généralement d'un budget de caisse.

Capacité d'emprunt

- Afin d'évaluer la capacité d'emprunt et d'établir les options de financement, l'organisation évalue la capitalisation, la rentabilité et sa capacité d'autofinancement afin d'établir l'emprunt optimal permettant de profiter au maximum de l'effet de levier.

Options de financement

- Les options de financement les plus courantes sont l'autofinancement, l'emprunt à long terme et l'émission de capitaux propres.
- Par la suite, le projet est mis à exécution avec les capitaux obtenus.

Décision de financement

- L'impact du projet sur le coût du capital doit être évalué.
- La rentabilité estimée du projet doit être supérieure au coût du capital.

Analyse financière

- Lorsque le projet a été réalisé, l'analyste responsable évalue les résultats obtenus, ce qui influencera la planification future.

Diagnostic de la démarche de financement

ÉNONCÉS *Dans l'organisation...*	Tout à fait en accord	Plutôt en accord	Plutôt en désaccord	Tout à fait en désaccord	Sans objet
1. Une démarche structurée afin d'évaluer le financement requis est établie.					
2. Le responsable du financement a accès aux ressources spécialisées nécessaires.					
3. L'analyse débute par une évaluation des besoins en financement.					
4. Le potentiel d'emprunt est ensuite évalué.					
5. La décision de financement d'un projet doit se prendre lorsque la rentabilité estimée est supérieure au coût du capital incluant le projet.					
6. La décision d'emprunt est prise de façon à maximiser l'effet de levier.					
7. Les données relatives aux marchés financiers sont à jour et communiquées aux décideurs.					
8. L'option de financement est choisie en fonction de la situation financière de l'organisation.					
9. Les SI fournissent l'information nécessaire pour appuyer la démarche de financement.					
10. Le projet réalisé, l'analyse de la situation financière influence la planification future.					

Pour chacun des énoncés, indiquez votre opinion (en attribuant une valeur de 3 à **Tout à fait en accord**, de 2 à **Plutôt en accord**, de 1 à **Plutôt en désaccord** et de 0 à **Tout à fait en désaccord**). Les questions **Sans objet** sont exclues du décompte. Un résultat inférieur à 15/30 (ou à 50 % du maximum) suggère des améliorations possibles en matière de la démarche de financement de l'organisation.

Besoin de financement

Établir les besoins en liquidité
Objectif Déterminer les besoins de financement.

Connaissances	**Utilisations**
● Flux de trésorerie ● Budget de caisse	● Besoin de financement ● Gestion des emprunts

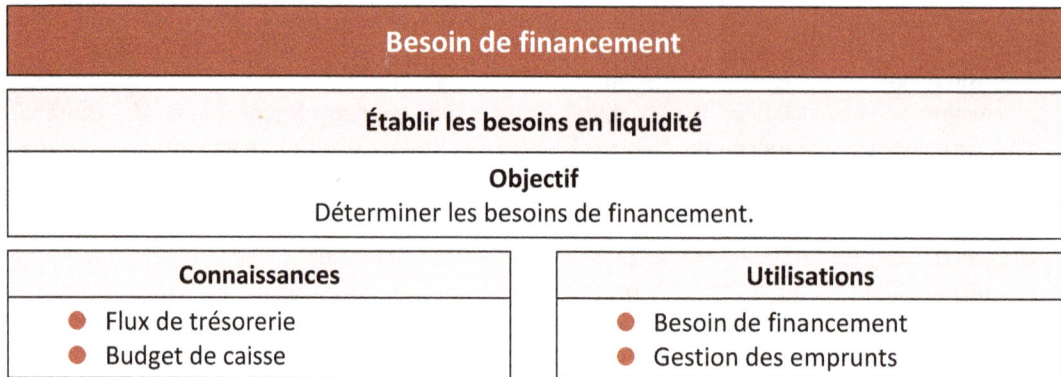

Flux de trésorerie

- Les besoins en financement sont établis à partir des prévisions de flux de trésorerie.
- Les grandes catégories de flux de trésorerie sont :
  - Les flux d'exploitation : recettes et débours reliés aux activités courantes;
  - Les flux liés aux acquisitions et dispositions d'immobilisations;
  - Les flux liés aux placements et autres activités non liées à l'exploitation;
  - Les flux liés aux dividendes et à l'impôt;
  - Les flux liés au financement : intérêts et remboursement de capital.

Budget de caisse

- Le budget de caisse est l'outil idéal pour gérer les flux de trésorerie.
- Le budget de caisse est idéal lorsque :
  - Il est établi par mois;
  - Il permet de distinguer les postes engagés et les postes discrétionnaires;
  - Il permet de distinguer les activités d'exploitation normales d'autres activités;
  - Il permet de suivre l'évolution de chacun des emprunts et les flux correspondants.

Tableau des flux de trésorerie

- Le tableau des flux de trésorerie fait partie des états financiers.
- Le tableau des flux de trésorerie prévisionnel est aussi utile, mais généralement moins détaillé que le budget de caisse.

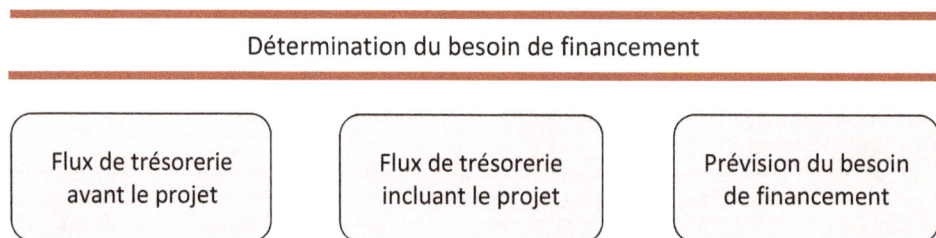

Détermination du besoin de financement

Flux de trésorerie avant le projet	Flux de trésorerie incluant le projet	Prévision du besoin de financement

Besoin de financement lié à un projet particulier

- Il faut distinguer un besoin de financement global de celui dû à un projet en particulier car le financement d'un manque de liquidités diffère du financement d'un projet.
- Au budget de caisse sans le projet, il est utile de comparer celui incluant le projet.
- Les flux liés à un projet doivent permettre la simulation de divers scénarios.
- Les flux liés à un projet doivent inclure :
  - Les débours liés à l'acquisition d'immobilisations;
  - Les débours liés à l'augmentation du fonds de roulement, le cas échéant;
  - Les recettes et débours prévus de l'exploitation lorsque le projet sera réalisé;
  - Les économies d'impôt liées à l'allocation du coût en capital;
  - Les intérêts liés au financement propre au projet;
  - Les remboursements de capital.
- Cette analyse se conclut sur un solde de trésorerie disponible, ou sur un manque à gagner, lequel doit faire l'objet du financement.

Diagnostic
des besoins de financement

ÉNONCÉS *Dans l'organisation...*	Tout à fait en accord	Plutôt en accord	Plutôt en désaccord	Tout à fait en désaccord	Sans objet
1. Un budget de caisse sans le projet est établi par mois chaque année.					
2. Un budget de caisse incluant le projet est établi et comparé au budget sans le projet.					
3. La comparaison des deux budgets permet de déterminer le besoin de financement d'un projet.					
4. Les budgets de caisse distinguent les flux selon la provenance de la source.					
5. Le budget de caisse incluant le projet permet la simulation de divers scénarios.					
6. Les flux liés au financement sont clairement séparés pour évaluer les options d'emprunt.					
7. L'impact des options d'emprunt est donc évalué sur la capitalisation, la rentabilité et la trésorerie.					
8. Le besoin de financement inclut une marge de manœuvre financière pour imprévus.					
9. La négociation d'une marge de crédit va de pair avec tout financement de projets.					
10. L'évaluation des besoins de financement est indépendante de l'évaluation de la rentabilité des projets.					

Pour chacun des énoncés, indiquez votre opinion (en attribuant une valeur de 3 à **Tout à fait en accord**, de 2 à **Plutôt en accord**, de 1 à **Plutôt en désaccord** et de 0 à **Tout à fait en désaccord**). Les questions **Sans objet** sont exclues du décompte. Un résultat inférieur à 15/30 (ou à 50 % du maximum) suggère des améliorations possibles en matière d'analyse des besoins de financement de l'organisation.

Capacité d'emprunt
Analyse de la capacité d'emprunt
Objectif Déterminer la capacité d'emprunt en fonction de la situation financière.

Connaissances	**Utilisations**
● Ratios financiers ● Engagements hors bilan ● Structure financière	● Capacité d'emprunt ● Options de financement ● Recherche en cas de contrainte

Ratios financiers de la structure financière

- Financement à court terme :
  - Ratio de solvabilité à court terme = Actif courant/Passif courant;
  - Ratio de trésorerie = (Actif courant – stocks)/Passif courant :
    - Des ratios élevés démontrent une aisance financière à court terme. Attention aux débiteurs fautifs et aux stocks désuets.
- Financement à long terme :
  - Endettement général = Passif/Capitaux propres :
    - Plus ce taux est élevé, plus l'organisation est à risque;
  - Endettement à long terme = [DLT + PCDNC]/Capitaux propres
    Où DLT = Dette à long terme et PCDNC = Partie courante de la dette non courante
    - Permet de comparer ces deux formes de capital permanent;
  - Actif à long terme non financé et disponible pour garanties = [DNC+PCDNC]/[Immobilisations + Placements]
    Où : DNC = Dette non courante

Engagements hors bilan

- Obligations financières contractées à long terme et non comptabilisées à l'état de la situation financière.
- Exemples :
  - Caution d'un partenaire commercial;
  - Engagement important en loyers d'exploitation;
  - Certaines opérations sur instruments financiers.
- Il peut être pertinent de tenir compte de l'impact des obligations financières hors bilan.

Structure financière

- Un niveau d'endettement élevé oblige l'organisation à payer des taux d'intérêt plus élevés sur son endettement additionnel ou à se financer par d'autres moyens.
- Maturité de la dette actuelle : il faut analyser l'échéance des remboursements prévus de la dette actuelle pour évaluer l'évolution de la capacité d'emprunt.
- Un fonds de roulement élevé peut parfois permettre un financement additionnel pour une échéance à court terme.
- Le financement de l'actif non courant, à savoir la portion financée par le passif courant (situation risquée) et celle financée par le passif non courant, doit être analysé.
- La capacité de remboursement actuelle est établie par le budget de caisse. Elle est largement tributaire de la capacité d'autofinancement.

Capacité d'emprunt additionnel

- La capacité d'emprunt additionnel est établie par la comparaison des ratios financiers de la structure financière avec ceux de l'industrie.
- La liste des éléments d'actif pouvant être déposés en garantie est utile.
- Les projections de flux de trésorerie sont essentielles.
- L'excédent réalisé lors d'une période devient disponible pour un remboursement additionnel ou pour combler un déficit.
- Les résultats obtenus servent à négocier emprunt, marge ou découvert bancaire.

Recherche de solutions

- L'organisation doit chercher à s'autofinancer, en réinvestissant ses fonds autogénérés, en réduisant les dividendes versés ou en faisant appel à de nouveaux capitaux.
- Les actionnaires actuels sont sollicités à investir davantage du capital-actions ou bien de nouveaux actionnaires peuvent être sollicités.
- Une société cotée en bourse peut procéder à une émission de capital.
- Une société privée doit chercher parmi ses contacts des investisseurs intéressés.

Diagnostic de
l'analyse de la capacité d'emprunt

ÉNONCÉS *Dans l'organisation...*	Tout à fait en accord	Plutôt en accord	Plutôt en désaccord	Tout à fait en désaccord	Sans objet
1. Les ratios du financement à court terme ont été analysés.					
2. Les ratios du financement à long terme ont été analysés.					
3. Les engagements hors bilan ont été analysés.					
4. Les garanties actuelles sur les éléments d'actif ont été analysées.					
5. La liste des éléments d'actif libre de garanties a aussi été dressée.					
6. L'analyse de l'échéance des remboursements d'emprunt a permis d'établir l'évolution dans le temps de la capacité d'emprunt disponible.					
7. Les ratios financiers du financement sont comparés à des *benchmarks* de l'industrie.					
8. La décision est fondée sur une analyse détaillée des prévisions de trésorerie.					
9. La réputation financière (cote) de l'organisation lui permet d'emprunter à des taux compétitifs.					
10. L'organisation est en mesure de prioriser ses projets afin d'optimiser l'effet de levier.					

Pour chacun des énoncés, indiquez votre opinion (en attribuant une valeur de 3 à **Tout à fait en accord**, de 2 à **Plutôt en accord**, de 1 à **Plutôt en désaccord** et de 0 à **Tout à fait en désaccord**). Les questions **Sans objet** sont exclues du décompte. Un résultat inférieur à 15/30 (ou à 50 % du maximum) suggère des améliorations possibles en matière d'analyse de la capacité d'emprunt de l'organisation.

Options de financement
Analyse des options de financement

Objectif
Analyser les options de financement.

Connaissances	**Utilisations**
● Stratégie de financement ● Effet de levier ● Types d'emprunt	● Financement par capitaux propres ● Financement par emprunt

Stratégie de financement

- Trois options de financement existent, lesquels sont favorisées dans l'ordre suivant :
  - Les fonds autogénérés;
  - L'endettement;
  - Les fonds propres.
- Les fonds auto générés ne requièrent l'intervention d'aucune tierce partie.
- L'endettement ne dilue pas la participation des actionnaires et favorise la rentabilité lorsque l'effet de levier est positif.
- Les sociétés privées perçoivent davantage comme contraignant le financement par capitaux propres, car il implique souvent l'ajout d'administrateurs dans l'organisation[1].
- Les sociétés cotées en bourse peuvent émettre de nouvelles actions, bien que cela soit moins bien perçu que le recours à l'endettement.[2]

Effet de levier

- L'effet de levier est positif lorsque le coût de l'emprunt est inférieur au rendement.
- Par contre, comparativement à son secteur d'activité, l'organisation doit rencontrer les normes d'endettement, de liquidité et de solvabilité. Lorsqu'elle n'est pas excessivement financée par la dette, elle se qualifie donc pour des crédits additionnels.
- La cote de crédit de l'organisation doit lui permettre d'emprunter à un coût raisonnable.

Types d'emprunt

- Trois types d'emprunt bancaire existent :
  - Marge de crédit;
  - Emprunt bancaire exigible à demande;
  - Emprunt sur garantie.
- Emprunt obligataire — émission d'obligations sur un marché boursier. Il est généralement réservé aux sociétés publiques et comporte des sommes élevées
  - Financement à taux variable et taux fixe;
  - Convertibles en actions ou payables à échéance.
- En fonction de sa notation financière (pour les sociétés publiques) ou de sa cote de crédit, une organisation assume un coût de financement plus ou moins élevé.

Financement par capitaux propres : trois options

- L'augmentation du capital-actions. Les actions peuvent être ordinaires (votantes et participantes) ou privilégiées (souvent assimilées à des titres de dette étant donné leurs dividendes fixes et l'absence de droit de vote).
- Une diminution ou annulation de la politique de dividendes permet de retenir des liquidités, mais n'est pas bien perçue par les marchés financiers, car elle est interprétée comme un signe de faiblesse financière.
- Une politique de rachat d'actions est bien perçue par les actionnaires, car ils en déduisent que le cours du titre est sous-évalué. En revendant les mêmes actions lorsque le cours est plus élevé, la société génère des liquidités.

Financement par emprunt

- Possibilité d'accroître la rentabilité lorsque l'effet de levier est positif.
- Économies d'impôt liées aux intérêts; les dividendes ne sont pas déductibles d'impôt.
- Effet disciplinaire sur les dirigeants qui doivent utiliser les fonds avec efficience pour générer des liquidités afin de payer les intérêts et rembourser le capital.
- La capacité d'emprunter est perçue sur les marchés financiers comme un signe de santé financière et de bonne gestion de la part de la direction.

Diagnostic des
options de financement

	ÉNONCÉS *Dans l'organisation…*	Tout à fait en accord	Plutôt en accord	Plutôt en désaccord	Tout à fait en désaccord	Sans objet
1.	La stratégie de financement a été définie.					
2.	L'effet de levier a été évalué.					
3.	Les normes en ce qui a trait aux divers ratios de financement dans l'industrie sont connues.					
4.	Une politique de gestion des fonds auto générés annuellement a été établie.					
5.	Un taux cible d'endettement a été fixé.					
6.	Les options d'emprunt ont été étudiées.					
7.	Les options de financement par capitaux propres ont été étudiées.					
8.	Les risques de défaillance sont pris en compte lorsque l'organisation a recours à l'emprunt.					
9.	L'organisation anticipe la réaction du marché à sa stratégie de financement.					
10.	La direction communique au CA l'évolution des ratios financiers de financement.					

Pour chacun des énoncés, indiquez votre opinion (en attribuant une valeur de 3 à **Tout à fait en accord**, de 2 à **Plutôt en accord**, de 1 à **Plutôt en désaccord** et de 0 à **Tout à fait en désaccord**). Les questions **Sans objet** sont exclues du décompte. Un résultat inférieur à 15/30 (ou à 50 % du maximum) suggère des améliorations possibles en matière d'analyse des options de financement de l'organisation.

Décision de financement

Analyse du financement

Objectif
Optimiser le financement d'une organisation.

Connaissances	Utilisations
● Besoin de financement ● Moyens de financement ● Contraintes	● Coût du capital ● Effet levier ● Choix du financement

Besoin de financement

- Immobilisations : biens, équipements, bâtisses, logiciels.
- Fonds de roulement : encaisse, comptes clients, stocks moins comptes fournisseurs.
- Investissements incorporels : recherche et développement, formation, brevets.
- Investissements financiers : titres, actions, obligations.

Moyens de financement

- Fonds propres : fonds apportés par les propriétaires ou les actionnaires.
  - ○ Coût des fonds propres : $k_A = R_E = R_f + \beta(E(R_M) - R_f)$:
    - ■ R_E = rendement exigé par les actionnaires;
    - ■ R_f = rendement sans risque;
    - ■ β = risque;
    - ■ $E(R_M)$ = rendement espéré du marché.
- Fonds autogénérés : résultat net auquel s'ajoutent toutes les déductions n'ayant aucune incidence sur l'encaisse, notamment l'amortissement et les impôts sur le revenu reportés.
- Disposition d'éléments d'actif.
- Fonds empruntés proviennent des créanciers.
  - ○ Coût de la dette $k_D = i\,(1 - T)$:
    - ■ i = taux d'intérêt exigé sur emprunt;
    - ■ T = taux d'imposition de l'entreprise.
- Crédit-bail.

Contraintes

- Ratio de solvabilité à court terme (Actif à court terme/Passif à court terme) > généralement 1,2 à 1,4.
- Ratio de trésorerie (Actif à court terme — stocks/Passif à court terme) > généralement 1.
- Avoir propre > Dette à long terme.

Coût du capital

- Coût du capital = Coût moyen pondéré du capital = $k_A\,p_A + k_D\,p_D$ où p_A et p_D sont les proportions relatives des fonds propres et des fonds empruntés.
  - ○ p_A = fonds propres/financement total;
  - ○ p_D = fonds empruntés/financement total.

Effet de levier

- L'effet de levier financier décrit le phénomène où la rentabilité des fonds propres augmente avec le niveau d'endettement tant que le taux de rentabilité de l'investissement (TRI) est supérieur au coût de la dette (i).
- Effet de levier
  - Si TRI > taux de l'emprunt (i) : effet de levier positif;
  - Si TRI = taux de l'emprunt (i) : effet de levier nul;
  - Si TRI < taux de l'emprunt (i) : effet de levier négatif.
- Taux de rentabilité des fonds propres = TRI + [(fonds empruntés/fonds Propres) (TRI – i)].

Choix du financement[3]

- Les organisations cherchent à profiter d'un effet de levier positif. Par ailleurs, plus une organisation a recours aux emprunts, plus elle s'expose au risque.

Diagnostic du financement

ÉNONCÉS *Dans l'organisation...*	Tout à fait en accord	Plutôt en accord	Plutôt en désaccord	Tout à fait en désaccord	Sans objet
1. Le taux de rendement qu'elle souhaite réaliser sur les fonds propres est évalué.					
2. Le coût moyen des fonds empruntés est calculé.					
3. Le taux de rentabilité interne (TRI) du projet à financer est évalué.					
4. On peut compter sur un montant de fonds autogénérés réguliers et stables.					
5. Le résultat d'exploitation couvre bien les frais financiers.					
6. Les possibilités du crédit-bail sont bien connues.					
7. Les limites d'emprunt déterminées par les ratios financiers qu'elle doit rencontrer sont bien connues.					
8. Le type de financement est adapté au risque de l'investissement projeté.					
9. On cherche à profiter raisonnablement de l'effet de levier.					
10. Le point mort en matière de flux monétaires est connu et l'organisation bénéficie d'une marge de sécurité.					

Pour chacun des énoncés, indiquez votre opinion (en attribuant une valeur de 3 à **Tout à fait en accord**, de 2 à **Plutôt en accord**, de 1 à **Plutôt en désaccord** et de 0 à **Tout à fait en désaccord**). Les questions **Sans objet** sont exclues du décompte. Un résultat inférieur à 15/30 (ou à 50 % du maximum) suggère des possibilités d'améliorations en matière d'analyse du financement de l'organisation.

Cohérence du financement

Recherche de cohérence stratégique

Objectif
Évaluer la cohérence entre la stratégie et le financement.

Éléments stratégiques	Éléments de contrôle
● Stratégie d'entreprise ● Stratégie d'affaires ● Stratégie concurrentielle	● Besoins et capacité de financement ● Stratégie d'emprunt

Évaluation
des pratiques de contrôle

	Catégorie	Énoncés	Évaluation
1.	Importance de la capacité d'autofinancement	Moins important	
		Importance modérée	
		Importance très élevée	
2.	Rôle de l'effet de levier dans le financement	Plus faible	
		Modéré	
		Élevé	
3.	Importance de la gestion des liquidités	Moins important	
		Importance modérée	
		Importance très élevée	
4.	Stratégie de financement privilégié	Souvent par capitaux propres	
		Financement équilibré	
		Souvent sous forme d'emprunt	
5.	Importance de la planification stratégique pour le financement	Souvent important	
		Importance modérée	
		Quelquefois important	

Pour chaque énoncé, cochez la case correspondant à la situation de l'organisation. Ensuite, à l'aide de la grille proposée ci-après, établissez un diagnostic de cohérence.

Financement
Proposition de diagnostic de cohérence stratégique

Catégorie	Énoncés	Stratégie d'entreprise			Stratégie d'affaires			Stratégie concurrentielle		
		Secteur unique	Diversification liée	Diversification non liée	Récolte	Maintien	Croissance	Prix	Mixte	Différenciation
Importance de la capacité d'autofinancement	Moins important				▲	◻	●	▲	◻	●
	Importance modérée				◻	●	◻	◻	●	◻
	Importance très élevée				●	◻	▲	●	◻	▲
Rôle de l'effet de levier dans le financement	Plus faible				▲	◻	●	▲	◻	●
	Modéré				◻	●	◻	◻	●	◻
	Élevé				●	◻	▲	●	◻	▲
Importance de la gestion des liquidités	Moins important				▲	◻	●	▲	◻	●
	Importance modérée				◻	●	◻	◻	●	◻
	Importance très élevée				●	◻	▲	●	◻	▲
Stratégie de financement privilégié	Souvent par capitaux propres	▲	◻	●						
	Financement équilibré	◻	●	◻						
	Souvent sous forme d'emprunt	●	◻	▲						
Importance de la planification stratégique pour le financement	Souvent important	▲	◻	●	▲	◻	●	▲	◻	●
	Importance modérée	◻	●	◻	◻	●	◻	◻	●	◻
	Quelquefois important	●	◻	▲	●	◻	▲	●	◻	▲

- La littérature et l'expérience pratique nous amènent à recommander l'harmonisation de certaines pratiques de contrôle avec la stratégie d'entreprise, la stratégie d'affaires et la stratégie concurrentielle.

- Pour chacun des énoncés, le **rond vert** ● indique une parfaite cohérence, le **carré jaune** ◻ , une cohérence modérée et le **triangle rouge** ▲ , l'absence de cohérence. Généralement, l'absence de cohérence requiert une analyse de la situation et peut justifier la modification des pratiques de contrôle.

- Il est important de préciser que certaines divergences, pourvu qu'elles soient bien définies, sont parfois justifiées, voire expressément voulues par les dirigeants. Il est donc important de faire preuve d'une grande **prudence** dans l'analyse de la cohérence entre la stratégie et les systèmes de contrôle.

Notes

1. Le Maux, Julien (2014) *Analyse financière,* Montréal, Chenelière éducation.
2. Idem.
3. Selon un bulletin de mars 2009 du gouvernement du Canada (http://www.pme-prf.gc.ca/eic/site/sme_fdi-prf_pme.nsf/fra/accueil), le financement des PME innovatrices est composé à 32,8 % de financement par emprunt, à 22,8 % de financement par crédit-bail et à 44,3 % de financement par fonds propres.

5 | Tableaux de bord de gestion

Aperçu du module 5

- Fiche 5.1 : Tableau de bord de gestion

- Fiche 5.2 : Tableau de bord prospectif

- Fiche 5.3 : Carte stratégique

- Fiche 5.4 : Déploiement des tableaux de bord de gestion

- Fiche 5.5 : Cohérence des tableaux de bord de gestion

Tableau de bord de gestion

Concepts généraux

Objectif
Comprendre les fondements et la structure d'un tableau de bord de gestion (TBG).

Connaissances	Utilisations
● Définition ● Types de TBG ● Indicateurs de performance	● Déploiement de TBG ● Critères d'évaluation de TBG

Définition d'un tableau de bord de gestion (TBG)

- Le TBG regroupe un ensemble d'indicateurs utilisés pour prendre des décisions.
- On les retrouve dans toutes les fonctions et à tous les niveaux hiérarchiques de l'organisation.

Types de tableau de bord de gestion (TBG)

- Le TBG corporatif regroupe les indicateurs clés de performance (KPI).
- Le TBG stratégique regroupe les principaux indicateurs stratégiques.
- Le TBG financier regroupe les principaux indicateurs financiers.
- Les TBG opérationnels regroupent les principaux indicateurs utilisés dans les unités administratives pour la gestion quotidienne.
- Le **TBG prospectif**[1], aussi connu sous le nom de **TBG équilibré**, décrit le modèle d'un TBG suggéré par les auteurs R. S. Kaplan et D. P. Norton.

Indicateurs de performance

- Il y a des indicateurs liés à des résultats associés à des cibles de performance :
  ○ Ils peuvent être financiers et non financiers.
- Il y a des indicateurs liés à des inducteurs de performance (*leading indicators*) :
  ○ Il s'agit d'indicateurs à l'origine de cibles de performance.

Déploiement de TBG

- Il faut mesurer objectifs poursuivis à l'aide d'indicateurs.
- Il faut regrouper les indicateurs dans des TBG.
- Il faut valider les liens entre les TBG.
- Le défi est de déployer une série de TBG intégrés et cohérents.

Critères d'évaluation d'un TBG

- L'intégration concerne l'établissement de liens utiles entre les TBG.
- La cohérence concerne les relations de cause à effet :
  ○ entre les indicateurs opérationnels et les indicateurs stratégiques, et;
  ○ entre tous les indicateurs et les indicateurs clés de performance.
- Les TBG regroupent au sein de chacune des unités administratives tous les indicateurs effectivement utilisés pour la prise de décision.
- Les indicateurs utilisés sont fidèles et fiables et obtenus de manière rigoureuse.

Lien entre les indicateurs opérationnels et stratégiques dans un TBG

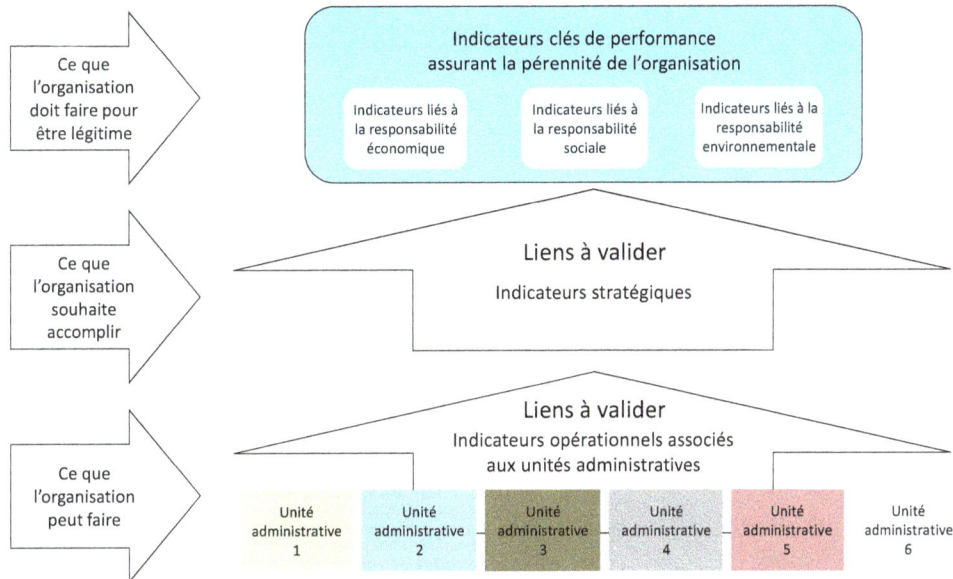

Ce que l'organisation doit faire pour être légitime →

Indicateurs clés de performance assurant la pérennité de l'organisation

| Indicateurs liés à la responsabilité économique | Indicateurs liés à la responsabilité sociale | Indicateurs liés à la responsabilité environnementale |

Ce que l'organisation souhaite accomplir →

Liens à valider
Indicateurs stratégiques

Ce que l'organisation peut faire →

Liens à valider
Indicateurs opérationnels associés aux unités administratives

| Unité administrative 1 | Unité administrative 2 | Unité administrative 3 | Unité administrative 4 | Unité administrative 5 | Unité administrative 6 |

Diagnostic d'évaluation d'un TBG

	ÉNONCÉS *Dans l'organisation...*	Tout à fait en accord	Plutôt en accord	Plutôt en désaccord	Tout à fait en désaccord	Sans objet
1.	La direction s'est donné des indicateurs clés de performance pour évaluer la réalisation de sa mission.					
2.	La direction s'est donné des indicateurs stratégiques pour évaluer l'accomplissement de sa stratégie.					
3.	La fonction *Mise en marché* s'est donné des indicateurs opérationnels pour évaluer ce qu'elle fait en relation avec les cibles stratégiques.					
4.	La fonction *Production* s'est donné des indicateurs opérationnels pour évaluer ce qu'elle fait en relation avec les cibles stratégiques.					
5.	Les services de soutien se sont donné des indicateurs pour évaluer ce qu'ils font pour appuyer les activités principales de l'organisation.					
6.	Des liens logiques de cause à effet ont été établis entre les indicateurs opérationnels et stratégiques.					
7.	Le système budgétaire est en lien avec le système intégré de TBG.					
8.	Le système intégré de TBG est en mesure de fournir des données en temps réel.					
9.	Le système intégré de TBG est rigoureux, mis à jour périodiquement et s'appuie sur des indicateurs fiables.					
10.	Le système intégré de TBG permet l'apprentissage organisationnel et génère de nouveaux savoir-faire.					

Pour chacun des énoncés, indiquez votre opinion (en attribuant une valeur de 3 à **Tout à fait en accord**, de 2 à **Plutôt en accord**, de 1 à **Plutôt en désaccord** et de 0 à **Tout à fait en désaccord**). Les questions **Sans objet** sont exclues du décompte. Un résultat inférieur à 15/30 (ou à 50 % du maximum) suggère des possibilités d'amélioration des TBG.

Tableau de bord prospectif

Concepts généraux

Objectif
Comprendre les fondements et la structure du TBG prospectif.

Connaissances	Utilisations
● Définition du TBG prospectif ● Éléments du TBG prospectif ● Liens reliant les éléments du TBG prospectif	● Déploiement d'un TBG prospectif ● Exemples d'indicateurs d'un TBG prospectif

Le tableau de bord prospectif de Kaplan et Norton

● Le tableau de bord prospectif est fondé sur la capacité d'une organisation de répondre à un ensemble de questions rattachées à quatre perspectives fondamentales d'une organisation, soit *financière*, *clients*, *processus internes* et *apprentissage et croissance*, en lien avec la vision et la stratégie de la direction.

Éléments du TBG prospectif

● Dans le TBG prospectif[2], on retrouve des indicateurs répartis en quatre perspectives[3] : financière (*Financial*), clients (*Customer*), processus interne (*Internal Business-Process*) et apprentissage et croissance (*Learning and Growth*).

Liens reliant les axes du tableau de bord prospectif[4]

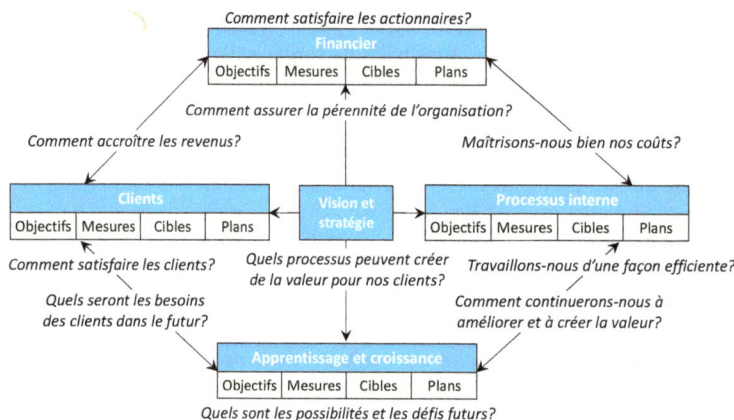

Exemples d'indicateurs d'un tableau de bord prospectif[5]

- Le schéma suivant présente des exemples d'objectifs et d'indicateurs en lien avec les perspectives de la carte stratégique dans le contexte d'une organisation à but lucratif.
- Il est à noter que deux éléments d'information doivent généralement se greffer au tout, soit les cibles correspondantes et les moyens envisagés pour les atteindre.

Perspectives	Objectifs	Indicateurs possibles
Financier	Améliorer le rendement	Rendement du capital investi
		Rendement sur ventes
		Ventes/actif
		Valeur économique ajoutée
		Croissance des revenus
		Réduction des coûts
	Satisfaire les actionnaires	Bénéfice/avoir des actionnaires
		Ratio cours-bénéfices
		Bénéfice par action
		Valeur marchande ajoutée
	Rétablir l'équilibre financier	Actif CT/passif CT
		Dette/actif
		Couverture : BAII/intérêts + remboursement de la dette (1/(1-taux d'impôt))
Clients	Créer de la valeur au profit des clients	Qualité
		Service
		Prix
		Délais
		Image
		Relations clients
	Répondre aux besoins des clients	Part de marché
		Satisfaction des clients
		Acquisition de clients
		Rétention de clients
		Rentabilité des clients
		Nombre de plaintes
Processus	Améliorer l'efficience des processus (production, livraison, marketing, exploitation, contrôle qualité, service, RD)	Coûts
		Qualité
		Délais
Apprentissage et croissance	Satisfaire les employés	Satisfaction des employés
		Rétention des employés
		Recrutement
		Absentéisme
		Rotation de la main-d'œuvre
	Accroître la compétence des employés	Productivité des employés
		Formation
		% d'emplois comblés à l'interne
		Flexibilité de la main-d'œuvre
		Mobilisation du personnel
	Améliorer les capacités technologiques	Âge moyen des équipements
		Fréquence de mises à jour des équipements
		Capacité excédentaire
	Accroître la performance des systèmes d'information	Fréquence de production de rapports
		Fréquence des mises à jour d'application
		Délais suite aux requêtes des employés
		Investissements annuels dans les TIC
	Améliorer les pratiques organisationnelles	Taux d'utilisation des meilleures pratiques
		Valeur des actifs intangibles
		Coût moyen par processus d'affaires

Carte stratégique

Concepts généraux
Objectif Comprendre les fondements et la structure d'un tableau de bord de gestion (TBG).

Connaissances	Utilisations
● Définition ● Types de TBG ● Indicateurs de performance	● Déploiement de TBG ● Critères d'évaluation de TBG

La carte stratégique

● La carte stratégique dans le contexte du développement d'un tableau de bord de gestion consiste à relier logiquement les objectifs à des perspectives afin d'évaluer la cohérence du modèle et déterminer quels plans d'action seront les plus susceptibles de faciliter l'atteinte des cibles de performance fixées par la direction.

Exemple de carte stratégique appliquée au modèle de TBG prospectif[6]

● L'exemple illustre des liens reliant les objectifs des trois premières perspectives entre elles et un lien global reliant l'axe *Apprentissage et croissance* aux trois autres perspectives.

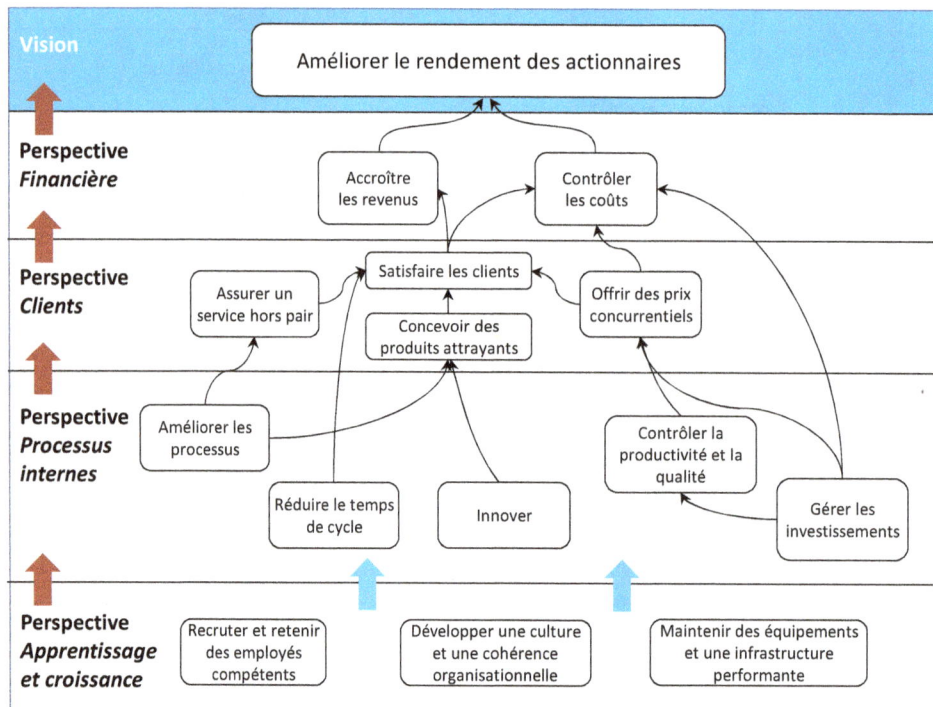

Exemple de carte stratégique appliquée à une PME

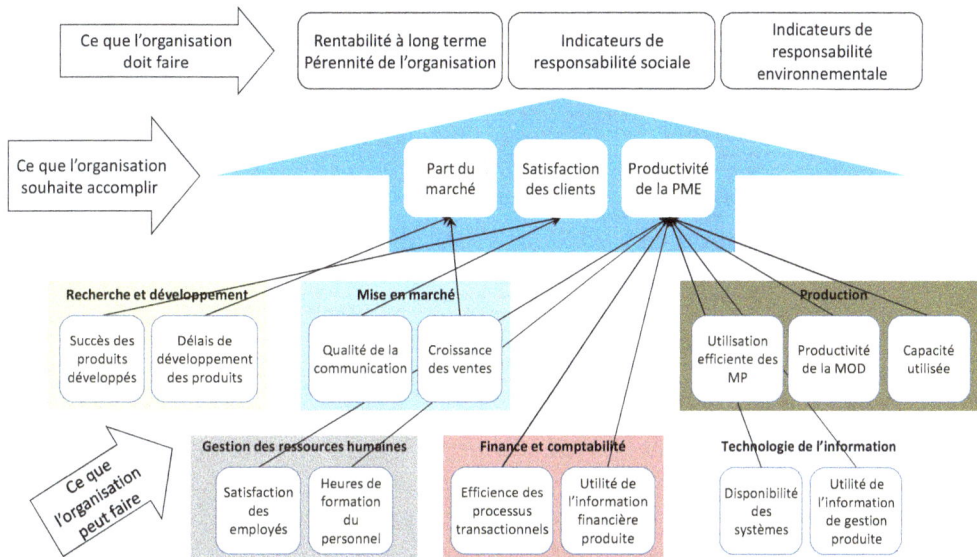

Diagnostic d'une carte stratégique

ÉNONCÉS *Dans l'organisation...*	Tout à fait en accord	Plutôt en accord	Plutôt en désaccord	Tout à fait en désaccord	Sans objet
1. La responsabilité en matière de développement durable est traduite en objectifs spécifiques de responsabilité économique, sociale et environnementale.					
2. Les objectifs spécifiques de la responsabilité économique, sociale et environnementale sont mesurés par des indicateurs suivis par les membres du CA.					
3. La direction a bien identifié les objectifs stratégiques à lier à sa mission et à la stratégie qu'elle poursuit.					
4. Les objectifs stratégiques sont mesurés par des indicateurs utilisés par la direction pour la prise de décision.					
5. Toutes les unités administratives de l'organisation se sont donné des objectifs opérationnels logiquement en lien avec les objectifs stratégiques.					
6. Les objectifs opérationnels sont mesurés par des indicateurs utilisés quotidiennement pour la prise de décision.					
7. Les liens entre les objectifs opérationnels et stratégiques ont bien été identifiés et validés.					
8. Les liens entre les objectifs opérationnels, stratégiques et les objectifs liés à la responsabilité économique, sociale et environnementale ont bien été identifiés et validés.					
9. La carte stratégique est cohérente avec les responsabilités des gestionnaires.					
10. La carte stratégique est validée lors de l'exercice annuel de planification stratégique.					

Pour chacun des énoncés, indiquez votre opinion (en attribuant une valeur de 3 à **Tout à fait en accord**, de 2 à **Plutôt en accord**, de 1 à **Plutôt en désaccord** et de 0 à **Tout à fait en désaccord**). Les questions **Sans objet** sont exclues du décompte. Un résultat inférieur à 15/30 (sur 50 % du maximum) suggère des possibilités d'amélioration d'une carte stratégique.

Déploiement de tableaux de bord de gestion

Hiérarchie des tableaux de bord de gestion
Objectif
Déployer une série de tableaux de bord de gestion (TBG) intégrés.

Connaissances	**Utilisations**
● Hiérarchie de tableaux de bord ● Facteurs de succès de TBG	● Développement de TBG intégrés ● Contribution à l'apprentissage organisationnel

Le développement de TBG

- Bien que le développement du TBG prospectif a été bien documenté par les auteurs (Kaplan et Norton) et adapté par la plupart des consultants depuis plus d'une décennie, l'évolution de la démarche est encore un objet d'expérimentation.

- Un TBG s'appuie sur le développement d'une carte stratégique. Le TBG stratégique doit être décliné en TBG opérationnels.

- Un lien doit être établi également entre l'ensemble des TBG et le TBG témoignant de la responsabilité économique, sociale et environnementale de l'organisation.

- Le développement de TBG doit impliquer tous les gestionnaires concernés et exige une collaboration interfonctionnelle, une ouverture à la multidisciplinarité et un travail d'équipe.

Étapes du développement	
1.	Choisir des indicateurs de la responsabilité économique, sociale et environnementale de l'organisation.
2.	S'appuyer sur la mission, la vision, les valeurs de l'organisation pour fixer les objectifs stratégiques.
3.	Choisir des indicateurs stratégiques reflétant les objectifs stratégiques.
4.	Établir le rôle de chacune des unités administratives.
5.	Développer une carte stratégique.
6.	Élaborer le TBG du conseil d'administration.
7.	Élaborer le TBG stratégique de la direction.
8.	Élaborer les TBG opérationnels.
9.	Valider les liens entre les TBG opérationnels et le TBG stratégique.
10.	Valider les liens entre les TBG opérationnels, stratégiques et celui du conseil d'administration.
11.	Planifier le système d'information, notamment la collecte et l'enregistrement des données.
12.	S'assurer de l'utilité des indicateurs utilisés pour la prise de décision.

Étapes d'implantation de TBG intégrés

	Étapes d'implantation
1.	Identifier un responsable (champion) du projet.
2.	Former une équipe multidisciplinaire.
3.	Obtenir un budget de développement et un échéancier réaliste.
4.	Dans une première étape, bien établir les indicateurs clés de performance et de stratégie.
5.	Dans une deuxième étape, organiser des sessions de travail avec les gestionnaires concernés afin de développer une carte stratégique de ce que l'organisation peut faire.
6.	Puis, traduire ce que les unités peuvent faire en indicateurs opérationnels.
7.	Valider les liens entre les indicateurs opérationnels et les indicateurs stratégiques.
8.	Préciser le budget et les échéanciers d'implantation du système d'information.
9.	Une fois les TBG obtenus, s'assurer de leur utilisation et de leur pertinence pour la prise de décision.
10.	Assurer la mise à jour périodique des TBG (équipe d'actualisation).

Diagnostic
du déploiement de TBG intégrés

	ÉNONCÉS *Dans l'organisation...*	Tout à fait en accord	Plutôt en accord	Plutôt en désaccord	Tout à fait en désaccord	Sans objet
1.	On a désigné un champion du projet dont l'expertise est reconnue.					
2.	On a formé une équipe multidisciplinaire du projet.					
3.	L'équipe s'est donné un échéancier réaliste et elle dispose de l'appui de la direction et d'un budget approprié.					
4.	Les indicateurs de la responsabilité économique, sociale et environnementale ont été établis.					
5.	Les indicateurs stratégiques ont été établis.					
6.	L'équipe du projet a piloté le développement d'une carte stratégique en impliquant la direction et les gestionnaires concernés par l'exploitation.					
7.	Les indicateurs opérationnels ont été établis en conformité avec les objectifs de la carte stratégique.					
8.	Les liens entre les indicateurs opérationnels, stratégiques et corporatifs ont été validés.					
9.	Le système d'information a été implanté.					
10.	Le suivi et l'actualisation des TBG ont été assurés.					

Pour chacun des énoncés, indiquez votre opinion (en attribuant une valeur de 3 à **Tout à fait en accord**, de 2 à **Plutôt en accord**, de 1 à **Plutôt en désaccord** et de 0 à **Tout à fait en désaccord**). Les questions **Sans objet** sont exclues du décompte. Un résultat inférieur à 15/30 (sur 50 % du maximum) suggère des possibilités d'amélioration du déploiement de TBG intégrés.

Cohérence des tableaux de bord de gestion

Recherche de cohérence stratégique

Objectif

Évaluer la cohérence entre la stratégie et les indicateurs
de performance utilisés notamment dans le tableau de bord prospectif.

Éléments stratégiques	Éléments de contrôle
● Stratégie d'entreprise	● Indicateurs financiers
● Stratégie d'affaires	● Tableau de bord prospectif
● Stratégie concurrentielle	

Évaluation
des pratiques de contrôle

	Catégorie	Énoncés	Évaluation
1.	Mesures de performance prépondérantes	Indicateurs non financiers	
		Équilibrées	
		Indicateurs financiers	
2.	Tableau de bord prospectif (composition)	Prépondérance des perspectives *Clients* et *Apprentissage et croissance*	
		Équilibre des perspectives (axes)	
		Prépondérance des perspectives *Financière* et *Processus internes*	
3.	Tableau de bord (développement)	Approche ascendante	
		Approche hybride	
		Approche descendante	
4.	Tableau de bord (utilisation)	Plus un outil d'aide à la décision	
		Variable	
		Plus un outil de reddition de comptes	
Pour chaque énoncé, veuillez cocher la case correspondant à la situation de l'organisation. Ensuite, à l'aide de la grille proposée ci-après, établissez un diagnostic de cohérence.			

Tableaux de bord de gestion
Proposition de diagnostic de cohérence stratégique

Catégorie	Énoncés	Stratégie d'entreprise			Stratégie d'affaires			Stratégie concurrentielle		
		Secteur unique	Diversification liée	Diversification non liée	Récolte	Maintien	Croissance	Prix	Mixte	Différenciation
Mesures de performance prépondérantes	Indicateurs non financiers				▲	■	●	▲	■	●
	Équilibrées				■	●	■	■	●	■
	Indicateurs financiers				●	■	▲	●	■	▲
Tableau de bord prospectif (composition)	Prépondérance des perspectives *Clients* et *Apprentissage et croissance*				▲	■	●	▲	■	●
	Équilibre des perspectives (axes)				■	●	■	■	●	■
	Prépondérance des perspectives *Financière* et *Processus internes*				●	■	▲	●	■	▲
Tableau de bord (développement)	Approche ascendante				▲	■	●	▲	■	●
	Approche hybride				■	●	■	■	●	■
	Approche descendante				●	■	▲	●	■	▲
Tableau de bord (utilisation)	Plus un outil d'aide à la décision				▲	■	●	▲	■	●
	Variable				■	●	■	■	●	■
	Plus un outil de reddition de comptes				●	■	▲	●	■	▲

- La littérature et l'expérience pratique nous amènent à recommander l'harmonisation de certaines pratiques de contrôle avec la stratégie d'entreprise, la stratégie d'affaires et la stratégie concurrentielle.

- Pour chacun des énoncés, le **rond vert** ● indique une parfaite cohérence, le **carré jaune** ■, une cohérence modérée et le **triangle rouge** ▲, l'absence de cohérence. Généralement, l'absence de cohérence requiert une analyse de la situation et peut justifier la modification des pratiques de contrôle.

- Il est important de préciser que certaines divergences, pourvu qu'elles soient bien définies, sont parfois justifiées, voire expressément voulues par les dirigeants. Il est donc important de faire preuve d'une grande **prudence** dans l'analyse de la cohérence entre la stratégie et les systèmes de contrôle.

Notes

1. Le tableau de bord prospectif (Balanced Scorecard) est un modèle de tableau de bord de gestion développé en 1996 par les auteurs Robert S. KAPLAN et David P. NORTON et faisant aujourd'hui l'objet de trois ouvrages : (1996). *The Balanced Scorecard, Translating Strategy Into Action*. Harvard Business School Press. 322 p.; (2001). *The Strategy Focused Organization*. Harvard Business School Press. 397 p.; (2006) *Alignment, Using the Balanced Scorecard to Create Corporate Strategy*. Harvard Business School Press. 302 p. Il est à noter que d'autres modèles de tableaux de bord de gestion existent mais que dans le cadre du présent projet, nous avons préféré nous en tenir à ce modèle en usage depuis plus d'une décennie par bon nombre d'organisations.

2. Figure inspirée de la figure 3.2 (p. 73) de KAPLAN, Robert S. et David P. NORTON (2001). *The Strategy Focused Organization*. Harvard Business School Press, Boston. 397 p.

3. Certains auteurs font référence aux « axes » ou aux « dimensions »

4. Figure inspirée de la figure 1.1 publiée (p. 9) dans KAPLAN, Robert S., David P. NORTON 1996. *The Balanced Scorecard, Translating Strategy Into Action*. Harvard Business School Press. Boston, 322 p. La figure de l'ouvrage est tirée d'un article publié par les auteurs dans *Harvard Business Review* (January-February 1996, 76) intitulé « Using the Balanced Scorecard as a Strategic Management System ».

5. On retrouve aussi une liste détaillée de mesures liées aux objectifs propres à chacune des perspectives au chapitre 18 de Hugues BOISVERT, Marie-Claude BROUILLETTE, Marie-Andrée CARON, Réal JACQUES, Claude LAURIN et Alexander MERSEREAU (2011). *La comptabilité de management, prise de décision et contrôle,* 5e édition. ERPI. 644 p.

6. Inspiré de la carte stratégique proposée à la page 82 de KAPLAN, Robert S. et David NORTON (2001). *The Strategy Focused Organization*, Harvard Business School Press. 397 p.

6 | Gestion des risques

Processus de gestion des risques

Comprendre le processus de gestion des risques

Objectif
Développer une approche à l'analyse du processus de gestion des risques.

Connaissances	**Utilisations**
● Processus de gestion des risques ● Activités en cours dans les organisations	● Stratégie de gestion des risques ● Systèmes de contrôles

Le processus de gestion des risques[1]

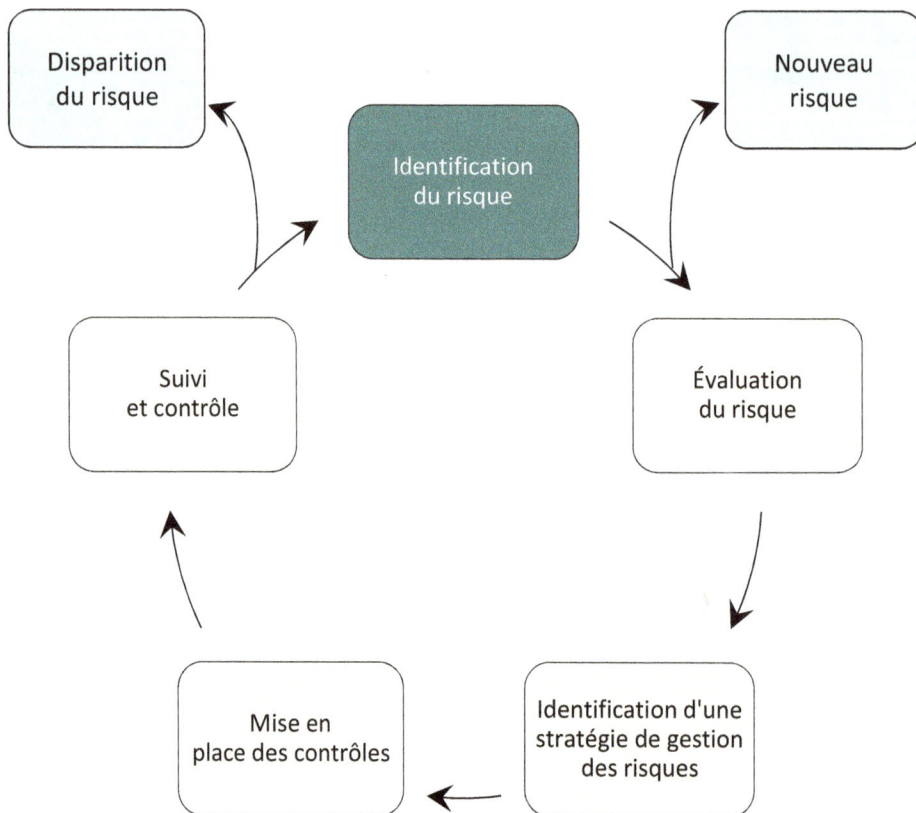

```
                Disparition              Nouveau
                du risque                 risque

                          Identification
                            du risque

       Suivi                                      Évaluation
     et contrôle                                  du risque


           Mise en                  Identification d'une
       place des contrôles          stratégie de gestion
                                         des risques
```

Stratégie de gestion des risques

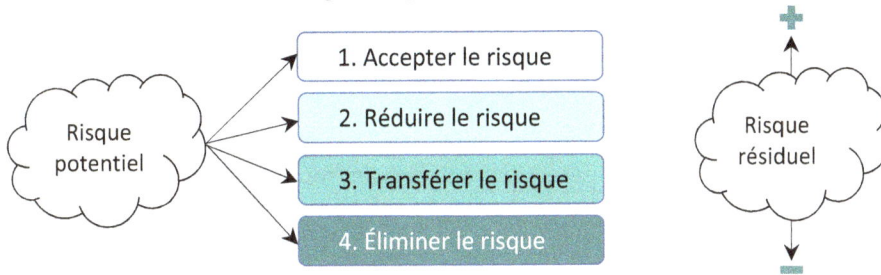

Exemples de contrôles visant à…

- Éliminer le risque : identifier les causes des rejets et des défectuosités et y remédier.
- Transférer le risque : partager la garantie avec les clients ou les fournisseurs.
- Réduire le risque : partager les conséquences par le biais d'assurances.
- Accepter le risque : prévoir une provision dans le budget pour couvrir les coûts potentiels pouvant résulter du risque.

Diagnostic de la
connaissance du processus de gestion des risques

ÉNONCÉS *Dans l'organisation…*	Tout à fait en accord	Plutôt en accord	Plutôt en désaccord	Tout à fait en désaccord	Sans objet
1. Le processus de gestion des risques est connu et analysé.					
2. Les analystes ont développé une méthodologie pour identifier les risques.					
3. Les analystes ont aussi développé une méthodologie pour évaluer les risques et les prioriser par importance.					
4. Les analystes ont développé des modèles pour communiquer l'information sur les risques à la direction.					
5. Les analystes conseillent la direction quant à la stratégie de gestion des risques à adopter.					
6. Les analystes vont développer les contrôles nécessaires afin d'assurer la mise en œuvre de la stratégie adoptée.					
7. Les analystes ont mis en place les contrôles permettant d'assurer l'élimination des risques devant l'être.					
8. Les analystes ont mis en place les contrôles permettant d'assurer le transfert des risques devant l'être.					
9. Les analystes ont mis en place les contrôles permettant d'assurer la réduction des risques devant l'être.					
10. Les analystes ont mis en place les contrôles permettant d'évaluer l'évolution des risques acceptés.					

Pour chacun des énoncés, indiquez votre opinion (en attribuant une valeur de 3 à **Tout à fait en accord**, de 2 à **Plutôt en accord**, de 1 à **Plutôt en désaccord** et de 0 à **Tout à fait en désaccord**). Les questions **Sans objet** sont exclues du décompte. Un résultat inférieur à 15/30 (ou à 50 % du maximum) suggère des possibilités d'amélioration de la connaissance du processus de gestion des risques au sein de l'organisation.

Identification des risques d'affaires

Grille d'identification des risques d'affaires et des contrôles

Objectifs

Identifier les risques auxquels fait face une organisation.
Suggérer des contrôles appropriés.

Connaissances	**Utilisations**
• Définition du risque d'affaires • Identification des risques d'affaires	• Évaluation des risques d'affaires • Identification de contrôles appropriés

Définition du risque d'affaires

- Les risques d'affaires font référence à des conséquences indésirables découlant de la gestion d'une organisation et n'ont aucun lien direct avec l'incertitude entourant la faisabilité des prévisions.

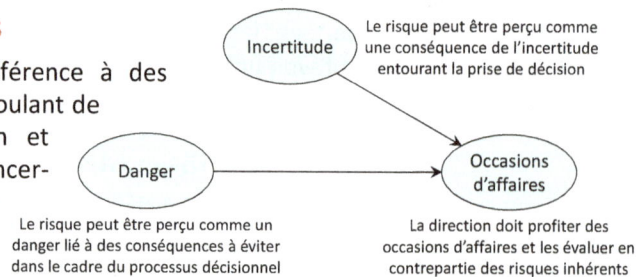

Incertitude — Le risque peut être perçu comme une conséquence de l'incertitude entourant la prise de décision

Danger — Le risque peut être perçu comme un danger lié à des conséquences à éviter dans le cadre du processus décisionnel

Occasions d'affaires — La direction doit profiter des occasions d'affaires et les évaluer en contrepartie des risques inhérents

Identification des risques d'affaires

- Les risques d'affaires[2] vont au-delà du risque financier habituellement géré par le contrôle interne d'une organisation.
- Le modèle PESTEL et le modèle d'analyse des forces concurrentielles de Porter vus dans le cadre de l'analyse des occasions et des menaces de l'environnement concurrentiel (voir fiche 2.4) ainsi que l'analyse de la chaîne de valeur (voir fiche 2.8) peuvent être utilisés pour identifier les risques environnementaux, concurrentiels et stratégiques qui menacent une organisation.
- L'analyse des forces et faiblesses de l'organisation (voir fiche 2.3) peut être utilisée pour identifier les risques stratégiques, financiers, informationnels et opérationnels qui menacent une organisation.
- La documentation d'intérêt sur la gestion des risques est bien documentée et offerte par la Société des comptables en management du Canada[3] et l'Institut canadien des comptables agréés[4].

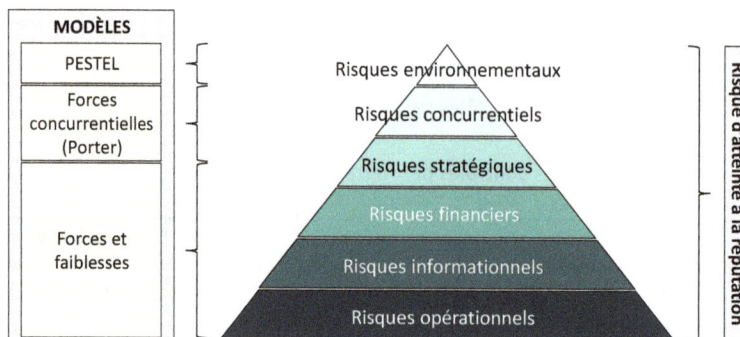

MODÈLES

PESTEL — Risques environnementaux
Forces concurrentielles (Porter) — Risques concurrentiels
Risques stratégiques
Forces et faiblesses — Risques financiers
Risques informationnels
Risques opérationnels

Risque d'atteinte à la réputation

Risques et incertitude

Conséquences	Probabilité de réalisation		
	Forte	Moyenne	Faible
Graves	🟥	🟥	🟨
Modérées	🟥	🟨	🟩
Faibles	🟨	🟩	🟩
Les couleurs indiquent l'urgence d'action, rouge (très urgent), jaune (moyennement urgent) et vert (moins urgent).			

Nature des risques	Définition	Mécanismes de gestion des risques
De réputation	Risque qu'une action accomplie par une organisation ou ses représentants ternisse son image aux yeux de la collectivité ou de sa clientèle, entraînant une diminution potentielle du chiffre d'affaires, des actions en justice ou une surveillance réglementaire accrue.	Approbation de toutes les communications externes par le conseil d'administration, politiques rigoureuses de développement durable, traitement rapide des plaintes, mise en place d'une politique de gestion de crises, embauche de spécialistes en gestion de l'image, règlement rapide des litiges, système de limites et de valeurs clairement défini, mise en place d'un code d'éthique, embauche d'un ombudsman, etc.
Environnementaux	Risques externes pouvant être d'ordre naturel, économique, politique ou social. On trouve également dans cette catégorie certains risques financiers exogènes tels que les fluctuations des taux d'intérêt, des monnaies ou des marchés de marchandises.	Suivi des tendances économiques, évaluation des conséquences de l'évolution démographique, lobbying auprès des gouvernements, suivi des projets de loi nationaux, surveillance de l'évolution du climat politique dans les pays partenaires, contrats et ententes à long terme avec les gouvernements, partenariats, contrats de change, suivi de l'évolution des devises, etc.
Concurrentiels	Risques liés à l'incapacité de l'organisation d'établir ou de maintenir un avantage concurrentiel durable dans un ou plusieurs marchés donnés.	Veille stratégique (vigie), stratégie de commercialisation dynamique, préservation de l'avantage concurrentiel, contrôle rigoureux des coûts, investissements en RD, suivi des tendances du marché, veille technologique, etc.
Stratégiques	Risque qu'une organisation effectue des choix stratégiques mal avisés ou soit incapable d'assurer une mise en œuvre fructueuse de la stratégie ou des plans et décisions connexes.	Mission, vision et stratégie clairement définies, processus de planification stratégique rigoureux, suivi attentif de la santé financière de l'organisation, gestion adéquate des risques, processus efficace d'allocation des ressources, études de marché rigoureuses, système de limites et de valeurs clairement défini, etc.
Financiers	Risques endogènes liés à l'incapacité d'une organisation de faire face à ses obligations financières ou de mettre sa stratégie en œuvre en raison d'un manque de ressources financières.	Analyse régulière de l'environnement concurrentiel, analyse financière rigoureuse, gestion rigoureuse des flux de trésorerie, maintien de la capacité d'autofinancement, utilisation judicieuse de l'effet de levier, respect des engagements financiers, élaboration d'une stratégie de financement appropriée, suivi régulier des marges bénéficiaires par produits et services, contrôle rigoureux des coûts, procédures efficaces de recouvrement, efforts de diversification, etc.
Informationnels[5]	Risques découlant de l'utilisation de renseignements de mauvaise qualité pour la prise de décisions financières ou stratégiques ou encore de la diffusion d'information trompeuse à des tiers extérieurs.	Intégration des systèmes d'information de gestion, bases de données sécurisées, applications efficaces et actualisées, infrastructure informatique performante, évaluation des contrôles informatisés, mise à jour régulière des systèmes comptables, amélioration des systèmes de contrôle interne, implantation d'un tableau de bord organisationnel, registres complets et précis, bases de données sécurisées, rapports en temps opportun, etc.
Opérationnels	Risques pouvant être évités, décelés, corrigés et gérés au moyen de systèmes de contrôle efficaces : situations de non-conformité, activités inefficaces, fraudes, erreurs, interruptions des affaires et information inexacte.	Structure organisationnelle judicieuse, analyse approfondie des systèmes de contrôle interne, formation rigoureuse de la main-d'œuvre, rotation des tâches, ressources adéquates, analyse des besoins de clients, élaboration de standards, veille technologique, équipements performants, programmes d'entretien préventif.

Évaluation des risques

Évaluation du degré d'exposition aux risques
Objectifs Comprendre l'impact des risques sur l'organisation. Évaluer le degré d'exposition aux risques.

Connaissances	**Utilisations**
● Concept de risque ● Philosophie de direction ● Lier risques et stratégie	● Gestion des risques ● Mesure de l'exposition aux risques

Degré d'exposition aux risques

● Le degré d'exposition aux risques varie d'une organisation à l'autre non seulement en fonction de l'industrie et de son environnement, mais également en fonction des caractéristiques organisationnelles.

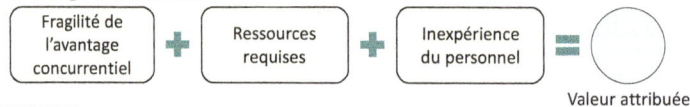

● Le degré d'exposition aux risques de l'organisation influence la gestion des risques. En présence d'un faible degré d'exposition aux risques, l'analyse des risques peut être sommaire. Dans le cas contraire, par contre, la mise en place d'une politique de gestion des risques rigoureuse et continue s'impose. Le diagnostic du degré d'exposition aux risques permet d'évaluer l'urgence de mettre ce genre de politique en place.

Calculateur du degré d'exposition au risque[6]

Attribuez une note de 1 à 5 à chaque case du calculateur, puis additionnez le tout pour obtenir une valeur globale selon l'échelle de Likert, 1 signifiant faible et 5 signifiant élevé.

Capacité organisationnelle
Fragilité de l'avantage concurrentiel ✚ Ressources requises ✚ Inexpérience du personnel ＝ ○ Valeur attribuée

Concurrence
Intensité de l'environnement concurrentiel ✚ Incertitude inhérente aux marchés ✚ Pression de croissance imposée ＝ ○ Valeur attribuée

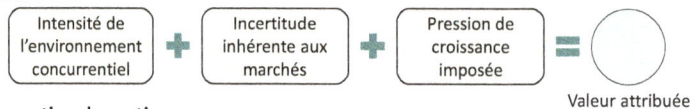

Information de gestion
Fiabilité des données ✚ Fiabilité des systèmes ✚ Complexité et volume ＝ ○ Valeur attribuée

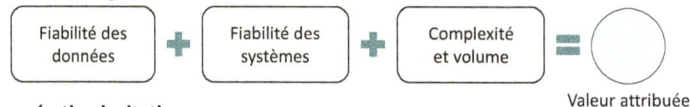

Rémunération incitative
Importance de la rémunération incitative ✚ Pression à la performance ✚ Degré de tolérance aux risques ＝ ○ Valeur attribuée

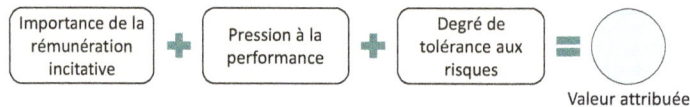

Valeur totale

Degré d'exposition
aux risques et gestion

Valeur totale	Degré d'exposition	Gestion des risques
Inférieur à 25	Faible	Effectuer une analyse des risques les plus critiques sur une base périodique et s'assurer qu'ils sont surveillés et contrôlés de manière adéquate.
Entre 25 et 45	Modérée	Évaluer les risques auxquels est confrontée l'organisation sur une base régulière et s'assurer que des systèmes de contrôle sont en place et efficaces.
Plus de 45	Élevée à critique	Instauration d'une politique de gestion continue et rigoureuse des risques.

Diagnostic
sur l'évaluation des risques[7]

ÉNONCÉS *Dans l'organisation...*	Tout à fait en accord	Plutôt en accord	Plutôt en désaccord	Tout à fait en désaccord	Sans objet
1. L'évaluation des risques est intégrée dans l'orientation et dans le plan stratégique de l'organisation.					
2. Les gestionnaires connaissent les principaux risques auxquels l'organisation est confrontée.					
3. Les gestionnaires saisissent bien la teneur du degré d'exposition aux risques de l'organisation.					
4. Le processus d'identification et d'appréciation des risques est efficace.					
5. Les membres de l'organisation ont une compréhension commune du terme « risque ».					
6. L'évaluation des risques fait partie intégrante de la planification et des activités quotidiennes de chaque unité administrative.					
7. L'évaluation des risques est un exercice coordonné/cohérent dans l'ensemble de l'organisation.					
8. L'organisation exerce ses activités en lien avec le plan d'affaires et dans le respect des seuils de tolérance aux risques.					
9. L'organisation effectue le suivi et l'évaluation des risques issus de changements survenant dans l'environnement externe.					
10. Suffisamment d'employés possèdent les connaissances et l'expérience requises pour évaluer les risques de manière adéquate.					

Pour chacun des énoncés, indiquez votre opinion (en attribuant une valeur de 3 à **Tout à fait en accord**, de 2 à **Plutôt en accord**, de 1 à **Plutôt en désaccord** et de 0 à **Tout à fait en désaccord**). Un résultat inférieur à 15/30 (ou à 50 % du maximum) dénote des possibilités d'amélioration au niveau de l'évaluation des risques.

Stratégie de gestion des risques acceptés

Proposer une stratégie de gestion des risques acceptés
Objectif Proposer les contrôles susceptibles de protéger l'organisation face aux risques qu'elle doit accepter.

Connaissances	Utilisations
● Risques acceptés ● Origine des risques acceptés ● Liste de contrôles appropriés	● Stratégie de gestion des risques acceptés ● Systèmes de contrôle

Risques acceptés

- Les risques acceptés sont ceux que l'organisation ne peut pas éliminer (causes d'une défectuosité), ne peut pas transférer (partager la garantie avec une tierce partie) et ne peut pas réduire (par le biais d'assurances).

Origine des risques acceptés

- Il faut identifier non seulement le risque, l'évaluer, mais en identifier l'origine.
- Il faut aussi comprendre les raisons pour lesquelles les risques ne peuvent pas être éliminés, transférés ou réduits.
- Le système de contrôle doit être propre à l'origine du risque.

Risques acceptés	Exemples de contrôles appropriés
● Valeurs véhiculées	● Code d'éthique et de déontologie ● Communication des valeurs véhiculées
● Philosophie de gestion des employés	● Sondage des attentes des employés
● Politique de rémunération	● Suivi des comportements engendrés par la politique de rémunération
● Opérationnels liés à la logistique	● Audit périodique des politiques de gestion
● Opérationnels liés aux SI	● Plan de recouvrement
● Opérationnels liés aux équipements	● Plans d'impartition et de sous-traitance
● Risques liés aux matières premières	● Plan d'utilisation de substituts
● Risques liés aux marchés	● Plan de nouveaux débouchés ● Flexibilité de production
● Risques liés aux concurrents	● Stratégie d'innovation
● Risques de trésorerie	● Prévoir des réserves
● Risques de rentabilité	● Réduction des coûts engagés ● Stratégie de coûts variables

Stratégie de gestion des risques acceptés

- La direction doit se donner une stratégie de gestion des risques qu'elle ne peut éliminer, transférer ou réduire.
- La direction doit en informer le conseil d'administration dans le contexte d'un audit de gestion des risques.

Système de contrôle approprié

- La stratégie de gestion des risques doit inclure un système de contrôle approprié.

**Diagnostic
de la gestion des risques acceptés**

ÉNONCÉS *Dans l'organisation...*	Tout à fait en accord	Plutôt en accord	Plutôt en désaccord	Tout à fait en désaccord	Sans objet
1. Les risques acceptés par la direction sont bien identifiés.					
2. Les risques acceptés par la direction sont bien évalués.					
3. L'origine des risques acceptés a été identifiée.					
4. Les raisons pour lesquelles les risques ne peuvent être éliminés, transférés ou réduits sont analysées.					
5. L'efficacité des contrôles appropriés aux risques acceptés a été évaluée.					
6. La direction a mis en œuvre une stratégie de réponse aux risques acceptés.					
7. La stratégie de réponse aux risques acceptés est communiquée et acceptée par le CA.					
8. L'analyse des occasions d'affaires comprend un volet relatif aux risques inhérents qui doivent être acceptés.					
9. L'analyse des programmes entrepris comprend un volet relatif aux risques inhérents qui doivent être acceptés.					
10. L'analyse des investissements comprend un volet relatif aux risques inhérents qui doivent être acceptés.					

Pour chacun des énoncés, indiquez votre opinion (en attribuant une valeur de 3 à **Tout à fait en accord**, de 2 à **Plutôt en accord**, et de 1 à **Plutôt en désaccord** et de 0 à **Tout à fait en désaccord**). Les questions **Sans objet** sont exclues du décompte. Un résultat inférieur à 15/30 (ou à 50 % du maximum) suggère des possibilités d'amélioration au niveau de la gestion des risques acceptés au sein de l'organisation.

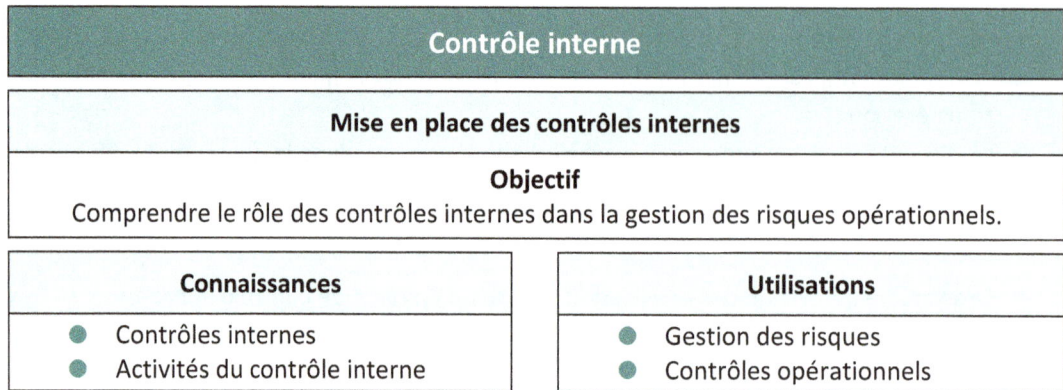

Contrôle interne
Mise en place des contrôles internes
Objectif Comprendre le rôle des contrôles internes dans la gestion des risques opérationnels.

Connaissances	**Utilisations**
● Contrôles internes ● Activités du contrôle interne	● Gestion des risques ● Contrôles opérationnels

Définition

- Les contrôles internes constituent l'ensemble des politiques et des procédures établies en vue d'assurer que les directives de la direction sont appliquées, notamment que les mesures nécessaires sont prises pour répondre aux risques qui mettent en péril la réalisation des objectifs de l'entité.

- Les activités de contrôle constituent l'une des composantes du contrôle interne. Elles portent notamment sur les autorisations, sur les analyses de performance, sur le traitement de l'information, sur les contrôles physiques et sur la séparation des fonctions.

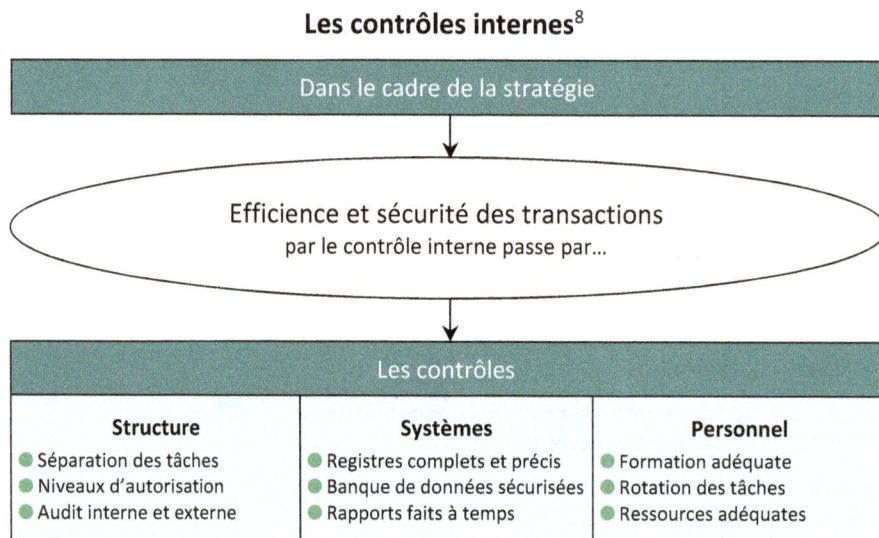

Les contrôles internes[8]

Dans le cadre de la stratégie

Efficience et sécurité des transactions
par le contrôle interne passe par…

Les contrôles		
Structure	**Systèmes**	**Personnel**
● Séparation des tâches ● Niveaux d'autorisation ● Audit interne et externe	● Registres complets et précis ● Banque de données sécurisées ● Rapports faits à temps	● Formation adéquate ● Rotation des tâches ● Ressources adéquates

Analyse des contrôles internes

- Les principaux contrôles internes sont associés à la structure, aux systèmes et au personnel. Dans le cadre du contrôle stratégique, il importe à l'organisation d'implanter les contrôles internes requis afin de limiter les risques liés à l'exploitation. Ces contrôles doivent être régulièrement évalués dans le but de valider leur pertinence et de confirmer leur efficacité.

Diagnostic
relatif aux contrôles internes

ÉNONCÉS *Dans l'organisation...*	Tout à fait en accord	Plutôt en accord	Plutôt en désaccord	Tout à fait en désaccord	Sans objet
1. Les systèmes de contrôles internes sont le fruit d'une recherche et d'une analyse experte.					
2. Les contrôles internes sont régulièrement évalués dans le but d'en confirmer l'efficacité.					
3. Les contrôles internes ne nuisent pas à la mise en œuvre de la stratégie.					
4. Les gestionnaires sont conscients de l'importance des contrôles internes.					
5. Les gestionnaires n'hésitent pas à questionner la pertinence et l'efficacité des contrôles internes en place.					
6. Les contrôles internes sont perçus comme une protection visant à protéger le patrimoine par les gestionnaires.					
7. Les contrôles internes constituent un élément essentiel à la minimisation des risques liés aux transactions.					
8. Les systèmes de contrôles internes sont utilisés en complément des systèmes de limites et de valeurs.					
9. Des employés ayant la compétence voulue sont chargés de l'implantation et de l'évaluation des systèmes de contrôles internes.					
10. Les systèmes de contrôles internes font régulièrement l'objet d'audits internes ou externes.					

Pour chacun des énoncés, indiquez votre opinion (en attribuant une valeur de 3 à **Tout à fait en accord**, de 2 à **Plutôt en accord**, de 1 à **Plutôt en désaccord** et de 0 à **Tout à fait en désaccord**). Les questions **Sans objet** sont exclues du décompte. Un résultat inférieur à 15/30 (ou à 50 % du maximum) suggère des possibilités d'amélioration en matière de systèmes de contrôles internes au sein de l'organisation.

Audit de gestion

Rôle et pertinence de l'audit de gestion
Objectif Comprendre le rôle et la pertinence de l'audit de gestion.

Connaissances	Utilisations
● Audit de gestion ● Étapes de l'audit de gestion	● Gestion des risques ● Lien avec le contrôle de gouvernance

Définition

● L'audit de gestion (ou audit interne) est une opération d'inspection, de vérification de l'économie, de l'efficience, de l'efficacité et de l'équité d'une activité ou d'un processus dans le but de confirmer, ou d'infirmer, que l'activité ou le processus est effectué selon un standard accepté ou selon la meilleure pratique reconnue.

● Il s'agit d'une activité indépendante et objective qui permet de donner à une organisation une assurance sur le degré de maîtrise de ses opérations, lui apporte ses conseils pour les améliorer, et contribue à créer de la valeur ajoutée.

● Il aide cette organisation à atteindre ses objectifs en évaluant, par une approche systématique et méthodique, ses processus de management des risques, de contrôle, et de gouvernance d'entreprise, et en faisant des propositions pour renforcer leur efficacité.

● L'audit de gestion permet aussi aux grandes organisations de vérifier si les entités sont bien en adéquation avec la stratégie du groupe[9].

Objectifs de l'audit de gestion

● Un audit de qualité doit comporter les objectifs suivants :
  ○ déterminer la conformité des éléments des systèmes de gestion aux exigences spécifiées;
  ○ déterminer l'aptitude des systèmes de gestion mis en œuvre pour atteindre les objectifs spécifiés;
  ○ permettre l'amélioration des systèmes de gestion.

Phases (étapes) de l'audit de gestion

● Une mission d'audit comporte généralement trois phases soit celles de planification, de test et de synthèse.

● **Phase de planification** : l'auditeur prépare sa mission en prenant connaissance du référentiel applicable (procédures, réglementation, bonnes pratiques, environnement de contrôle, etc.) relatif au thème de sa mission. Il évalue à partir des objectifs de bonne gestion et de la documentation disponible, les forces et faiblesses apparentes. Il décrit les tests d'audits qu'il devra déployer pour mener à bien la mission.

- **Phase de cueillette des éléments probants** : l'auditeur réalise les tests décrits lors de la phase de planification qui sont principalement : les entretiens, l'envoi de questionnaires, l'observation, la collecte de documents internes, les tests de contrôle de corroboration, la visite de sites, etc.

- **Phase de synthèse** : l'équipe d'audit organise les éléments relevés selon un système de référencement tracé et auditable. Les principaux outils disponibles sont les comptes rendus d'entretiens validés par les audités, les feuilles de travail qui matérialisent les travaux des auditeurs et le rapport d'audit qui offre une vision synthétique des travaux de l'auditeur à la direction de l'entité.

Diagnostic relatif à l'audit de gestion

ÉNONCÉS *Dans l'organisation...*	Tout à fait en accord	Plutôt en accord	Plutôt en désaccord	Tout à fait en désaccord	Sans objet
1. L'audit de gestion est effectué sur une base régulière et examine l'ensemble des processus organisationnels en détail sur une base rotative.					
2. L'audit de gestion utilise l'analyse comparative pour évaluer les pratiques des processus d'affaires.					
3. L'audit de gestion n'entrave pas la mise en œuvre de la stratégie.					
4. Les gestionnaires sont conscients de l'importance de l'audit de gestion.					
5. Les gestionnaires n'hésitent pas à demander des audits de gestion afin d'améliorer leurs processus.					
6. Les audits de gestion sont perçus comme une valeur ajoutée par les gestionnaires.					
7. Les audits de gestion évaluent systématiquement les processus de gestion des risques, de contrôle, de limites, de valeurs et de gouvernance.					
8. Les audits de gestion utilisent une approche systématique et méthodique.					
9. Les rapports d'audit de gestion présentent des propositions visant à renforcer l'efficacité des processus de gestion.					
10. L'expertise en audit de gestion des employés qui les pratiquent est appréciée et reconnue.					

Pour chacun des énoncés, indiquez votre opinion (en attribuant une valeur de 3 à **Tout à fait en accord**, de 2 à **Plutôt en accord**, de 1 à **Plutôt en désaccord** et de 0 à **Tout à fait en désaccord**). Les questions **Sans objet** sont exclues du décompte. Un résultat inférieur à 15/30 (ou à 50 % du maximum) suggère des possibilités d'amélioration en matière d'audit de gestion au sein de l'organisation.

Cohérence de la gestion des risques

Recherche de cohérence stratégique

Objectif
Évaluer la cohérence entre la stratégie et la gestion des risques.

Éléments stratégiques	Éléments de contrôle
• Stratégie d'entreprise • Stratégie d'affaires • Stratégie concurrentielle	• Méthodes d'identification des risques • Gestion des risques

Évaluation
des pratiques de contrôle

Catégorie		Énoncés	Évaluation
1.	Importance de l'analyse de risques	Très élevée	
		Modérée	
		Plus sommaire	
2.	Catégories de risques importants	Risques environnementaux, stratégiques et concurrentiels importants	
		Équilibre des catégories de risques	
		Risques informationnels et opérationnels importants	
3.	Outils de contrôle critiques dominants	Systèmes de limites et de croyances	
		Mixtes	
		Systèmes de contrôle interne	

Pour chaque énoncé, veuillez cocher la case correspondante à la situation de l'organisation. Ensuite, à l'aide de la grille d'identification de la stratégie (voir la fiche « Les niveaux stratégiques »), effectuez le diagnostic de la cohérence entre la stratégie et les systèmes de contrôle.

Gestion des risques
Proposition de diagnostic de cohérence

Catégorie	Énoncés	Stratégie d'entreprise			Stratégie d'affaires			Stratégie concurrentielle		
		Secteur unique	Diversification liée	Diversification non liée	Récolte	Maintien	Croissance	Prix	Mixte	Différenciation
Importance de l'analyse de risques	Très élevée				▲	▢	●	▲	▢	●
	Modérée				▢	●	▢	▢	●	▢
	Plus sommaire				●	▢	▲	●	▢	▲
Catégories de risques importants	Risques environnementaux, stratégiques et concurrentiels importants				▲	▢	●	▲	▢	●
	Équilibre des catégories de risques				▢	●	▢	▢	●	▢
	Risques informationnels et opérationnels importants				●	▢	▲	●	▢	▲
Outils de contrôles critiques dominants	Systèmes de limites et de croyances				▲	▢	●	▲	▢	●
	Mixtes				▢	●	▢	▢	●	▢
	Systèmes de contrôle interne				●	▢	▲	●	▢	▲

● La littérature et l'expérience pratique nous amènent à recommander l'harmonisation de certaines pratiques de contrôle avec la stratégie d'entreprise, la stratégie d'affaires et la stratégie concurrentielle.

● Pour chacun des énoncés, le **rond vert** ● indique une parfaite cohérence, le **carré jaune** ▢, une cohérence modérée et le **triangle rouge** ▲, l'absence de cohérence. Généralement, l'absence de cohérence requiert une analyse de la situation et peut justifier la modification des pratiques de contrôle.

● Il est important de préciser que certaines divergences, pourvu qu'elles soient bien définies, sont parfois justifiées, voire expressément voulues par les dirigeants. Il est donc important de faire preuve d'une grande **prudence** dans l'analyse de la cohérence entre la stratégie et les systèmes de contrôle.

Notes

1. Tiré de la page 608 du livre Hugues BOISVERT, Marie-Claude BROUILLETTE, Marie-Andrée CARON, Réal JACQUES, Claude LAURIN et Alexander MERSEREAU (2011). *La comptabilité de management, prise de décision et contrôle,* 5ᵉ édition. ERPI. 644 p.
2. SIMONS, Robert (1999). « How Risky Is Your Company? », *Harvard Business Review.* Numéro mai-juin, p. 85-94.
3. ARCHER, Doug (2002). « Creating `Risk Management Framework », *CMA Management.* Numéro mars, p. 16-19.
4. Institut canadien des comptables agréés (2008). *Améliorer son rapport de gestion, informations sur les risques.* 14 p.
5. Les risques liés aux affaires électroniques ont été traités dans l'article VÉZINA, Michel et Louise MARTEL, « Lier la stratégie à la gestion des risques dans les affaires électroniques ». *Gestion.* Numéro hors série, p. 63-79.
6. Robert SIMONS propose un modèle de calcul d'exposition aux risques dans l'article SIMONS, Robert (1999). « *How Risky Is Your Company?* », *Harvard Business Review.* May-June, p. 85-94. Nous avons repris l'idée de Simons en y ajoutant des éléments comme toute organisation peut y ajouter ses propres dimensions particulières
7. Inspiré de LINDSAY, Hugh. *20 Questions liées aux risques que les gestionnaires ont intérêt à se poser.* ICCA.
8. Inspiré de la figure de la page 285 du livre SIMONS, Robert (2000). *Performance Measurement & Control Systems for Implementing Strategy.* Prentice-Hall. 348 p.
9. Adapté de Wikipédia (fr.wikipedia.org)

7 | Gouvernance

Le cadre de gouvernance
Les formes juridiques
Objectif Comprendre l'organisation et la cohérence organisationnelle.

Connaissances	**Utilisations**
● Formes juridiques ● Balises de gouvernance	● Gouvernance ● Cohérence organisationnelle

Cadre de gouvernance

- Le cadre de gouvernance est l'un des cadres du système technique de l'organisation qui comprend également un cadre stratégique et opérationnel.
- La cohérence organisationnelle vient des relations entre le système technique et le système social défini par les cadres politique, symbolique et cognitif.
- Le schéma suivant[1] illustre le rôle du cadre de gouvernance dans un système de contrôle intégré et cohérent de contrôle de gestion.

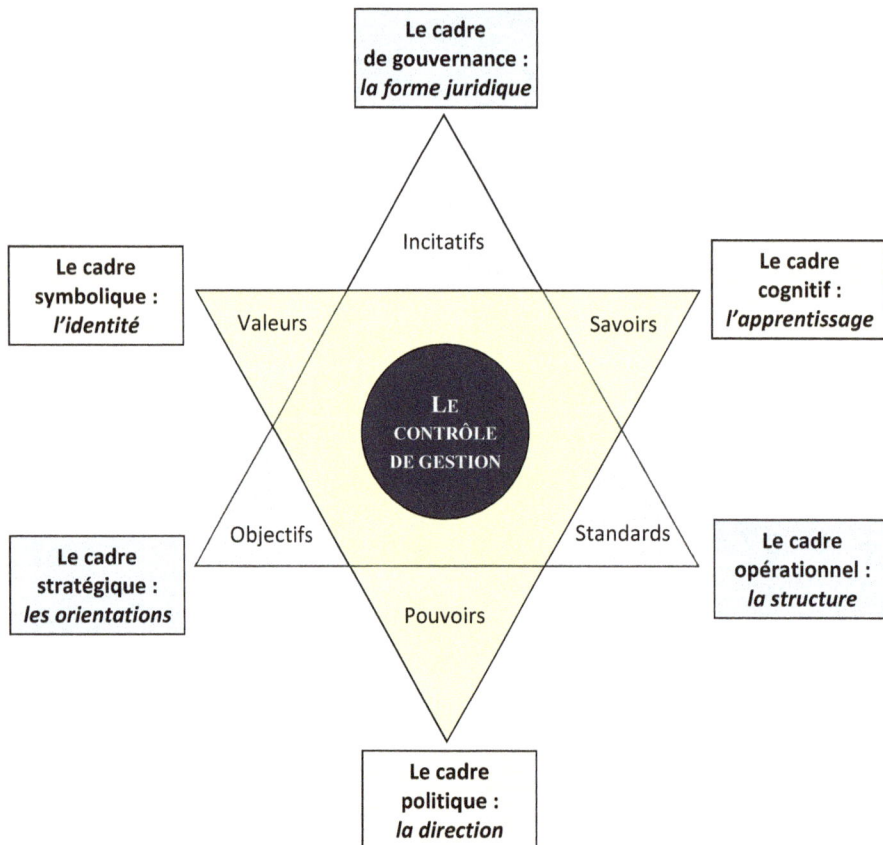

Formes juridiques

- Le contrôle de gestion (de gouvernance, stratégique et opérationnel) doit être cohérent à la forme juridique d'une organisation.
- Les responsabilités économique, sociale et environnementale vont se décliner différemment en fonction de la forme juridique de l'organisation.
- Ainsi il en sera des responsabilités des instances de gouvernance.
- Ainsi il en sera du rôle des contrôleurs-analystes.

Tableau des formes juridiques et des instances de gouvernance[2]

Formes juridiques	Instance de gouvernance
Entreprise privée	Conseil de direction
Entreprise publique	Conseil d'administration
Organisme sans but lucratif	Conseil d'administration
Établissement publique	Conseil d'administration nommé par le Gouvernement
Organisme d'état	Conseil des ministres
Coopérative	Assemblée générale
Association	Assemblée générale

Diagnostic de la prise en compte du cadre de gouvernance

ÉNONCÉS *Dans l'organisation...*	Tout à fait en accord	Plutôt en accord	Plutôt en désaccord	Tout à fait en désaccord	Sans objet
1. La direction est consciente de ses responsabilités liées à la forme juridique et les a traduites en indicateurs clés de performance (KPI).					
2. Les responsabilités économique, sociale et environnementale sont reflétées dans les KPI.					
3. L'instance de gouvernance évalue la performance en cohérence avec les objectifs liés à la forme juridique.					
4. Les mécanismes de contrôle sont cohérents aux objectifs liés à la forme juridique.					
5. La philosophie de direction est cohérente aux responsabilités liées à la forme juridique.					
6. Les valeurs véhiculées sont cohérentes aux responsabilités liées à la forme juridique.					
7. La structure opérationnelle est cohérente aux responsabilités et valeurs véhiculées.					
8. La politique de rémunération est cohérente aux responsabilités et valeurs véhiculées.					
9. La gestion des risques prend en compte les attentes des parties prenantes.					
10. La cohérence organisationnelle est assurée par la direction et évaluée par la gouvernance.					

Pour chacun des énoncés, indiquez votre opinion (en attribuant une valeur de 3 à **Tout à fait en accord**, de 2 à **Plutôt en accord**, de 1 à **Plutôt en désaccord** et de 0 à **Tout à fait en désaccord**). Les questions **Sans objet** sont exclues du décompte. Un résultat inférieur à 15/30 (ou à 50 % du maximum) suggère des possibilités d'amélioration au niveau de la prise en compte du cadre de gouvernance par le contrôle de gestion.

Le système social d'une organisation

Composition, défis, obstacles et leviers du système social
Objectif
Comprendre le système social, les défis, les obstacles et les leviers d'action.

Connaissances	Utilisations
● Définition ● Défis, obstacles et leviers ● Lien avec le contrôle	● Gouvernance ● Cohérence organisationnelle ● Compétence des contrôleurs

Définition

● Le système social de l'organisation est constitué des cadres d'action politique, symbolique et cognitif.

● La cohérence organisationnelle vient de la cohérence entre le système technique et le système social.

● Le système social définit en quelque sorte le management social d'une organisation.

Défis, obstacles et leviers[3]

Cadres sociaux	Balise	Défi	Obstacle	Levier
Politique	● La philosophie de direction	● La collaboration	● La compétition	● Les pouvoirs
Symbolique	● L'identité organisationnelle	● L'intégration	● L'individualisme	● Les valeurs
Cognitif	● L'apprentissage organisationnel	● La compréhension	● La rigidité cognitive	● Les savoirs

Lien avec le contrôle

● Le contrôle de gestion (de gouvernance, stratégique et opérationnel), les mécanismes utilisés, les analyses conduites, le rôle défini aux contrôleurs, définissent le système technique d'une organisation.

● Le contrôle de gestion doit être en harmonie avec le système social.

● L'instance de gouvernance dont la responsabilité touche la légitimité de l'organisation doit s'assurer de sa cohérence.

● Le contrôle de gestion produit notamment de l'information pour la prise de décision, information souvent utilisée à des fins de jeux politiques internes :
  ○ L'information doit inciter la collaboration, ne pas engendrer une compétition entre gestionnaires comme cela pourrait être le cas de l'évaluation de la performance individuelle et de la rémunération incitative.

● L'information produite doit s'appuyer sur des valeurs véhiculées communes à tous qui définissent l'identité organisationnelle :
  ○ L'information doit favoriser l'intégration non pas l'individualisme et les groupuscules comme pourrait l'être les responsabilités sociale et environnementale, négligées au bénéfice de la seule responsabilité économique.

● L'information produite doit favoriser l'apprentissage organisationnel et générer de nouveaux savoir-faire.

Cohérence organisationnelle

- La cohérence organisationnelle est complexe, car elle comporte plusieurs dimensions :
    1. Cohérence entre la stratégie et le contrôle opérationnel;
    2. Cohérence entre la forme juridique et la stratégie;
    3. Cohérence entre la forme juridique et le contrôle opérationnel;
    4. Cohérence entre les objectifs du contrôle et les défis des cadres politique, symbolique et cognitif.

Compétence des contrôleurs

- Les contrôleurs modernes de tous les niveaux hiérarchiques (usine, unité d'affaires, division, siège social) doivent être sensibilisés aux défis sociaux de leur organisation, défis propres à la forme juridique et à la philosophie de direction.

Diagnostic
du système social

ÉNONCÉS *Dans l'organisation...*	Tout à fait en accord	Plutôt en accord	Plutôt en désaccord	Tout à fait en désaccord	Sans objet
1. Le responsable du contrôle de gestion est sensibilisé au cadre politique du système social.					
2. Le responsable du contrôle de gestion est sensibilisé au cadre symbolique du système social.					
3. Le responsable du contrôle de gestion est sensibilisé au cadre cognitif du système social.					
4. La cohérence entre la stratégie et les mécanismes de contrôle intègre les défis du cadre social.					
5. La cohérence entre la forme juridique et la stratégie de contrôle intègre les défis du cadre social.					
6. La cohérence entre la forme juridique et les mécanismes de contrôle intègre les défis du cadre social.					
7. La cohérence intègre les objectifs du système technique et les défis du système social.					
8. Le partage de l'information produite favorise l'intégration des défis sociaux.					
9. Les multiples comités de gestion favorisent l'intégration des défis sociaux.					
10. Les contrôleurs de tous les niveaux hiérarchiques intègrent les défis du système social.					

Pour chacun des énoncés, indiquez votre opinion (en attribuant une valeur de 3 à **Tout à fait en accord**, de 2 à **Plutôt en accord**, de 1 à **Plutôt en désaccord** et de 0 à **Tout à fait en désaccord**). Les questions **Sans objet** sont exclues du décompte. Un résultat inférieur à 15/30 (ou à 50 % du maximum) suggère des possibilités d'amélioration en matière d'intégration du système social.

La responsabilité sociale et environnementale (RSE)[4]

Performance économique, sociale et écologique de l'organisation

Objectif

Comprendre la manière dont l'organisation peut s'acquitter de sa responsabilité en matière économique, sociale et environnementale.

Connaissances	Utilisations
• Modèles de comptabilité sociale et environnementale • Deux approches en comptabilité environnementale • La normalisation (*soft law*) • L'École de Montréal[5]	• Évaluation de la performance économique, sociale et environnementale • Reddition de comptes

Définition

• La responsabilité sociale et environnementale[6] (RSE) se définit comme la réponse de l'entreprise aux impératifs d'arbitrage, amenés par le développement durable (DD), entre les performances économique, sociale et environnementale. Elle est aussi appelée responsabilité sociale de l'entreprise (RSE), responsabilité sociale de l'organisation (RSO), responsabilité sociétale de l'organisation (RSO).

Responsabilité économique

• Valeur créée et distribuée
• Ratios concernant le salaire
• Impacts économiques indirects significatifs, etc.

GRI (Global Reporting Initiative)[7]

• Stratégie et profil
• Approche managériale
• Indicateurs de performance : 9 EC (économie)
  30 EN (environnement)
  9 HR, 14 LA, 9 PR, 8 SO (social)
• Impacts économiques indirects significatifs, etc.
• Niveaux de conformité : C, B, A (avec un + si vérifié par un tiers)

Responsabilité sociale

• Santé et sécurité
• Diversité et égalité
• Formation
• Étiquetage des produits et services, etc.

ISO 26000[8] – Sept principes[9]

• Redevabilité
• Transparence
• Comportement éthique
• Reconnaissance des intérêts des parties prenantes
• Respect du principe de légalité
• Prise en compte des normes internationales de comportement
• Respect des droits de l'Homme

Responsabilité environnementale

• Consommation et émission affectant les ressources naturelles (eau, air, sol)
• Énergie
• Biodiversité, etc.

Comptabilité environnementale

Reporting extrafinancier et intégré (IIRC)[10]	Externalités et préservation des patrimoines social et naturel [11]	Indicateurs de performance/ écocontrôle[12]	Coût de la RSE

Approche externe/interne[13]

- Selon cette approche, l'entreprise adopte des pratiques comptables qui lui permettent de tenir compte de l'impact des contraintes environnementales sur ses activités. Ses contraintes sont souvent de type réglementaire, pouvant inclure la *soft law*.

Approche interne/externe

- Selon cette approche, l'entreprise adopte des pratiques comptables qui lui permettent de tenir compte de l'impact de ses activités sur l'environnement, indépendamment de toute question d'ordre réglementaire. Cette approche intègre la comptabilisation des externalités.

**Diagnostic
de la responsabilité sociale et environnementale**

ÉNONCÉS *Dans l'organisation...*	Tout à fait en accord	Plutôt en accord	Plutôt en désaccord	Tout à fait en désaccord	Sans objet
1. La direction s'est donné une définition claire de la RSE et l'a communiqué à tous les membres.					
2. La responsabilité sociale inclut santé et sécurité, diversité et égalité, formation, étiquetage des produits et services et autres.					
3. La responsabilité écologique inclut consommation et émission affectant les ressources naturelles (eau, air, sol), énergie, biodiversité et autres.					
4. Les indicateurs de la RSE sont cohérents à ceux proposés par le GRI.					
5. La direction met en application les sept principes suggérés dans ISO26000.					
6. La direction produit un rapport extra financier et intégré.					
7. La direction s'est donné des indicateurs relatifs aux externalités issues de son exploitation.					
8. La direction s'est donné des indicateurs relatifs à la préservation des patrimoines social et naturel.					
9. La direction connaît le coût de la RSE.					
10. La direction a adopté l'approche des pratiques comptables, dite interne/externe.					

Pour chacun des énoncés, indiquez votre opinion (en attribuant une valeur de 3 à **Tout à fait en accord**, de 2 à **Plutôt en accord**, de 1 à **Plutôt en désaccord** et de 0 à **Tout à fait en désaccord**). Les questions **Sans objet** sont exclues du décompte. Un résultat inférieur à 15/30 (ou à 50 % du maximum) suggère des possibilités d'amélioration de la manière de s'acquitter de sa responsabilité sociale et environnementale.

Le conseil d'administration

Rôle d'un conseil d'administration

Objectif
Comprendre le rôle et les responsabilités d'un conseil d'administration.

Connaissances	Utilisations
• Rôle et responsabilités d'un conseil d'administration • Particularités de la forme juridique	• Exigences législatives • Reddition de comptes • Légitimité de l'organisation

Synthèse des rôles et responsabilités du conseil d'administration

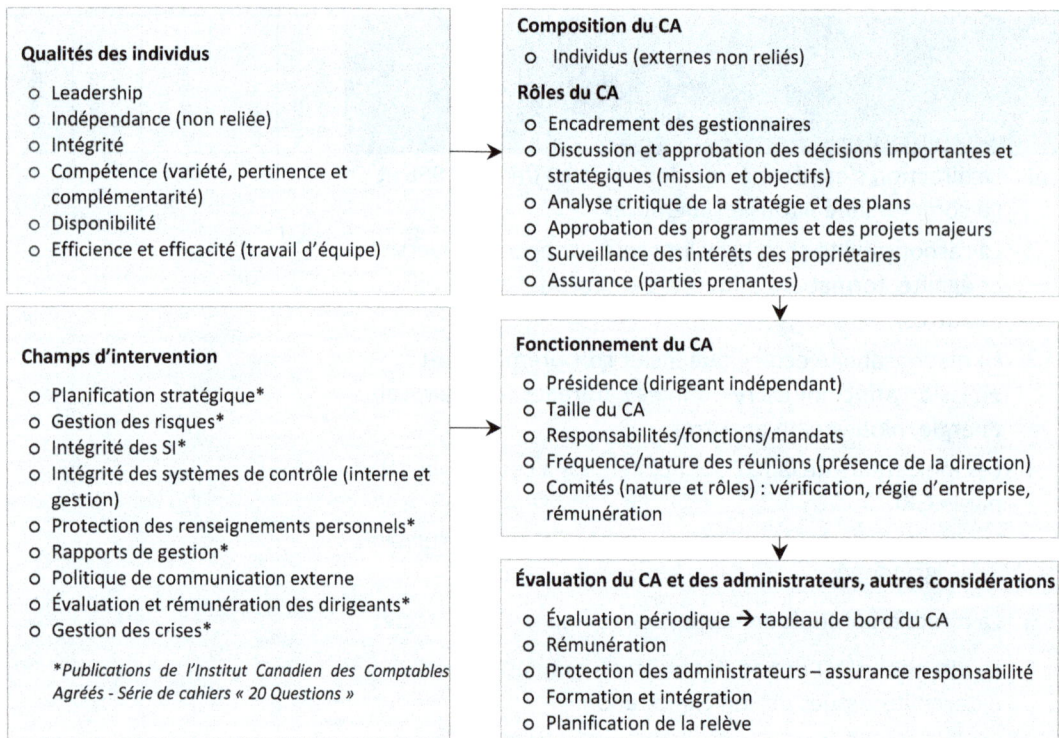

Qualités des individus

- o Leadership
- o Indépendance (non reliée)
- o Intégrité
- o Compétence (variété, pertinence et complémentarité)
- o Disponibilité
- o Efficience et efficacité (travail d'équipe)

Composition du CA

- o Individus (externes non reliés)

Rôles du CA

- o Encadrement des gestionnaires
- o Discussion et approbation des décisions importantes et stratégiques (mission et objectifs)
- o Analyse critique de la stratégie et des plans
- o Approbation des programmes et des projets majeurs
- o Surveillance des intérêts des propriétaires
- o Assurance (parties prenantes)

Champs d'intervention

- o Planification stratégique*
- o Gestion des risques*
- o Intégrité des SI*
- o Intégrité des systèmes de contrôle (interne et gestion)
- o Protection des renseignements personnels*
- o Rapports de gestion*
- o Politique de communication externe
- o Évaluation et rémunération des dirigeants*
- o Gestion des crises*

  Publications de l'Institut Canadien des Comptables Agréés - Série de cahiers « 20 Questions »

Fonctionnement du CA

- o Présidence (dirigeant indépendant)
- o Taille du CA
- o Responsabilités/fonctions/mandats
- o Fréquence/nature des réunions (présence de la direction)
- o Comités (nature et rôles) : vérification, régie d'entreprise, rémunération

Évaluation du CA et des administrateurs, autres considérations

- o Évaluation périodique → tableau de bord du CA
- o Rémunération
- o Protection des administrateurs – assurance responsabilité
- o Formation et intégration
- o Planification de la relève

Gouvernance et structure opérationnelle

- Le rôle du conseil d'administration (CA) n'est pas de gérer une organisation, mais plutôt de veiller à ce que l'organisation soit bien gérée.
- Le CA s'informe des affaires de l'organisation, discute des propositions de la direction et approuve les décisions.
- Dans le cas des organisations publiques, le CA détient un rôle statutaire (gouvernance de conformité).
- Le CA peut également contribuer à l'amélioration de la gestion d'une organisation en jouant un rôle-conseil auprès de sa direction (gouvernance de performance).

```
┌─────────────────────┐
│    Actionnaires     │
└─────────────────────┘
           │
           ▼
┌─────────────────────┐
│ Conseil d'administration │
└─────────────────────┘
           │
           ▼
┌─────────────────────┐
│        PDG          │
└─────────────────────┘
           │
           ▼
┌─────────────────────┐
│ Comité de direction │
└─────────────────────┘
```

| Unité administrative A | Unité administrative B | Unité administrative C |

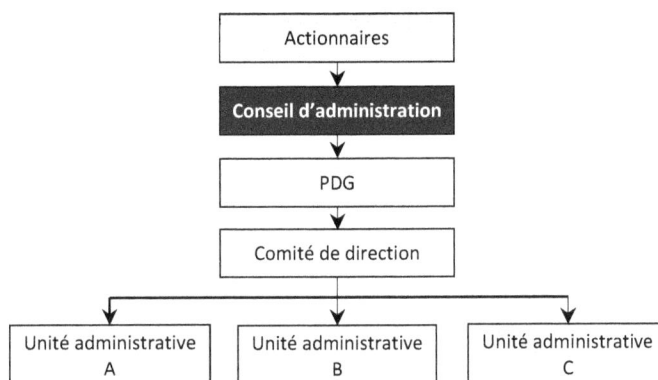

Diagnostic de la
gouvernance par un conseil d'administration

ÉNONCÉS *Dans l'organisation...*	Tout à fait en accord	Plutôt en accord	Plutôt en désaccord	Tout à fait en désaccord	Sans objet
1. Le conseil d'administration (CA) est en majeure partie composé d'administrateurs externes non liés					
2. Les administrateurs exercent leur rôle au sein du CA en toute liberté d'esprit et d'action.					
3. Le président du CA est indépendant des membres de la direction.					
4. La taille du CA, les qualités, les compétences des administrateurs ainsi que la fréquence des réunions sont suffisantes pour lui permettre de s'acquitter adéquatement de ses responsabilités.					
5. Le travail du CA est évalué périodiquement.					
6. Le CA utilise un tableau de bord pour planifier son travail et évaluer l'atteinte de ses objectifs.					
7. Les administrateurs sont protégés par une assurance responsabilité.					
8. Les comités de vérification, de nomination et de rémunération sont composés d'administrateurs compétents et indépendants.					
9. Les nouveaux administrateurs sont suffisamment initiés et accompagnés pour être efficaces dans leurs fonctions au sein du CA et des comités.					
10. Le conseil d'administration a mis en place un processus de gestion de la relève.					

Pour chacun des énoncés, indiquez votre opinion (en attribuant une valeur de 3 à **Tout à fait en accord**, de 2 à **Plutôt en accord**, de 1 à **Plutôt en désaccord** et de 0 à **Tout à fait en désaccord**). Les questions **Sans objet** sont exclues du décompte. Un résultat inférieur à 15/30 (ou à 50 % du maximum) suggère des possibilités d'amélioration en matière de gouvernance au sein de l'organisation.

Les contrôleurs

Rôles des contrôleurs
Objectif
Comprendre le rôle et les responsabilités des contrôleurs.

Connaissances	Utilisations
● Activités des contrôleurs ● Profils de contrôleur	● Liens avec la structure ● Ce que les organisations recherchent

Activités des contrôleurs[14]

- Les profils de contrôleurs sont définis en fonction des activités suivantes :
    1. **Préparer et communiquer les états financiers** comprenant préparer, valider, communiquer, expliquer et faire des recommandations;
    2. **Assurer l'intégrité de l'organisation** comprenant assurer le maintien des contrôles internes, prévenir les fraudes, assurer la sécurité des systèmes et gérer le risque financier;
    3. **Gérer les ressources financières** comprenant développer des budgets et faire des recommandations, planifier les besoins en ressources financières, en flux de trésorerie ainsi qu'évaluer les projets d'investissement;
    4. **Analyser les affaires et faire les recommandations** comprenant calculer, analyser et expliquer les écarts budgétaires, le coût de revient des produits et services, la rentabilité des clients, des lignes de produits et des ventes par magasin, par marché et par canal de distribution;
    5. **Gérer la performance de l'organisation** comprenant participer au développement des plans visant à réaliser la stratégie, à des projets d'amélioration continue, d'optimisation des processus, de réingénierie, développer un modèle de représentation des activités de l'entreprise et des indicateurs de performance (tableau de bord de gestion);
    6. **Gérer les activités transactionnelles ou techniques** comprenant gérer la gestion des comptes clients, des comptes fournisseurs, de la paie et des autres bénéfices;
    7. **Autres activités** comme gérer le personnel de la fonction finance dans les grandes organisations et exercer d'autres responsabilités au sein du comité exécutif.

Profils de contrôleurs

- Dans ce projet de recherche, quatre profils de contrôleurs ont été identifiés :
    1. Fiduciaire : dont plus de 60 % du temps est consacré aux activités *Préparer et communiquer les états financiers* et *Assurer l'intégrité de l'organisation*;
    2. Analyste : dont plus de 60 % du temps est consacré aux activités *Gérer les ressources financières*, *Analyser les affaires et faire les recommandations* et *Gérer la performance de l'organisation*;
    3. Transactionnel : dont plus de 60 % du temps est consacré à *Activité transactionnelle ou technique*;
    4. Hybride : Une combinaison des activités précédentes avec plus de 20 % du temps consacré à *Autres activités*.

Liens avec la structure

- Contrôleur corporatif : généralement un profil **Fiduciaire**, responsable de la consolidation des résultats financiers.
- Contrôleur divisionnaire : un profil mixte **Fiduciaire** et **Analyste**, intervenant notamment dans la planification stratégique.
- Contrôleur d'usine : un profil **Analyste**, responsable du contrôle opérationnel, souvent présenté comme le partenaire d'affaires du directeur général.
- Dans plusieurs PME : le profil **Transactionnel** domine.
- Directeur financier d'une grande entreprise : un profil **Hybride** qui est une combinaison des profils **Fiduciaire** et **Analyste** mais avec plus de 30 % du temps consacré à *Autres activités*; de plus, un niveau de 2e cycle universitaire.

Ce que les organisations recherchent

- Profil **Fiduciaire** : un profil auditeur.
- Profil **Analyste** : un profil comptable en management.
- Profil **Hybride** : un profil comptable professionnel et un 2e cycle universitaire.

Six questions concernant le profil du contrôleur[15]

	Pour chacune des six questions, veuillez cocher la case appropriée (a, b, c, d ou e).	
1.	**Concernant l'origine du travail**	
	a) Presque tout mon travail est demandé par la fonction finance	
	b) La plus grande partie est demandée par la fonction finance	
	c) Il est demandé à peu près également aux deux unités administratives	
	d) La plus grande partie est demandée par l'unité d'affaires	
	e) Presque tout mon travail est demandé par l'unité d'affaires	
2.	**Concernant les membres du personnel avec qui vous travaillez le plus**	
	a) Je travaille presque exclusivement avec du personnel de la fonction finance	
	b) Je travaille plus souvent avec du personnel de la fonction finance	
	c) Je travaille autant avec le personnel des deux unités administratives	
	d) Je travaille plus souvent avec du personnel de l'unité d'affaires	
	e) Je travaille presque exclusivement avec du personnel de l'unité d'affaires	
3.	**Considérant votre double responsabilité, quelle est votre imputabilité principale?**	
	a) Auprès d'un cadre de la fonction finance uniquement	
	b) Auprès d'un cadre de la fonction finance et informellement de l'unité d'affaires	
	c) À peu près également auprès d'un cadre des deux unités administratives	
	d) Auprès d'un cadre de l'unité d'affaires et informellement de la fonction finance	
	e) Auprès d'un cadre supérieur de l'unité d'affaires uniquement	
4.	**Votre évaluation personnelle est-elle basée sur la contribution que vous apportez …**	
	a) À la fonction finance uniquement	
	b) À la fonction finance, mais aussi dans une moindre mesure à l'unité d'affaires	
	c) À peu près également aux deux unités administratives	
	d) À l'unité d'affaires, mais aussi dans une moindre mesure à la fonction finance	
	e) À l'unité d'affaires uniquement	
5.	**Laquelle de deux demandes jugées importantes allez-vous répondre en premier?**	
	a) Celle de la fonction finance uniquement	
	b) Celle de la fonction finance, mais aussi dans une moindre mesure celle de l'unité d'affaires	
	c) À peu près également celles des deux unités administratives	
	d) Celle de l'unité d'affaires, mais aussi dans une moindre mesure celle de la fonction finance	
	e) Celle de l'unité d'affaires uniquement	
6.	**Votre rôle vous semble-t-il rattaché… ?**	
	a) À la fonction finance uniquement	
	b) À la fonction finance, mais aussi dans une moindre mesure à l'unité d'affaires	
	c) À peu près également aux deux unités administratives	
	d) À l'unité d'affaires, mais aussi dans une moindre mesure à la fonction finance	
	e) À l'unité d'affaires uniquement	

Cohérence de la gouvernance

Recherche de cohérence stratégique

Objectif
Évaluer la cohérence entre la stratégie, l'organisation et le contrôle.

Éléments stratégiques
● Stratégie d'entreprise
● Stratégie d'affaires
● Stratégie concurrentielle

Éléments de contrôle
● Gouvernance
● Rôle du contrôleur

Évaluation
des pratiques de contrôle

Catégorie		Énoncés	Évaluation
1.	Gouvernance	Centrée sur la compétitivité	
		Mixte	
		Centrée sur le contrôle des coûts	
2.	Composition du conseil d'administration	Requiert une expertise en expansion commerciale et en marketing (mise en marché)	
		Aucune expertise dominante	
		Requiert une expertise en gestion des processus d'affaires et en analyse des coûts	
3.	Rôle du contrôleur	Le contrôleur divisionnaire détient un rôle d'avant-plan	
		Équilibre des rôles	
		Le contrôleur corporatif détient un rôle d'avant-plan	

Pour chaque énoncé, cochez la case correspondant à la situation de l'organisation. Ensuite, à l'aide de la grille proposée ci-après, établissez un diagnostic de cohérence.

Gouvernance[16]
Proposition de diagnostic de cohérence stratégique

Catégorie	Énoncés	Stratégie d'entreprise			Stratégie d'affaires			Stratégie concurrentielle		
		Secteur unique	Diversification liée	Diversification non liée	Récolte	Maintien	Croissance	Prix	Mixte	Différenciation
Gouvernance	Centrée sur la compétitivité				▲	□	●	▲	□	●
	Mixte				□	●	□	□	●	□
	Centrée sur le contrôle des coûts				●	□	▲	●	□	▲
Composition du conseil d'administration	Requiert une expertise en expansion commerciale et en marketing (mise en marché)				▲	□	●	▲	□	●
	Aucune expertise dominante				□	●	□	□	●	□
	Requiert une expertise en gestion des processus d'affaires et en analyse des coûts				●	□	▲	●	□	▲
Rôle du contrôleur	Le contrôleur divisionnaire détient un rôle d'avant-plan	▲	□	●	▲	□	●	▲	□	●
	Équilibre des rôles	□	●	□	□	●	□	□	●	□
	Le contrôleur corporatif détient un rôle d'avant-plan	●	□	▲	●	□	▲	●	□	▲

● La littérature et l'expérience pratique nous amènent à recommander l'harmonisation de certaines pratiques de contrôle avec la stratégie d'entreprise, la stratégie d'affaires et la stratégie concurrentielle.

● Pour chacun des énoncés, le **rond vert** ● indique une parfaite cohérence, le **carré jaune** □, une cohérence modérée et le **triangle rouge** ▲ l'absence de cohérence. Généralement, l'absence de cohérence requiert une analyse de la situation et peut justifier la modification des pratiques de contrôle.

● Il est important de préciser que certaines divergences, pourvu qu'elles soient bien définies, sont parfois justifiées, voire expressément voulues par les dirigeants. Il est donc important de faire preuve d'une grande **prudence** dans l'analyse de la cohérence entre la stratégie et les systèmes de contrôle.

Notes

1. Figure III.2 de la page 79 du livre BOISVERT, Hugues et Richard DÉRY (2013). *Le contrôle de gestion, l'interface entre la comptabilité et le management*. Les éditions JFD.

2. BOISVERT, Hugues et Richard DÉRY (2013). *Le contrôle de gestion, l'interface entre la comptabilité et le management*. Les éditions JFD, p. 85.

3. BOISVERT, Hugues et Richard DÉRY (2013). *Le contrôle de gestion, l'interface entre la comptabilité et le management*. Les éditions JFD, p. 111.

4. La fiche 7.4 a été préparée par Marie-Andrée CARON, Ph.D., FCPA, FCMA, professeure à l'ESG-UQÀM.

5. École de Montréal : Voir GENDRON, C. et B. GIRARD (sous la dir.), *Repenser la responsabilité sociale de l'entreprise : l'École de Montréal*, Armand Colin, p. 273-288.

6. Les 3 ouvrages suivants définissent la RSE : CADIEUX, J. et M. DION (sous la dir.) (2012). *Manuel de gestion du développement durable en entreprise : une approche progressive*, Fides; CAPRON, M. et F. QUAIREL (2004). *Mythe ou réalité de l'entreprise responsable*, Paris, La Découverte; GOND, J. P. et J. IGALENS (2012) [2008], *La responsabilité sociale des entreprises*, Paris, PUF.

7. Voir GRI, Global reporting initiative, [https://www.globalreporting.org].

8. Voir ISO 26000, [http://www.iso.org/iso/fr/home/standards/iso26000.htm].

9. Voir CARON, M.A., 2010, « Sociologie de la norme ISO 26000 : engagement et action au pluriel », in CAPRON, M., F. QUAIREL et M.F. TURCOTTE, *ISO 26000 : Une Norme 'hors norme' ?* Paris, Economica, p. 181-193.

10. IIRC, 2013, *Business and Investors explore the sustainability perspective of Integrated Reporting*, [http://www.theiirc.org/wp-content/uploads/2013/12/IIRC-PP-Yearbook-2013_PDF4_PAGES.pdf].

11. CARON, M.A., (2013). « Comptabilité : pour un dispositif pluriel de calcul de la rentabilité », in GENDRON, C. et B. GIRARD (sous la dir.), *Repenser la responsabilité sociale de l'entreprise : l'École de Montréal*, Armand Colin, p. 273-288.

12. CHO, C. et M.A. CARON, (2013). «Accounting Tools for Environmental Management and Communication», in *The Routledge Companion to Accounting, Reporting and Regulation*, in Carien van Mourik and Peter Walton (sous la dir.), Routledge.

13. RICHARD, J. (2012). *Comptabilité et Développement durable*, Economica.

14. CARON, Marie-Andrée, Hugues BOISVERT et Alexander MERSEREAU(2011). « Le rôle du contrôleur revisité : une perspective nord-américaine », *Comptabilité, contrôle et audit, La revue de l'association francophone de comptabilité*, avril 2011, p. 123 à 154.

15. Ce questionnaire a été adapté d'un questionnaire présenté dans EMSLEY, D. (2005). « Restructuring the management accounting function: a note on the effect of role involvement on innovativeness », *Management Accounting Research* 16 (2), p. 157 à 177.

16. La proposition de diagnostic de cohérence est inspirée du chapitre 5 du livre SHANK, John K. et Vijay GOVINDARAJAN (1993). *Strategic Cost Management, The NewTool for Competitive Advantage*. The Free Press, 226 p.

8 | Structure opérationnelle

Aperçu du module 8

Structure opérationnelle
Mécanisme de coordination des activités menées au sein de l'organisation
Objectif Organiser la gestion, coordonner l'action des gestionnaires.

Connaissances	**Utilisations**
● Bases de regroupement ● Niveaux de responsabilité ● Mécanismes de coordination	● Processus et politiques ● Système d'information ● Évaluation de la performance

Bases de regroupement[1]

- Fonction : la spécialisation du travail et l'expertise.
- Marché : la région géographique ou la clientèle visée pour l'offre de produits ou services.
- Produit : le type de produits ou services.
- Projet : action convoitée par l'organisation qui exige un investissement important, comme le développement d'un nouveau produit, la construction d'une usine.
- Programme : un ensemble d'activités entreprises en vue de réaliser certains objectifs donnés, par exemple un programme de recherche ou de mise en marché.
- Processus : ensemble d'activités visant à servir les clients internes et externes.
- Matricielle : une combinaison de regroupements par fonctions, produits ou marchés.
- Réseau : un regroupement d'entités autonomes.

Niveaux de responsabilité

- Centralisation : la haute direction retient l'ensemble des pouvoirs décisionnels.
- Décentralisation : délégation des pouvoirs décisionnels à des centres de responsabilités.

Mécanismes de coordination[2]

- Ajustement mutuel : communication informelle de personne à personne.
- Supervision directe : un supérieur assume la responsabilité du travail des employés.
- Standardisation du travail : les procédés de travail sont définis, voire programmés.
- Standardisation des résultats : les résultats du travail sont l'objet de spécifications strictes.
- Standardisation des qualifications : la formation requise est spécifiée.

Une typologie des configurations structurelles[3]

Configuration structurelle	Caractéristique distinctive	Mécanisme principal de coordination
Structure simple	Petite taille	Supervision directe
Bureaucratie mécaniste	Tâches routinières et spécialisées	Standardisation des procédés de travail
Bureaucratie professionnelle	Professionnels responsabilisés	Standardisation des qualifications
Structure divisionnalisée	Divisions autonomes	Standardisation des résultats
Adhocratie	Structure en réseau	Ajustement mutuel

Processus et politiques

- Les processus d'affaires définissent les chaînes d'activités desquelles résultent les produits ou services d'une organisation.
- Les règles et les politiques de gestion fixent les limites aux actions des gestionnaires.
- La description des processus d'affaires, les règles et les politiques précisent les responsabilités et les tâches des gestionnaires décrites par la structure opérationnelle.

Système d'information

- Le système d'information doit être en mesure d'alimenter les gestionnaires en information pertinente :
  - au bon fonctionnement des processus d'affaires;
  - à l'application des règles et des politiques;
  - à l'évaluation de la performance des gestionnaires.
- Le système d'information sert de mécanisme de coordination.

Évaluation de la performance

- L'évaluation de la performance doit correspondre aux responsabilités des gestionnaires dans le cadre de la structure opérationnelle.

Diagnostic de la structure opérationnelle comme mécanisme de coordination

ÉNONCÉS *Dans l'organisation...*	Tout à fait en accord	Plutôt en accord	Plutôt en désaccord	Tout à fait en désaccord	Sans objet
1. La base de regroupement (par fonctions, marchés, produits, etc.) est un facteur clé de succès.					
2. Le degré de décentralisation est fonction de l'expertise requise des gestionnaires.					
3. La standardisation du travail, des résultats et de la formation agit comme mécanisme de coordination de l'organisation.					
4. Les processus d'affaires sont bien identifiés et leurs responsables (propriétaires) sont intégrés à la structure opérationnelle.					
5. Les règles et les politiques administratives agissent comme mécanismes de coordination des gestionnaires.					
6. Les systèmes informatiques facilitent la gestion en alimentant les gestionnaires en information selon leurs responsabilités définies.					
7. Les comités de gestion favorisent la compréhension mutuelle et une vision multidisciplinaire des gestionnaires de différentes unités administratives.					
8. L'évaluation de la performance se fait uniquement en fonction d'éléments sur lesquels les gestionnaires sont en mesure d'exercer un contrôle.					
9. L'évaluation de la performance correspond aux responsabilités des gestionnaires.					
10. La rémunération incitative des gestionnaires est basée sur la performance évaluée en lien avec les éléments sur lesquels les gestionnaires peuvent exercer un contrôle.					

Pour chacun des énoncés, indiquez votre opinion (en attribuant une valeur de 3 à **Tout à fait en accord**, de 2 à **Plutôt en accord**, de 1 à **Plutôt en désaccord** et de 0 à **Tout à fait en désaccord**). Les questions **Sans objet** sont exclues du décompte. Un résultat inférieur à 15/30 (ou à 50 % du maximum) suggère des améliorations au niveau de l'efficacité de la structure opérationnelle comme mécanisme de coordination des activités menées au sein de l'organisation.

Portée du contrôle
Degré d'attention des gestionnaires et structure opérationnelle
Objectif Comprendre comment la portée du contrôle influence le champ d'intervention des gestionnaires.

Connaissances	Utilisations
● Contribution du contrôle ● Degré d'attention ● Responsabilité et imputabilité	● Organisation du contrôle ● Description de tâches ● Délégation d'autorité

Contribution du contrôle

● Selon Simons (2000)[4], la structure opérationnelle joue un rôle important dans l'encadrement du travail des gestionnaires.

● La structure définit la portée du contrôle et celle-ci influence le degré d'attention des gestionnaires.

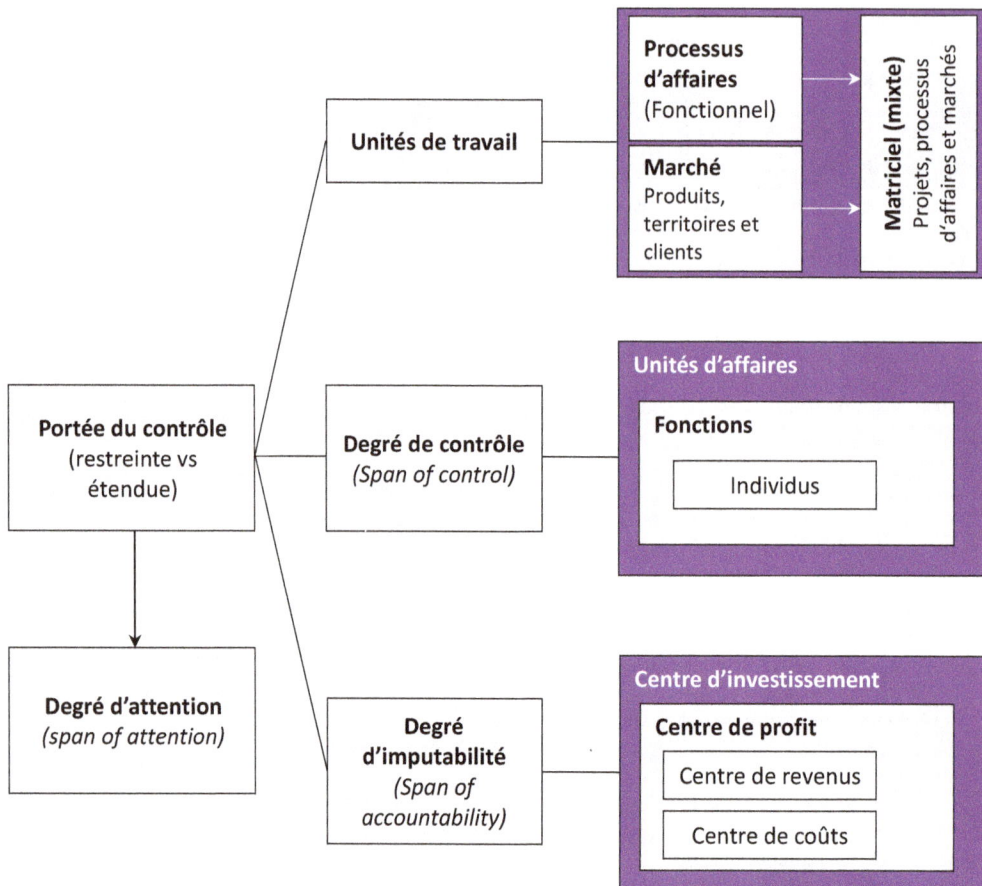

- Les unités de travail permettent d'orienter les gestionnaires soit vers la gestion des processus d'affaires soit vers la gestion des marchés, qu'ils soient répartis par produits, marchés ou territoires géographiques.

- Le degré de contrôle précise l'ampleur du travail de supervision que doit faire le gestionnaire. Celui-ci peut se limiter à la supervision de quelques employés, mais peut également englober la gestion de toute une division.

- Le degré d'imputabilité précise dans quelle mesure les gestionnaires sont responsables des coûts, des revenus, de la rentabilité ou du rendement des investissements de leur unité de travail.

Diagnostic
de la portée du contrôle

ÉNONCÉS *Dans l'organisation...*	Tout à fait en accord	Plutôt en accord	Plutôt en désaccord	Tout à fait en désaccord	Sans objet
1. La portée du contrôle a été pensée en fonction des responsabilités et des pouvoirs décisionnels respectifs des gestionnaires.					
2. Le regroupement des unités de travail détermine la portée du contrôle.					
3. Le degré de contrôle que devraient exercer les gestionnaires est cohérent avec les fonctions qu'ils exercent.					
4. Le degré d'imputabilité des gestionnaires est cohérent avec leurs responsabilités et leurs pouvoirs décisionnels respectifs.					
5. Les mesures financières utilisées pour évaluer les gestionnaires sont cohérentes avec leurs responsabilités et leurs pouvoirs décisionnels respectifs.					
6. Les gestionnaires ne prennent jamais de décision relative aux ressources ou aux processus sous la responsabilité de leurs subalternes.					
7. La portée du contrôle facilite la mise en œuvre de la stratégie.					
8. Les gestionnaires ont toute la latitude voulue pour prendre des décisions dans l'exercice de leurs fonctions.					
9. La rémunération incitative est cohérente avec la portée de contrôle des gestionnaires.					
10. On se questionne régulièrement sur l'adéquation de la portée du contrôle à la structure opérationnelle.					

Pour chacun des énoncés, indiquez votre opinion (en attribuant une valeur de 3 à **Tout à fait en accord**, de 2 à **Plutôt en accord**, de 1 à **Plutôt en désaccord** et de 0 à **Tout à fait en désaccord**). Les questions **Sans objet** sont exclues du décompte. Un résultat inférieur à 15/30 (sous 50 % du maximum) suggère des possibilités d'amélioration au niveau de la gestion et de l'étendue du contrôle.

Centres de responsabilité

Mécanisme de régulation des activités menées au sein de l'organisation
Objectif Évaluer l'imputabilité et la performance des gestionnaires.

Connaissances	**Utilisations**
● Fonctions ● Activités ● Résultats	● Performance ● Rémunération ● Risques

Fonctions

● Les centres de responsabilité peuvent être répartis par fonctions (fabrication, marketing, finances, ressources humaines ou autres).

Activités

● Les centres de responsabilité peuvent également être répartis par activités ou processus :
  ○ les processus de la chaîne de valeur principale partant du fournisseur au client (fabrication ou autres);
  ○ les processus de soutien dont l'objectif est de bien gérer (ressources humaines, comptabilité ou autres).

Résultats

● Du point de vue comptable, les centres de responsabilité sont souvent définis en fonction de la nature des transactions. C'est ainsi que nous retrouvons des :
  ○ centres de coûts liés à la demande (atelier de production ou autres);
  ○ centres de coûts discrétionnaires (centre de recherche ou autres);
  ○ centres de revenus (service des ventes ou autres);
  ○ centres de profits chapeautés par des responsables chargés d'en gérer les coûts et les revenus;
  ○ centres d'investissement chapeautés par des responsables chargés d'en assurer la rentabilité.

Imputabilité des gestionnaires

● L'imputabilité doit être fonction des éléments sur lesquels le gestionnaire est en mesure d'exercer un contrôle et du centre de responsabilité dont il est responsable.
● Les responsabilités des gestionnaires doivent être clairement définies.
● Les gestionnaires doivent être mis à contribution dans la définition des objectifs de l'organisation.
● Les gestionnaires doivent être en mesure d'assurer un suivi adéquat des objectifs de l'organisation.
● Le supérieur immédiat de chaque gestionnaire doit fournir une rétroaction adéquate.
● Le système de rémunération incitative doit être cohérent avec l'imputabilité définie des gestionnaires.

Performance

● La performance des centres de responsabilité se mesure par la rentabilité à long terme dans le cas de centres à but lucratif, et par la réalisation des objectifs en lien avec la mission dans le cas de centres sans but lucratif. Les mesures de performance sont liées à la nature des responsabilités.

Centre	Mesures de performance
De coûts liés à la demande	Mesures de productivité telles que le coût unitaire, le nombre de rejets, le temps productif, etc.
De coûts discrétionnaires	Atteinte des objectifs, degré de succès des programmes, des projets, etc.
De revenus	Chiffre d'affaires (volume des ventes), part de marché, etc.
De profit	Résultats avant intérêts et amortissement, etc.
D'investissement	Rendement du capital investi, résultat net, valeur économique ajoutée (VEA), etc.

Rémunération

● La rémunération des gestionnaires comporte généralement une partie fixe, liée à leur niveau de responsabilité au sein de l'organisation, et une partie variable, liée à leur performance individuelle.

Risques

● La définition de centres de responsabilité dans le cadre d'une structure opérationnelle comportant plusieurs niveaux hiérarchiques permet de mieux gérer les risques.

Diagnostic des centres de responsabilité comme mécanisme de contrôle

ÉNONCÉS *Dans l'organisation...*	Tout à fait en accord	Plutôt en accord	Plutôt en désaccord	Tout à fait en désaccord	Sans objet
1. Une exécution efficiente des tâches relevant des différentes fonctions de l'organisation est favorisée par la définition des centres de responsabilités.					
2. L'exécution efficace des activités liées aux processus est favorisée par une répartition adéquate des responsabilités.					
3. Les centres de coûts liés à la demande ont pour but de rendre la production plus efficiente.					
4. Les centres de coûts discrétionnaires ont pour but de rendre les programmes instaurés plus efficaces.					
5. Les centres de revenus ont pour but d'optimiser les revenus.					
6. Les centres de profits ont pour but de maximiser les profits.					
7. Les centres d'investissement ont pour but de maximiser le rendement du capital investi à long terme.					
8. Les mesures de performance sont cohérentes avec les responsabilités des gestionnaires.					
9. La rémunération des gestionnaires est cohérente avec leur niveau de responsabilité dans l'organisation.					
10. La définition des responsabilités est cohérente avec la répartition du risque.					

Pour chacun des énoncés, indiquez votre opinion (en attribuant une valeur de 3 à **Tout à fait en accord**, de 2 à **Plutôt en accord**, de 1 à **Plutôt en désaccord** et de 0 à **Tout à fait en désaccord**). Les questions **Sans objet** sont exclues du décompte. Un résultat inférieur à 15/30 (ou à 50 % du maximum) suggère des possibilités d'amélioration au niveau de la définition des centres de responsabilité comme mécanisme de contrôle de l'imputabilité et de la performance des gestionnaires.

Gestion décentralisée

Outil de diagnostic en contexte de gestion décentralisée[5]

Objectif

Analyser efficacement les problématiques de gestion
en contexte de gestion décentralisée et présenter les recommandations appropriées.

Connaissances	**Utilisations**
• Structure de responsabilités • Mesure de performance • Rémunération incitative • Prix de cession interne	• Gestion décentralisée • Cohérence organisationnelle • Évaluation de la performance

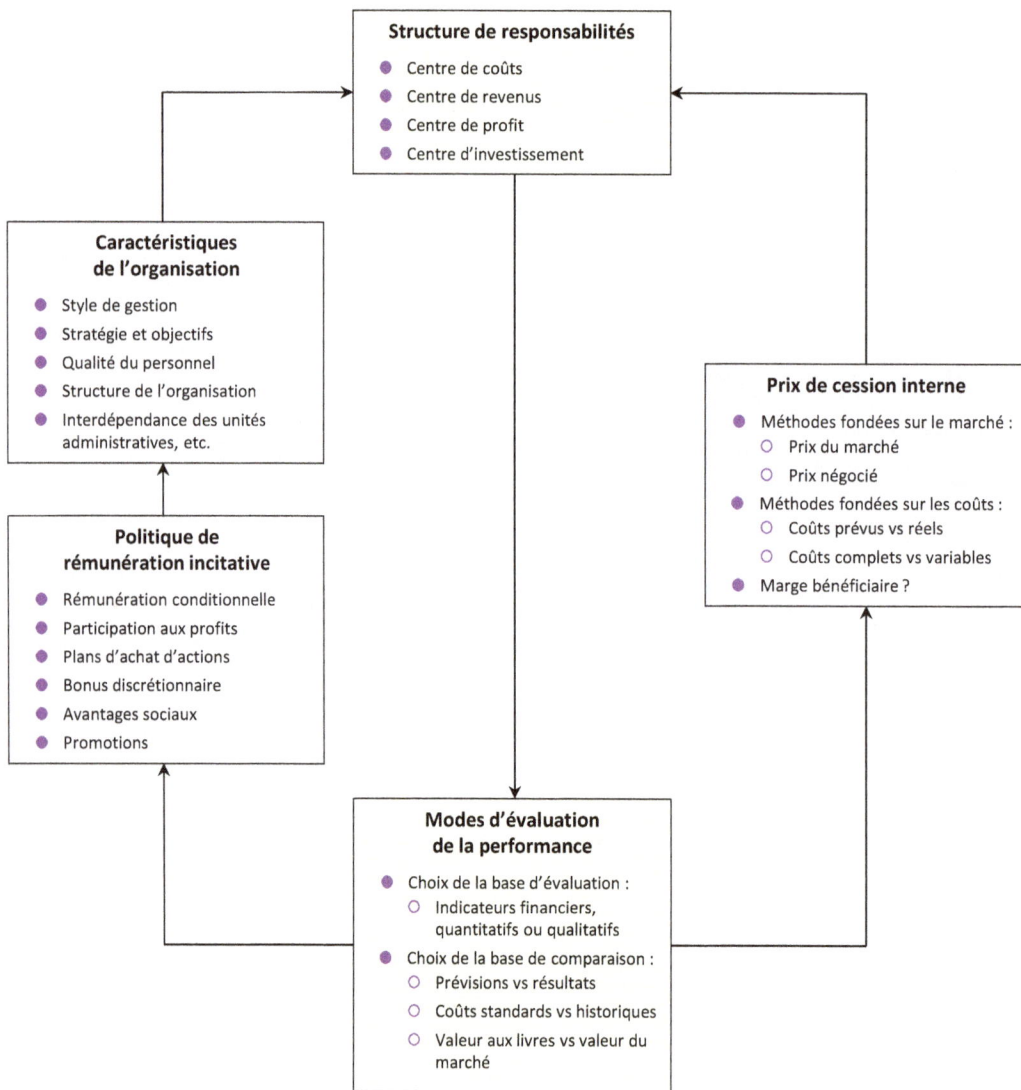

Structure de responsabilités
- Centre de coûts
- Centre de revenus
- Centre de profit
- Centre d'investissement

**Caractéristiques
de l'organisation**
- Style de gestion
- Stratégie et objectifs
- Qualité du personnel
- Structure de l'organisation
- Interdépendance des unités administratives, etc.

Prix de cession interne
- Méthodes fondées sur le marché :
  - Prix du marché
  - Prix négocié
- Méthodes fondées sur les coûts :
  - Coûts prévus vs réels
  - Coûts complets vs variables
- Marge bénéficiaire ?

**Politique de
rémunération incitative**
- Rémunération conditionnelle
- Participation aux profits
- Plans d'achat d'actions
- Bonus discrétionnaire
- Avantages sociaux
- Promotions

**Modes d'évaluation
de la performance**
- Choix de la base d'évaluation :
  - Indicateurs financiers, quantitatifs ou qualitatifs
- Choix de la base de comparaison :
  - Prévisions vs résultats
  - Coûts standards vs historiques
  - Valeur aux livres vs valeur du marché

Analyse en contexte de gestion décentralisée

- Le **modèle d'analyse de gestion décentralisée** permet de décrire, d'évaluer et d'analyser à la fois les composantes de la gestion décentralisée et les interrelations entre ses composantes.
- Les éléments de l'outil de diagnostic sont fortement interreliés et, par conséquent, ne peuvent être analysés en silo.
- Dans un premier temps, il est nécessaire de bien comprendre la **nature de l'organisation**, incluant la stratégie et les objectifs organisationnels.
- L'étape suivante vise à déterminer la **structure de responsabilités**. À ce stade, il importe de s'assurer que les responsables d'unités administratives ne prendront pas de décisions qui leur sont favorables au détriment de l'organisation.
- Par la suite, il y a lieu de s'assurer que les **modes d'évaluation de la performance** et la **politique de rémunération incitative** soient cohérents avec la stratégie et la structure de responsabilités.
- Enfin, il importe de s'assurer que le **prix de cession interne** ne vienne pas fausser l'évaluation de la performance des responsables des unités administratives. Il faut éviter les transferts d'inefficacités.

Diagnostic des pratiques en matière de gestion décentralisée

	ÉNONCÉS *Dans l'organisation…*	Tout à fait en accord	Plutôt en accord	Plutôt en désaccord	Tout à fait en désaccord	Sans objet
1.	Les choix en matière de gestion décentralisée tiennent compte du style de gestion de la direction.					
2.	Les choix en matière de gestion décentralisée tiennent compte de la mission, de la vision et de la stratégie.					
3.	Les choix en matière de gestion décentralisée tiennent compte des compétences du personnel et des interrelations entre les unités d'affaires.					
4.	Les mesures de performance sont cohérentes avec la structure de responsabilités.					
5.	Les mesures de performance sont cohérentes avec la stratégie.					
6.	Les mesures de performance sont cohérentes avec la politique de rémunération incitative.					
7.	Le prix de cession interne (PCI) ne permet pas le transfert d'inefficacités entre les unités administratives.					
8.	Le prix de cession interne (PCI) ne génère pas de conflit entre les unités administratives.					
9.	La cohérence de la gestion décentralisée est régulièrement évaluée.					
10.	Les gestionnaires des unités administratives comprennent et approuvent les choix de la direction en matière de gestion décentralisée.					

Pour chacun des énoncés, indiquez votre opinion (en attribuant une valeur de 3 à **Tout à fait en accord**, de 2 à **Plutôt en accord**, de 1 à **Plutôt en désaccord** et de 0 à **Tout à fait en désaccord**). Les questions **Sans objet** sont exclues du décompte. Un résultat inférieur à 15/30 (ou à 50 % du maximum) suggère des possibilités d'amélioration en matière de gestion décentralisée au sein de l'organisation.

Prix de cession interne et transferts de coûts
Évaluation des transactions entre les unités administratives d'une même organisation
Objectifs Connaître les méthodes de calcul du prix de cession interne. Sélectionner les méthodes de calcul du prix de cession interne les plus appropriées.

Connaissances	Utilisations
● Prix de marché ● Coût budgétisé vs coût réel ● Coût variable vs coût complet	● Détermination d'un prix de cession interne ● Évaluation de la performance

Définition

● Le **prix de cession interne** (PCI) correspond au **prix demandé** par une division d'une organisation à une autre division **de la même organisation** pour un bien ou service qu'elle lui fournit.

Utilité du prix de cession interne

● Le PCI permet de s'assurer de l'arrimage des décisions des unités d'affaires avec celles de l'organisation tout en facilitant l'évaluation de leur performance économique.

Les méthodes de calcul du prix de cession interne

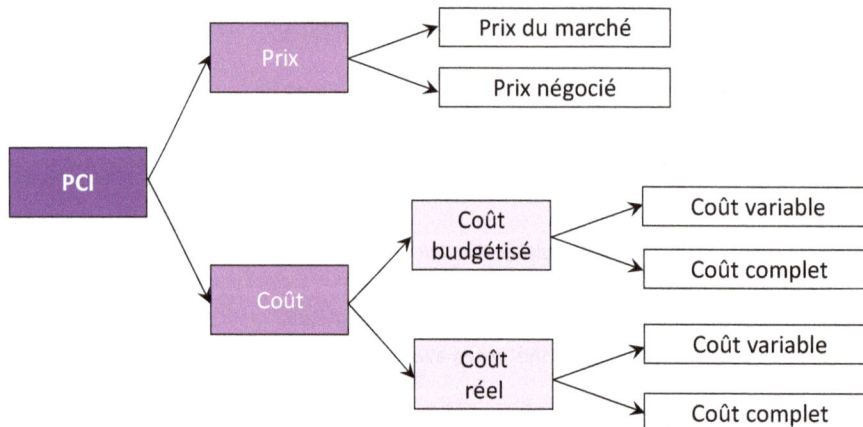

Le choix de la méthode de calcul du prix de cession interne

● **Valeur marchande ou méthode fondée sur le coût?**
  ○ En général, la valeur marchande et la valeur marchande négociée, pour tenir compte des frais non pertinents dans une transaction interne, offrent une base de calcul plus objective;
  ○ En l'absence d'une valeur marchande, une méthode fondée sur les coûts demeure la seule option.

- **Coût réel ou coût budgétisé?**
  - L'utilisation du prix réel est à éviter puisqu'il favorise le transfert des inefficacités;
  - Dans la mesure du possible, les unités administratives devraient toujours convenir d'un prix fixé d'avance, ce qui peut éviter les mauvaises surprises à la division cliente;
  - Si un centre de coûts effectue un transfert à une autre division, il s'agit d'un transfert interne de coûts.
- **Coût complet ou coût variable?**
  - La méthode choisie dépend de l'unité administrative chargée d'utiliser la capacité de production;
  - La **méthode du coût variable** conduit au calcul d'un PCI qui ne varie pas en fonction du niveau d'activité. L'application de cette méthode est indiquée lorsque l'unité administrative productrice est responsable de l'utilisation de sa capacité de production et que l'unité administrative cliente est marginale au sein du volume d'activité de l'unité administrative productrice;
  - L'utilisation de la **méthode du coût complet** conduit au calcul d'un PCI qui varie en fonction du niveau d'activité de l'unité administrative productrice. Cette méthode est utile lorsque l'unité productrice transfère la quasi-totalité de sa production à l'unité cliente qui, ainsi, devient en quelque sorte responsable de sa capacité de production.

Diagnostic des pratiques en matière de prix de cession interne

ÉNONCÉS *Dans l'organisation…*	Tout à fait en accord	Plutôt en accord	Plutôt en désaccord	Tout à fait en désaccord	Sans objet
1. Le prix de cession interne (PCI) ne permet pas le transfert d'inefficacités entre les unités administratives.					
2. Le prix de cession interne (PCI) permet une évaluation appropriée de la performance des unités administratives.					
3. Dans la mesure du possible on évite d'utiliser le coût réel pour établir le PCI.					
4. Le PCI entre un centre de coûts et une autre unité d'affaires n'inclut jamais une marge bénéficiaire.					
5. Le choix entre la méthode du coût variable et la méthode du coût complet reflète les responsabilités en termes d'utilisation de la capacité de production.					
6. Les politiques d'établissement des PCI tiennent compte de la stratégie d'entreprise et de la stratégie d'affaires des unités administratives.					
7. Le PCI ne peut en aucun cas nuire à la mise en œuvre de la stratégie.					
8. Les gestionnaires tiennent compte des implications fiscales lors de l'établissement du PCI.					
9. La haute direction encourage les gestionnaires à régler eux-mêmes leurs conflits en matière de PCI.					
10. Les gestionnaires tiennent compte de la capacité de production des unités administratives productrices lors de l'établissement du PCI.					

Pour chacun des énoncés, indiquez votre opinion (en attribuant une valeur de 3 à **Tout à fait en accord**, de 2 à **Plutôt en accord**, de 1 à **Plutôt en désaccord** et de 0 à **Tout à fait en désaccord**). Les questions **Sans objet** sont exclues du décompte. Un résultat inférieur à 15/30 (ou à 50 % du maximum) suggère des possibilités d'amélioration dans la détermination et l'utilisation du prix de cession interne.

Fiscalité du prix de transfert[6]
Évaluation des transactions à travers une frontière **entre deux contribuables qui ont un lien de dépendance entre eux**
Objectif Connaître certains aspects fondamentaux de la fiscalité du prix de transfert d'un point de vue canadien.

Connaissances	**Utilisations**
● Prix de pleine concurrence ● Importance de la conformité ● Période de nouvelle cotisation	● Éviter les pénalités de prix de transfert canadiennes ● Éviter les nouvelles cotisations en matière de prix de transfert

Prix de pleine concurrence

- Un prix de transfert peut être utilisé pour détourner le revenu imposable d'un pays (à forte imposition) à un autre pays (à faible imposition). Par exemple, si le prix exigé par la division canadienne d'une multinationale est insuffisant, le revenu imposable et l'impôt canadiens seront insuffisants. Dans ce contexte, le « prix de pleine concurrence » serait le « juste » prix.

- Plus précisément, le **prix de pleine concurrence** correspond au « montant qui aurait représenté le prix de transfert relatif à l'opération, si les participants à celle-ci n'avaient eu entre eux aucun lien de dépendance. »

Importance de la conformité

- Le travail de conformité commence par la déclaration des opérations dans les formulaires T106. Ces formulaires doivent être produits au même moment que la déclaration de revenus. Il existe une variété de pénalités qui peuvent être déclenchées relativement à ces formulaires.

- Le travail de conformité inclut généralement la préparation de la documentation de prix de transfert au Canada et à l'étranger. Au Canada, cette documentation compte souvent de cent à cinq cents pages et son coût est élevé.

  ○ La documentation de prix de transfert doit notamment contenir une description complète et exacte, quant à tous les éléments importants, de ce qui suit : (i) les biens ou les services auxquels l'opération se rapporte; (ii) les modalités de l'opération; (iii) l'identité des participants à l'opération; (iv) les fonctions exercées, les biens utilisés et les risques assumés par les participants; (v) les données et les méthodes prises en considération et les analyses effectuées en vue de déterminer les prix de transfert; (vi) les hypothèses, stratégies et principes éventuels ayant influés sur l'établissement des prix de transfert;

  ○ Les données et les méthodes qui doivent être prises en considération et les analyses qui doivent être effectuées dans une documentation canadienne de prix de transfert sont étroitement encadrées par un document de l'OCDE publié en 2010 (*Principes de l'OCDE applicables en matière de prix de transfert à l'intention des entreprises multinationales et des administrations fiscales*) et par la circulaire d'information 87-2R de l'Agence du revenu du Canada (« Prix de transfert international »). La coutume a également beaucoup d'importance dans la préparation de la documentation de prix de transfert au Canada.

Période de nouvelle cotisation

- La période normale de nouvelle cotisation est de quatre ans pour une société autre qu'une société privée sous contrôle canadien et elle est de trois ans dans les autres cas. Cette période passe à sept ans et à six ans si la cotisation est établie par suite de la conclusion d'une opération entre un contribuable et une personne non-résidente avec laquelle celui-ci a un lien de dépendance.

Éviter les pénalités de prix de transfert canadiennes

- Les pénalités de prix de transfert canadiennes sont considérables. Il est très important que des efforts sérieux soient faits pour déterminer et utiliser les prix de transfert de pleine concurrence.

Éviter les nouvelles cotisations en matière de prix de transfert

- Le prix de transfert est un domaine d'expertise en soi. Il est préférable d'avoir recours à des spécialistes.

Diagnostic des pratiques en matière de fiscalité du prix de transfert

ÉNONCÉS *Dans l'organisation...*	Tout à fait en accord	Plutôt en accord	Plutôt en désaccord	Tout à fait en désaccord	Sans objet
1. Le processus de détermination des prix de transfert (PT) à l'intérieur de la multinationale fait l'objet de politiques qui tiennent compte des aspects fiscaux.					
2. Il existe un suivi continuel du revenu imposable réalisé pays par pays.					
3. Les marges réalisées dans chaque pays se trouvent toujours à l'intérieur des intervalles de pleine concurrence appropriés.					
4. Il existe un suivi continuel de l'évolution des **fonctions** qui sont exécutées dans chacun des pays afin de réviser les politiques de prix de transfert si nécessaire.					
5. Il existe un suivi continuel de l'évolution des **biens** utilisés dans chacun des pays afin de réviser les politiques de prix de transfert si nécessaire.					
6. Dans le suivi de l'évolution des biens, une attention spéciale est accordée aux biens incorporels.					
7. Il existe un suivi continuel de l'évolution des **risques** qui sont assumés dans chacun des pays afin de réviser les politiques de prix de transfert si nécessaire.					
8. Des mesures de contrôle précises sont en place afin de vérifier que toutes les exigences de conformité relatives aux prix de transfert sont satisfaites.					
9. Des mesures de contrôle précises sont en place afin de garantir que si un redressement de prix de transfert est déclenché dans un pays, les démarches appropriées soient faites auprès des autorités compétentes de tous les pays dans les délais impartis.					
10. Les planifications de prix de transfert sont approuvées par une autorité qui tient compte du risque de réputation.					

Pour chacun des énoncés, indiquez votre opinion (en attribuant une valeur de 3 à **Tout à fait en accord**, de 2 à **Plutôt en accord**, de 1 à **Plutôt en désaccord** et de 0 à **Tout à fait en désaccord**). Les questions **Sans objet** sont exclues du décompte. Un résultat inférieur à 15/30 (ou 50 % du maximum) suggère des possibilités d'amélioration dans la pratique en matière de fiscalité du prix de transfert.

Cohérence de la structure opérationnelle

Recherche de cohérence stratégique

Objectif
Évaluer la cohérence entre la configuration organisationnelle et la stratégie.

Éléments stratégiques	Éléments de contrôle
• Stratégie d'entreprise • Stratégie d'affaires • Stratégie concurrentielle	• Degré de décentralisation • Degré d'imputabilité • Unité de travail • Prix de cession interne

Évaluation des pratiques de contrôle

Catégorie		Énoncés	Évaluation
1.	Degré de décentralisation	Décentralisation	
		Hybride	
		Centralisation	
2.	Degré d'imputabilité	Centre d'investissement	
		Centre de profit	
		Centre de coûts	
3.	Unité de travail	Marchés	
		Mixte	
		Processus d'affaires	
4.	Importance du prix de cession interne	Faible	
		Modérée	
		Élevée	
5.	Fréquence des transactions internes	Peu fréquentes	
		Fréquentes entre les divisions	
		Fréquentes entre les services	

Pour chaque énoncé, cochez la case correspondante à la situation de l'organisation. Ensuite, à l'aide de la grille proposée ci-après, établissez un diagnostic de cohérence.

Structure opérationnelle
Proposition de diagnostic de la structure opérationnelle

Catégorie	Énoncés	Stratégie d'entreprise			Stratégie d'affaires			Stratégie concurrentielle		
		Secteur unique	Diversification liée	Diversification non liée	Récolte	Maintien	Croissance	Prix	Mixte	Différenciation
Degré de décentralisation	Décentralisation	▲	◻	●	▲	◻	●	▲	◻	●
	Hybride	◻	●	◻	◻	●	◻	◻	●	◻
	Centralisation	●	◻	▲	●	◻	▲	●	◻	▲
Degré d'imputabilité	Centre d'investissement	▲	◻	●						
	Centre de profit	◻	●	◻						
	Centre de coûts	●	◻	▲						
Unité de travail	Marchés	▲	◻	●	▲	◻	●	▲	◻	●
	Mixte	◻	●	◻	◻	●	◻	◻	●	◻
	Processus d'affaires	●	◻	▲	●	◻	▲	●	◻	▲
Importance du prix de cession Interne	Faible	▲	◻	●						
	Modérée	◻	●	◻						
	Élevée	●	◻	▲						
Fréquence des transactions internes	Peu fréquentes	▲	◻	●						
	Fréquentes entre les divisions	◻	●	◻						
	Fréquentes entre les services	●	◻	▲						

- La littérature et l'expérience pratique nous amènent à recommander l'harmonisation de certaines pratiques de contrôle avec la stratégie d'entreprise, la stratégie d'affaires et la stratégie concurrentielle.
- Pour chacun des énoncés, le **rond vert** ● indique une parfaite cohérence, le **carré jaune** ◻, une cohérence modérée et le **triangle rouge** ▲ l'absence de cohérence. Généralement, l'absence de cohérence requiert une analyse de la situation et peut justifier la modification des pratiques de contrôle.
- Il est important de préciser que certaines divergences, pourvu qu'elles soient bien définies, sont parfois justifiées, voire expressément voulues par les dirigeants. Il est donc important de faire preuve d'une grande **prudence** dans l'analyse de la cohérence entre la stratégie et les systèmes de contrôle.

Notes

1. DÉRY, Richard (2010). *Les perspectives de management*. Éditions JFD, p. 292 à 297.

2. MINTZBERG, Henry. *Structure et dynamique des organisations* (1982). Eyrolles, Éditions d'organisation, p. 23.

3. Idem.

4. SIMONS, Robert (2000). *Performance Measurement & Control Systems for Implementing Strategy*. Prentice-Hall. 348 p.

5. FORTIN, Jacques, Alix MANDRON et Michel VÉZINA (1999). *Les pratiques de contrôle budgétaires des entreprises québécoises*. Ordre des CGA, Série performance financière. Éditions Guérin. 278p.

6. La fiche 8.6 a été préparée par Jean-Pierre Vidal, Ph.D., CPA, CA, professeure à HEC Montréal.

9 | Rémunération incitative

Rémunération incitative

Notions de base de la rémunération incitative
Objectifs
Connaître les notions de base entourant la rémunération incitative. Comprendre la rémunération incitative en tant que mécanisme de contrôle de gestion.

Connaissances	**Utilisations**
● Rémunération globale ● Objectif poursuivi ● Variables à considérer	● Arrimage des objectifs individuels et organisationnels ● Équité en rémunération ● Régimes de rémunération

La rémunération globale

- La rémunération globale est composée d'une **rémunération directe** et d'une **rémunération indirecte**.
- La rémunération directe combine souvent une **rémunération fixe** et une **rémunération variable**.
- La rémunération incitative, aussi appelée rémunération compensatoire, de régime de partage des bénéfices ou de régime d'intéressement[1], est qualifiée de rémunération variable.
- La rémunération indirecte englobe les avantages sociaux, caisses de retraite, journées chômées payées, assurances, etc.

Objectifs de la rémunération incitative

- La rémunération incitative a pour but d'influencer les personnes visées par le régime à contribuer davantage aux meilleurs intérêts de l'organisation, c'est-à-dire à accroître la performance organisationnelle.
- L'objectif de la performance organisationnelle est différent selon où chacun se situe dans l'organisation :
  - Les dirigeants, soit le chef de la direction et les membres du comité de direction;
  - Les cadres, soit les directeurs responsables d'unités administratives[2];
  - Les employés.

Variables à considérer

- Le pouvoir de négociation des dirigeants, des cadres et des employés.
- La contribution à la performance organisationnelle des dirigeants, des cadres et des employés.

Un cadre d'analyse de la performance organisationnelle

	Dirigeants	Cadres	Employés
Pouvoir de négociation en matière de rémunération incitative	Élevé	Moyen	Faible
Contribution à la performance organisationnelle	Par la stratégie mise en œuvre, le contrôle stratégique et le succès global de l'organisation	Par la réalisation des plans ainsi que le contrôle administratif et opérationnel	Par les résultats obtenus, l'esprit de corps démontré au sein des équipes de travail
Mesure de la contribution à la performance organisationnelle	À long terme, par le rendement du capital investi (à but lucratif) et la réalisation de la mission et des objectifs stratégiques	Annuellement, par l'atteinte des cibles budgétaires et l'analyse comparative des résultats	Mensuellement, voire quotidiennement, par le suivi des indicateurs liés à l'exploitation

Arrimage des objectifs individuels et organisationnels

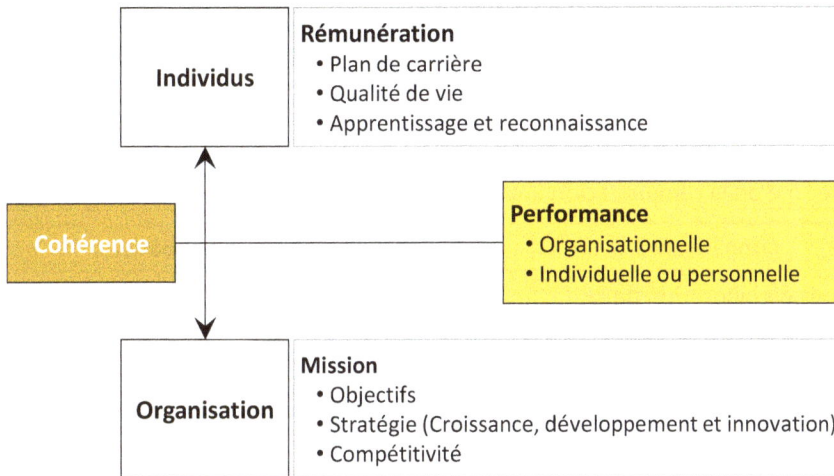

| Individus | **Rémunération**
• Plan de carrière
• Qualité de vie
• Apprentissage et reconnaissance |

Cohérence

| **Performance**
• Organisationnelle
• Individuelle ou personnelle |

| Organisation | **Mission**
• Objectifs
• Stratégie (Croissance, développement et innovation)
• Compétitivité |

Équité en matière de rémunération incitative :

- Équité externe (comparaison avec les autres entreprises d'un même secteur).
- Équité interne (comparaison avec des responsabilités équivalentes).
- Équité individuelle (comparaison avec des compétences et de l'expérience équivalentes).
- Équité collective (comparaison de la performance de l'unité d'affaires relativement à celle de l'organisation).
- Équité par rapport au processus d'évaluation.
- Respect des lois.

Les régimes

Régimes individuels et collectifs de rémunération variable selon St-Onge et Thériault[3]		
Régimes fondés sur le rendement individuel	**Régimes fondés sur le rendement collectif à court terme**	**Régimes fondés sur le rendement collectif à long terme**
• Salaire au mérite • Primes • Commissions • Rémunération à la pièce	• Participation aux bénéfices • Partage des gains de productivité • Partage du succès • Primes d'équipe • Régime mixte de primes de rendement individuel et collectif	• Octroi ou achat d'actions • Option d'achat d'actions

Cadre d'analyse des régimes[4]

Présence de régimes			
Régime fondé sur...	**Dirigeants**	**Cadres**	**Employés**
... la participation boursière	Parfois		
... la participation à la propriété	Souvent	Parfois	Parfois
... la participation aux bénéfices	Parfois	Souvent	
... des cibles stratégiques	Souvent	Souvent	
... des cibles budgétaires	Parfois	Souvent	Parfois
... des cibles opérationnelles		Parfois	

Décisions en matière de rémunération incitative

Démarche de réflexion sur la rémunération incitative en huit étapes

Objectifs

Comprendre l'ensemble des éléments à prendre en considération
dans l'établissement d'un régime de rémunération incitative.
Saisir le rôle de la rémunération incitative comme mécanisme de contrôle de gestion.

Connaissance	**Utilisations**
● Étapes d'élaboration de la rémunération incitative	● Évaluation de la performance ● Politiques de rémunération

Étapes de la réflexion menant aux décisions en matière de rémunération incitative[5] :

Étape 1	● **Établir le pourcentage de rémunération incitative accordé par rapport à la rémunération totale.**

Étape 2	● **Déterminer sur quoi la rémunération totale sera fondée :**
	  ○ Performance de l'entreprise;
	  ○ Performance de l'unité d'affaires, du ou des services;
	  ○ Performance individuelle;
	  ○ Combinaison.

Étape 3	● **Identifier la forme d'évaluation la plus judicieuse en fonction du contexte de l'organisation :**
	  ○ Évaluation objective (formule mathématique);
	  ○ Évaluation subjective;
	  ○ Méthode mixte (le cas échéant, déterminer le poids relatif des critères objectifs et subjectifs).

Étape 4	● **Sélectionner des critères de performance :**
	  ○ **Critères financiers :** revenus nets, marge sur coûts variables, marge nette de l'unité d'affaires, bénéfice contrôlable de l'unité d'affaires, bénéfice avant impôt, bénéfice net, RCI, VEA, croissance de la valeur boursière, etc.;
	  ○ **Critères non financiers :** part de marché, satisfaction de la clientèle, qualité, délais, développement de nouveaux produits, développement individuel, image publique, etc.;
	  ○ **Méthode mixte** (le cas échéant, déterminer le poids relatif des critères financiers et non financiers).

Étape 5	● **Identifier la base de comparaison (référentiel) :**
	  ○ Budget;
	  ○ Historique;
	  ○ Compétiteurs sélectionnés ou données de l'industrie.

Étape 6	● **Décider du type d'incitatif :**
	  ○ **Incitatifs financiers :** augmentation salariale, bonus discrétionnaires, bonus conditionnels, participation aux bénéfices, avantages indirects, etc.;
	  ○ **Incitatifs psychologiques ou sociaux :** possibilité de promotion, accroissement des responsabilités, meilleure autonomie, meilleure localisation géographique, reconnaissance, soutien administratif, etc.

Étape 7	● **Si le type d'incitatif est financier, déterminer le mode de paiement :**
	  ○ En espèces;
	  ○ En actions;
	  ○ En options;
	  ○ En actions simulées, fictives ou fantômes.

Étape 8	● **Établir la fréquence de paiement de la rémunération incitative :**
	  ○ Périodique (semaine, mois, trimestre, etc.);
	  ○ Annuel;
	  ○ Pluriannuel.

Diagnostic de la rémunération incitative

ÉNONCÉS *Dans l'organisation...*	Tout à fait en accord	Plutôt en accord	Plutôt en désaccord	Tout à fait en désaccord	Sans objet
1. La rémunération incitative facilite la mise en œuvre de la stratégie.					
2. La rémunération incitative assure la cohérence entre les objectifs individuels et les objectifs organisationnels.					
3. La rémunération incitative est équitable pour l'ensemble des employés.					
4. La fréquence de paiement de la rémunération incitative est appropriée.					
5. La rémunération incitative présente un bel équilibre entre la reconnaissance individuelle et la performance de groupe.					
6. Les critères de performance utilisés facilitent la mise en œuvre de la stratégie.					
7. Dans la mesure du possible, le choix des bases de comparaison est préférablement fondé sur l'étalonnage (concurrents sélectionnés).					
8. Le régime de rémunération incitative des dirigeants permet d'atteindre les objectifs anticipés.					
9. Le régime de rémunération incitative des cadres permet d'atteindre les objectifs anticipés.					
10. Le régime de rémunération incitative des employés permet d'atteindre les objectifs anticipés.					

Pour chacun des énoncés, indiquez votre opinion (en attribuant une valeur de 3 à **Tout à fait en accord**, de 2 à **Plutôt en accord**, de 1 à **Plutôt en désaccord** et de 0 à **Tout à fait en désaccord**). Les questions **Sans objet** sont exclues du décompte. Un résultat inférieur à **15/30 (ou à 50 % du maximum)** suggère des possibilités d'amélioration au niveau de la rémunération incitative accordée.

Manipulation d'information

Manipulation d'information et évaluation de la performance

Objectifs

Connaître la manipulation d'information et son impact
sur l'évaluation de la performance.
Comprendre en quoi les contrôles administratifs peuvent contrer
ou encourager la manipulation d'information.

Connaissances	Utilisations
• Formes de manipulation d'information • Systèmes de contrôle	• Procédures et règles administratives • Rémunération incitative • Contrôles administratifs et opérationnels

Définition

- La manipulation d'information survient parfois en présence de pressions issues de l'évaluation de la performance individuelle des gestionnaires. La triade pression-opportunité-rationalisation peut conduire certains à céder à la tentation de manipuler de l'information[6] dans le but de se prémunir contre les retombées négatives de leur performance, de maximiser leur rémunération incitative ou de contourner des règles ou politiques organisationnelles qu'ils jugent inéquitables.
- Pour limiter la manipulation d'information, il y a lieu d'instaurer un environnement de contrôle approprié tout en veillant à ce que les règles et procédures administratives en place n'encouragent pas les comportements déviants.

Manipulations d'information

Type	Description	Exemples	Contrôles possibles
Biaiser l'information	Manipuler les données prévisionnelles	• Surestimer les coûts prévus • Sous-estimer les revenus prévus	• Effectuer une analyse détaillée des budgets • Comparer les prévisions avec les données historiques • Comparer soigneusement les budgets et les résultats • Impliquer plusieurs personnes dans le processus • Éviter une rémunération incitative propice à la collusion
Lisser l'information	Manipuler les résultats réels	• Déclarer des revenus non-réalisés • Accroître le stock en fin de période (report de frais fixes) • Retarder la facturation	• Comparer soigneusement les budgets et les résultats • Favoriser la répartition des tâches • Effectuer l'audit des états financiers (audit externe) • Éviter une rémunération incitative propice à la collusion
Orienter l'information	Modifier la présentation des résultats	• Mettre l'accent sur l'information avantageuse	• Former et soutenir adéquatement les gestionnaires • Établir des procédures budgétaires précises et détaillées

		● Dégrader ou minimiser l'information désavantageuse	● Préciser le format de présentation des données
Filtrer l'information	Modifier la nature de l'information divulguée	● Cacher de l'information ● Fournir de l'information trop agrégée ● Surcharger l'information ● Retenir de l'information	● Comparer soigneusement les budgets et les résultats ● Éviter une rémunération incitative propice à la collusion ● Préciser le format de présentation des données
Jouer le jeu	Gérer en fonction des mesures de performance individuelle	● Favoriser les actions influant sur les mesures ● Dépenser en vue de maintenir les budgets à venir ● Ne pas dépasser les quotas en vue de ne pas changer les cibles	● Renforcer la culture organisationnelle ● Implanter les systèmes de limites et de valeurs ● Utiliser des indicateurs de performance multiples
Agir illégalement	Dévier des règles et des politiques	● Falsifier l'information ● Cacher des problèmes	● Favoriser la répartition des tâches ● Examiner les procédures et les données (audit interne) ● S'assurer que les règles organisationnelles ne sont pas propices à la manipulation d'information

Diagnostic de l'efficacité des mesures de contrôle visant à éviter la manipulation d'information

ÉNONCÉS *Dans l'organisation...*	Tout à fait en accord	Plutôt en accord	Plutôt en désaccord	Tout à fait en désaccord	Sans objet
1. Le choix des indicateurs utilisés pour évaluer la performance individuelle limite les risques de manipulation d'information.					
2. La culture de l'organisation incite au respect de l'éthique en matière de manipulation d'information.					
3. En favorisant le partage et la transparence, la philosophie de direction prévient la manipulation d'information.					
4. Les systèmes d'information permettent de prévenir la manipulation d'information.					
5. Les règles et procédures administratives permettent de prévenir la manipulation d'information chez les dirigeants.					
6. Les règles et procédures administratives permettent de prévenir la manipulation d'information chez les cadres.					
7. Les règles et procédures administratives permettent de prévenir la manipulation d'information chez les employés.					
8. La rémunération incitative est conçue de façon à ne pas accroître indûment les pressions à la performance chez les dirigeants.					
9. La rémunération incitative est conçue de façon à ne pas accroître indûment les pressions à la performance chez les cadres.					
10. La rémunération incitative est conçue de façon à ne pas accroître indûment les pressions à la performance chez les employés.					

Pour chacun des énoncés, indiquez votre opinion (en attribuant une valeur de 3 à **Tout à fait en accord**, de 2 à **Plutôt en accord**, de 1 à **Plutôt en désaccord** et de 0 à **Tout à fait en désaccord**). Les questions **Sans objet** sont exclues du décompte. Un résultat inférieur à **15/30 (ou à 50 % du maximum)** suggère des possibilités d'amélioration en matière de prévention de la manipulation d'information au sein de l'organisation.

Rémunération incitative

Recherche de cohérence stratégique

Objectif
Évaluer la cohérence entre la stratégie et la rémunération incitative.

Éléments stratégiques
● Stratégie d'entreprise
● Stratégie d'affaires
● Stratégie concurrentielle

Éléments de contrôle
● Rémunération incitative
● Attribution de la prime
● Politique de rémunération

Évaluation
des pratiques de contrôle

	Catégorie	Énoncés	Évaluation
1.	Critères d'attribution de la prime	Financiers et non financiers	
		Majoritairement financiers, quelques-uns non financiers	
		Surtout financiers	
2.	Détermination de la prime	Principalement subjective	
		Mixte	
		Principalement objective et quantitative	
3.	Composition de la prime	Principalement selon la performance individuelle et de l'unité d'affaires	
		Équilibrée	
		Principalement selon la performance individuelle, de l'unité d'affaires et de l'entreprise	
4.	Pourcentage de la rémunération sous forme de primes	Relativement élevé	
		Équilibré	
		Relativement faible	
5.	Fréquence des primes	Peu fréquentes	
		Variables	
		Plus fréquentes	

Pour chaque énoncé, cochez la case correspondante à la situation de l'organisation. Ensuite, à l'aide de la grille proposée ci-après, établissez un diagnostic de cohérence.

Rémunération incitative
Proposition d'un diagnostic de cohérence[7]

Catégorie	Énoncés	Stratégie d'entreprise			Stratégie d'affaires			Stratégie concurrentielle		
		Secteur unique	Diversification liée	Diversification non liée	Récolte	Maintien	Croissance	Prix	Mixte	Différenciation
Critères d'attribution de la prime	Financiers et non financiers	▲	□	●	▲	□	●	▲	□	●
	Majoritairement financiers, quelques-uns non financiers	□	●	□	□	●	□	□	●	□
	Surtout financiers	●	□	▲	●	□	▲	●	□	▲
Détermination de la prime	Principalement subjective				▲	□	●	▲	□	●
	Mixte				□	●	□	□	●	□
	Principalement objective et quantitative				●	□	▲	●	□	▲
Composition de la prime	Principalement selon la performance individuelle et de l'unité d'affaires	▲	□	●	▲	□	●	▲	□	●
	Équilibrée	□	●	□	□	●	□	□	●	□
	Principalement selon la performance individuelle, de l'unité d'affaires et de l'entreprise	●	□	▲	●	□	▲	●	□	▲
Pourcentage de la rémunération sous forme de primes	Relativement élevé	▲	□	●	▲	□	●	▲	□	●
	Équilibré	□	●	□	□	●	□	□	●	□
	Relativement faible	●	□	▲	●	□	▲	●	□	▲
Fréquence des primes	Peu fréquentes	▲	□	●	▲	□	●	▲	□	●
	Variables	□	●	□	□	●	□	□	●	□
	Plus fréquentes	●	□	▲	●	□	▲	●	□	▲

- La littérature et l'expérience pratique nous amènent à recommander l'harmonisation de certaines pratiques de contrôle avec la stratégie d'entreprise, la stratégie d'affaires et la stratégie concurrentielle.

- Pour chacun des énoncés, le **rond vert** ● indique une parfaite cohérence, le **carré jaune** □, une cohérence modérée et le **triangle rouge** ▲, l'absence de cohérence. Généralement, l'absence de cohérence requiert une analyse de la situation et peut justifier la modification des pratiques de contrôle.

- Il est important de préciser que certaines divergences, pourvu qu'elles soient bien définies, sont parfois justifiées, voire expressément voulues par les dirigeants. Il est donc important de faire preuve d'une grande **prudence** dans l'analyse de la cohérence entre la stratégie et les systèmes de contrôle.

Notes

1. DROLET, Simon et collab. (1999). « Analyse de l'impact productif des pratiques de rémunération incitative pour une entreprise de services : Application à une coopérative québécoise ». CIRANO – Série scientifique.

2. Richard Déry regroupe les différents rôles des gestionnaires selon trois niveaux hiérarchiques, à savoir la haute direction, les cadres intermédiaires et les gestionnaires de premier niveau, les niveaux se distinguant par la portée de leur autorité, mais aussi par les habiletés que leur exercice commande; voir p. 290 de
DÉRY, Richard (2010). *Les perspectives de management.* Les Éditions JFD. 495 p.

3. Ces régimes sont décrits en page 417 du livre ST-ONGE, Sylvie et Roland THÉRIAULT (2006). *Gestion de la rémunération : théorie et pratique.* Gaétan Morin Éditeur.

4. Une analyse des régimes selon ce cadre est proposée dans BOISVERT, Hugues (2010). *La rémunération incitative : un mécanisme important de contrôle de gestion.* Cahier de recherche CICMA 10-02. 19 p.

5. Inspiré de ANTHONY Robert N. et Vijay GOVINDARAJAN (2007). *Management Control Systems Performance.* 12th edition. Mc Graw Hill. 762 p.

6. La notion de triade est décrite en page 270 du livre SIMONS, Robert (2000). *Performance Measurement & Control Systems for Implementing Strategy.* Prentice-Hall. 348 p.

7. La proposition de diagnostic de cohérence est inspirée du chapitre 5 du livre SHANK, John K. et Vijay GOVINDARAJAN (1993). *Strategic Cost Management, The NewTool for Competitive Advantage.* The Free Press, 226 p.

10 | Processus budgétaire

Aperçu du module 10

- Fiche 10.1 : Processus budgétaire

- Fiche 10.2 : Structure du budget global

- Fiche 10.3 : Budgets et flexibilité

- Fiche 10.4 : Techniques budgétaires

- Fiche 10.5 : Cohérence du processus budgétaire

Processus budgétaire

Démarche d'allocation annuelle des ressources d'exploitation

Objectif
Comprendre le rôle, les défis et les styles budgétaires.

Connaissances	**Utilisations**
● Rôles, objectifs, défis ● Facteurs de succès ● Questionnement	● Types de budget ● Évaluation de la démarche ● Recherche de cohérence

Rôles, objectifs, défis et facteurs de succès

Rôles	Objectifs	Défis	Facteurs de succès
● Informer sur la performance future	● Prévisions fiables et prudentes	● Anticiper l'avenir	● Capacité d'analyse des incertitudes liées à l'environnement
● Implanter la stratégie	● Contrôler la mise en œuvre des plans	● Orienter et influencer les gestionnaires	● Message clair ● Appropriation ● Rétroaction
● Contrôler les coûts	● Efficacité, efficience et économie	● Revoir les facteurs à l'origine des coûts (les causes)	● Modèle explicatif ● Participation ● Rétroaction
● Gérer les flux de trésorerie	● Prévisions à jour en temps réel	● Optimiser les flux de trésorerie	● Mise à jour en temps réel
● Évaluer la performance individuelle	● Stimuler la performance individuelle	● Éviter la manipulation des données	● Transparence ● Cohérence des budgets

Facteurs de succès

- Capacité d'analyse des incertitudes liées à l'environnement : comprendre l'évolution de l'économie, des marchés et des facteurs susceptibles d'influencer les résultats.
- Message clair : stratégie bien communiquée (les plans et leurs liens avec la stratégie sont clairement établis).
- Appropriation : acceptation par les gestionnaires, engagement ferme.
- Rétroaction : comparaison des budgets avec les résultats communiqués directement.
- Mise à jour en temps réel : le budget des flux de trésorerie doit être mis à jour quotidiennement.
- Cohérence des budgets : il est virtuellement impossible qu'un même budget puisse convenir aux objectifs associés à chacun des rôles. Il est donc important de se demander quelle serait la démarche budgétaire idéale pour chacun des rôles pris isolément.

Types de budget	
États financiers prévisionnels	Estimation prudente de la performance financière de l'organisation.
Budget stratégique	Point de repère des gestionnaires pour l'exécution de la stratégie.
Budget flexible	Point de repère des gestionnaires pour le contrôle des coûts en contexte d'incertitude résultant du niveau d'activité.
Prévisions des flux monétaires	Prévisions actualisées quotidiennement pour assurer une bonne gestion de la trésorerie.
Budget contrôlable	Estimation des variables financières sur lesquelles les gestionnaires peuvent exercer un contrôle.

Évaluation du processus

- Le processus budgétaire annuel doit s'appuyer sur les objectifs organisationnels, généralement précisés dans le cadre des tableaux de bord.
- Le processus budgétaire annuel permet l'opérationnalisation détaillée du plan stratégique.
- Le processus budgétaire annuel tient compte des investissements et des projets organisationnels et permet d'identifier les impacts récurrents sur le budget d'opération.
- Le processus budgétaire annuel doit contribuer à améliorer la performance financière.

Recherche de cohérence

- La recherche de cohérence entre les différents budgets en réponse au questionnement budgétaire est cruciale à la performance de l'ensemble du processus. Plusieurs organisations optent pour deux types de budgets appelés budget et prévisions (*forecasts*).

Diagnostic du processus budgétaire

ÉNONCÉS *Dans l'organisation...*	Tout à fait en accord	Plutôt en accord	Plutôt en désaccord	Tout à fait en désaccord	Sans objet
1. Les prévisions budgétaires résultent d'une analyse approfondie des incertitudes liées à l'environnement.					
2. La stratégie et les plans visant sa réalisation sont clairement communiqués et fidèlement intégrés au budget.					
3. Les plans stratégiques sont issus de la participation active des gestionnaires de premier niveau.					
4. Les gestionnaires s'approprient le budget et sont conscients d'être imputables.					
5. La mise en œuvre de la stratégie grâce au contrôle budgétaire est facilitée par une rétroaction régulière.					
6. Les gestionnaires disposent d'un modèle explicatif de la performance financière rattachant les résultats à des causes.					
7. Tous les gestionnaires participent activement à la préparation des budgets de leur unité opérationnelle.					
8. Les écarts budgétaires sont discutés en comité de gestion.					
9. Le processus budgétaire est transparent et n'ouvre aucune porte aux manipulations budgétaires.					
10. Les divers objectifs budgétaires sont cohérents avec les plans stratégiques.					

Pour chacun des énoncés, indiquez votre opinion (en attribuant une valeur de 3 à **Tout à fait en accord**, de 2 à **Plutôt en accord**, de 1 à **Plutôt en désaccord** et de 0 à **Tout à fait en désaccord**). Les questions **Sans objet** sont exclues du décompte. Un résultat inférieur à 15/30 (ou à 50 % du maximum) suggère des possibilités d'améliorer le processus budgétaire au sein de l'organisation.

Structure du budget global

Structure et composante du budget global

Objectif
Comprendre la structure et les composantes du budget annuel

Connaissances	**Utilisations**
● Budgets d'exploitation ● Budgets financiers	● Préparation du budget annuel ● Intégration des budgets d'exploitation et financiers

Structure et composantes du budget global

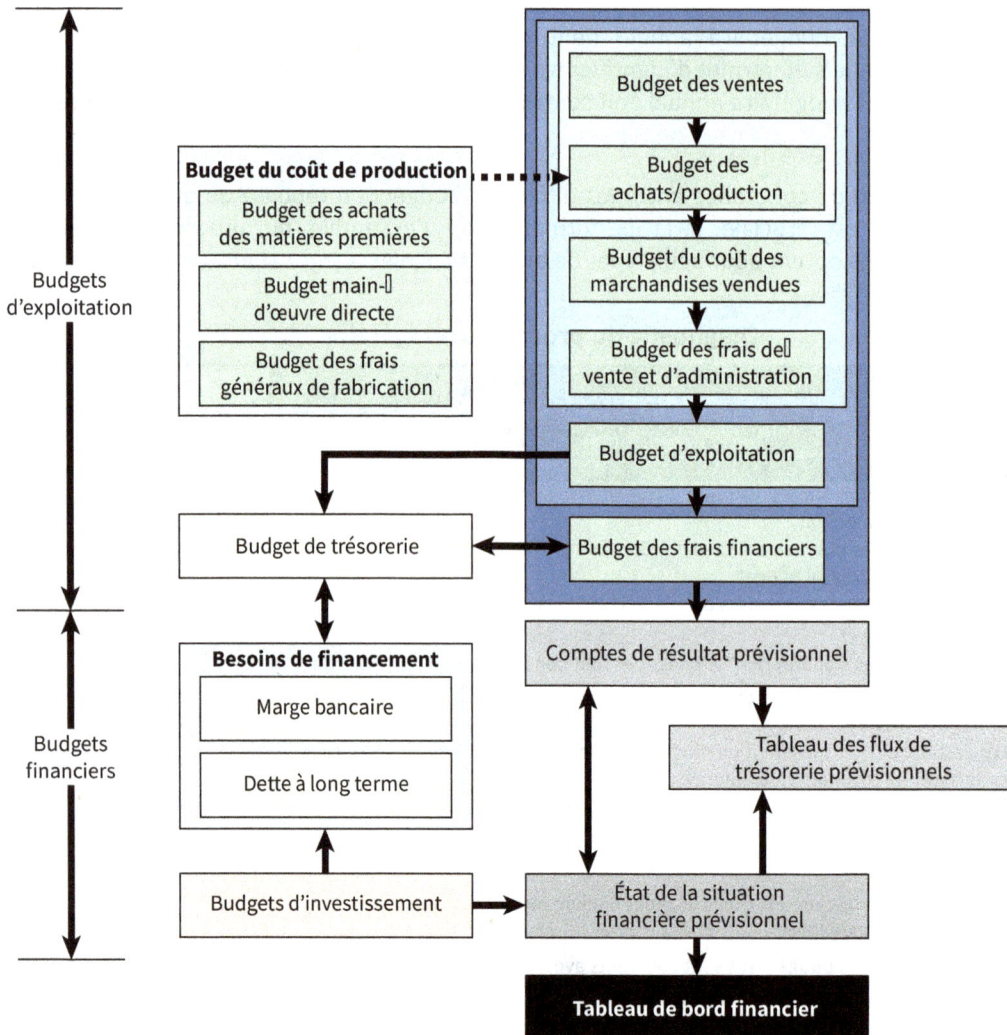

Budgets d'exploitation

Budgets financiers

Budget du coût de production
- Budget des achats des matières premières
- Budget main-d'œuvre directe
- Budget des frais généraux de fabrication

- Budget des ventes
- Budget des achats/production
- Budget du coût des marchandises vendues
- Budget des frais de vente et d'administration
- Budget d'exploitation
- Budget des frais financiers

Budget de trésorerie

Besoins de financement
- Marge bancaire
- Dette à long terme

Budgets d'investissement

Comptes de résultat prévisionnel

Tableau des flux de trésorerie prévisionnels

État de la situation financière prévisionnel

Tableau de bord financier

Composantes du budget et nature des opérations

- Le budget global des entreprises de services n'inclut pas les budgets des coûts de production, le budget des achats et le budget du coût des marchandises vendues.
- Le budget global des entreprises commerciales n'inclut pas les budgets des coûts de production.

Interrelations entre les composantes du budget global

- Il existe deux grandes catégories de budget : les budgets d'exploitation et les budgets financiers.
- L'élaboration du budget des ventes est généralement l'étape la plus délicate, car, compte tenu du degré d'incertitude, il s'agit d'un exercice difficile. Les prévisions de ventes auront un impact majeur sur la majorité des composantes du budget.
- Les budgets des ventes, des achats/fabrication, du coût des marchandises vendues et des frais financiers sont synthétisés au sein du budget d'exploitation.
- Le budget d'exploitation, le budget des frais financiers, les budgets d'investissement permettent de dresser le budget de trésorerie et de préciser les besoins de financement.
- Les budgets précédents permettent de dresser les états financiers prévisionnels et de préparer le tableau de bord financier.

Diagnostic de la structure budgétaire

	ÉNONCÉS *Dans l'organisation...*	Tout à fait en accord	Plutôt en accord	Plutôt en désaccord	Tout à fait en désaccord	Sans objet
1.	Chaque composante du budget annuel est complétée par un gestionnaire qui a l'expertise nécessaire					
2.	Les budgets sont préparés suffisamment tôt afin de permettre plusieurs itérations et simulations					
3.	Chaque document budgétaire est validé et analysé en détail					
4.	Le budget global est communiqué aux gestionnaires					
5.	Le budget annuel s'appuie sur des prévisions de ventes détaillées					
6.	Le budget permet de distinguer clairement les frais variables, les frais fixes communs et les frais fixes spécifiques					
7.	Le budget d'exploitation permet de dégager facilement le bénéfice avant intérêts, impôts et amortissement (BAIIA)					
8.	Le budget annuel permet la préparation des états financiers prévisionnels					
9.	Le budget de trésorerie est concilié avec le tableau des flux de trésorerie					
10.	Le budget annuel conduit au développement d'un tableau de bord financier					

Pour chacun des énoncés, indiquez votre opinion (en attribuant une valeur de 3 à **Tout à fait en accord**, de 2 à **Plutôt en accord**, de 1 à **Plutôt en désaccord** et de 0 à **Tout à fait en désaccord**). Les questions **Sans objet** sont exclues du décompte. Un résultat inférieur à 15/30 (ou à 50 % du maximum) suggère des possibilités d'améliorer la structure du budget global au sein de l'organisation.

Budgets et flexibilité

Choix de techniques budgétaires et flexibilité
Objectif Choisir les techniques budgétaires en fonction de la flexibilité requise.

Connaissances	**Utilisations**
● Budgets fixes ● Budgets évolutifs ● Budgets continus ● Budgets flexibles	● Budget initial ● Reprojections ● Ajustement en fonction du niveau d'activité

Révision budgétaire

● Les budgets fixes
  - ○ Caractéristiques : ce type de budget est préparé au début de l'exercice financier et n'est pas révisé en cours d'année financière.

Trimestre 1	Trimestre 2	Trimestre 3	Trimestre 4

  - ○ Contexte d'utilisation : habituellement utilisé lorsque les budgets se composent exclusivement de frais fixes, peu affectés par les facteurs externes à l'organisation.

● Les budgets évolutifs (avec reprojection)
  - ○ Caractéristiques : ce type de budget est préparé au début de l'exercice financier. Les prévisions sont périodiquement réévaluées en cours d'année financière, habituellement chaque trimestre.

Reprojection ➡

Trimestre 1	Trimestre 2	Trimestre 3	Trimestre 4
	Trimestre 2	Trimestre 3	Trimestre 4

  - ○ Contexte d'utilisation : utilisés dans des environnements turbulents où les changements sont fréquents. La reprojection (*reforcasting*) permet de disposer de budgets régulièrement mis à jour.

● Les budgets continus (avec reprojection et prévisions)
  - ○ Ce type de budget est préparé au début de l'exercice financier. Les prévisions sont périodiquement réévaluées en cours d'année financière, habituellement chaque trimestre, en ajoutant un nouveau trimestre de prévision.

Nouvelles prévisions ⬇

Reprojection ➡

Trimestre 1	Trimestre 2	Trimestre 3	Trimestre 4	
	Trimestre 2	Trimestre 3	Trimestre 4	Trimestre 5

  - ○ Contexte d'utilisation : utilisés dans les environnements turbulents qui nécessitent une planification à long terme en termes de ressources humaines, de ressources matérielles et financières (ex. : projets majeurs).

Budget flexible

- Caractéristiques : ce type de budget est constamment révisé en fonction des variations du niveau d'activité réel par rapport au niveau d'activité prévu afin de faciliter le suivi budgétaire.

Budget initial

Trimestre	1	2	3	4
Revenus et coûts variables	MCVp × Vp	MCVp × Vp	MCVp × Vp	MCVp × Vp
Coûts fixes	CFp	CFp	CFp	CFp

Budget Révisé

Trimestre	1	2	3	4
Revenus et coûts variables	MCVp × Vr	MCVp × Vr	MCVp × Vr	MCV p × Vr
Coûts fixes	CFp	CFp	CFp	CFp

Légende : MCVp = Marge sur coûts variables unitaires prévue; CFp = Coûts fixes totaux prévus;
Vp = Niveau d'activité prévu; Vr = Niveau d'activité réel

- Les coûts fixes apparaissant au budget flexible ne sont jamais révisés à moins qu'ils ne s'agissent de frais fixes par paliers et que l'importance de l'écart entre le volume d'activité réel et le volume d'activité prévu justifie l'ajout de ressources humaines ou de ressources matérielles qui engendrent des coûts fixes supplémentaires.

- Conditions d'utilisation : utilisés lorsque le niveau d'activité est difficile à prévoir compte tenu de l'incertitude liée à l'environnement et lorsque les frais variables sont importants.

Diagnostic du processus budgétaire

	ÉNONCÉS *Dans l'organisation...*	Tout à fait en accord	Plutôt en accord	Plutôt en désaccord	Tout à fait en désaccord	Sans objet
1.	Les critères permettant de choisir les types de budgets offrant la flexibilité voulue aux gestionnaires sont clairement établis.					
2.	Les gestionnaires ont été sensibilisés aux types de budgets disponibles en termes de flexibilité.					
3.	L'impact sur le processus budgétaire en termes de temps et de coûts de chaque type de budget est bien connu.					
4.	Les ressources affectées pour répondre aux besoins des gestionnaires sont suffisantes.					
5.	Les budgets fixes sont utilisés lorsque les budgets se composent exclusivement de frais fixes dans un environnement comportant peu d'incertitudes.					
6.	Les budgets évolutifs sont utilisés dans des environnements turbulents où les changements sont fréquents.					
7.	Les budgets continus sont utilisés dans des environnements turbulents qui nécessitent des prévisions à long terme.					
8.	Les budgets flexibles sont utilisés lorsque les frais variables sont importants et que les prévisions de niveau d'activité difficiles.					
9.	Les budgets flexibles sont utilisés afin d'appuyer l'analyse des écarts.					
10.	Les gestionnaires connaissent la relation entre le budget flexible et le calcul détaillé des écarts (voir fiche : 11.5)					

Pour chacun des énoncés, indiquez votre opinion (en attribuant une valeur de 3 à **Tout à fait en accord**, de 2 à **Plutôt en accord**, de 1 à **Plutôt en désaccord** et de 0 à **Tout à fait en désaccord**). Les questions **Sans objet** sont exclues du décompte. Un résultat inférieur à 15/30 (ou à 50 % du maximum) suggère des possibilités d'améliorer la façon de prendre en compte les besoins de flexibilité budgétaire au sein de l'organisation.

Techniques budgétaires
Choix des techniques budgétaires appropriés aux besoins

Objectif
Sélectionner les techniques budgétaires en fonction des objectifs organisationnels.

Connaissances	**Utilisations**
• Budgets ressources • Budgets par activité • Budgets programmes • Budgets à base zéro • Gérer sans budget	• Objectifs stratégiques • Prévisions budgétaires • Techniques de budgétisation • Gestion des ressources financières

Budget ressources

- Caractéristiques : principalement conçu en fonction d'une enveloppe budgétaire prédéterminée. Il prend habituellement la forme d'un budget d'exploitation décrivant l'utilisation des ressources par fonction administrative.
- Domaine d'application : il s'agit ici du budget traditionnel utilisé par les unités administratives dont l'objectif est la gestion et le contrôle des ressources matérielles, financières et humaines. L'avantage de ce type de budget est d'être facilement comparable aux résultats réels.

Budget par activité

- Caractéristiques : il prend habituellement la forme d'un état budget d'exploitation décrivant l'utilisation des ressources par les activités de l'organisation. Le budget par activité peut ensuite être utilisé afin d'établir le coût des produits et services utilisés par l'entreprise.
- Domaine d'application : principalement utilisé par les unités administratives dont l'objectif est l'optimisation des processus organisationnels. Le budget par activité qui repose sur l'analyse détaillée des inducteurs d'activité est souvent utilisé en complément du budget ressources.

Budget programme

- Caractéristiques : place l'emphase sur les programmes (ou projets) et non pas sur les fonctions organisationnelles. Il est établi en fonction des objectifs à atteindre.
- Domaine d'application : s'applique dans les organisations où les ressources provenant de diverses unités administratives doivent être combinées pour accomplir les activités prévues dans le cadre d'un programme donné ou dans le cadre de projets majeurs. Par conséquent, cette technique est tout à fait appropriée pour les programmes et les projets conçus selon une structure matricielle.

Budget à base zéro

- Caractéristiques : technique facilitant l'allocation des ressources en fonction des objectifs visés sans tenir compte des budgets précédents. Même si cette technique est administrativement exigeante, elle améliore la flexibilité dans l'allocation des ressources.
- Domaine d'application : souvent utilisé pour la gestion des coûts discrétionnaires.

Gérer sans budget (beyond budgeting)

- Caractéristiques : cette technique consiste à gérer les unités administratives en fonction d'un ensemble d'objectifs mesurables souvent présenté sous forme de tableau de bord. Toutefois, au niveau opérationnel, les budgets demeurent pertinents afin d'assurer une utilisation judicieuse des ressources.
- Domaine d'application : utilisé par les organisations qui cherchent à simplifier le processus budgétaire et à orienter les gestionnaires vers l'atteinte d'objectifs mesurables plutôt que de se concentrer sur le respect des budgets.

**Diagnostic
du processus de sélection des techniques budgétaires**

ÉNONCÉS *Dans l'organisation...*	Tout à fait en accord	Plutôt en accord	Plutôt en désaccord	Tout à fait en désaccord	Sans objet
1. Le choix des techniques budgétaires facilite la mise en œuvre des objectifs organisationnels.					
2. Les critères permettant de choisir les techniques budgétaires appropriées sont clairement établis.					
3. Les gestionnaires ont été sensibilisés aux différentes techniques budgétaires disponibles.					
4. L'impact du choix des techniques budgétaires en termes de temps et de coûts est bien connu.					
5. Les ressources allouées pour l'utilisation des techniques budgétaires appropriées sont suffisantes.					
6. Les gestionnaires n'hésitent pas à utiliser d'autres techniques budgétaires que le budget ressources lorsque la situation l'exige.					
7. Les budgets par activité sont envisagés lorsque les gestionnaires cherchent à optimiser la gestion des processus organisationnels.					
8. Les budgets programmes sont utilisés afin de faciliter la gestion de programmes ou de projets qui requièrent une structure matricielle.					
9. Les budgets à base zéro sont utilisés afin d'améliorer la flexibilité dans l'allocation des ressources.					
10. Les gestionnaires sont conscients que la technique gérer sans budget nécessite la préparation de budgets opérationnels.					

Pour chacun des énoncés, indiquez votre opinion (en attribuant une valeur de 3 à **Tout à fait en accord**, de 2 à **Plutôt en accord**, de 1 à **Plutôt en désaccord** et de 0 à **Tout à fait en désaccord**). Les questions **Sans objet** sont exclues du décompte. Un résultat inférieur à 15/30 (ou à 50 % du maximum) suggère des possibilités d'améliorer le processus de sélection des techniques budgétaires au sein de l'organisation.

Cohérence du processus budgétaire

Recherche de cohérence stratégique

Objectif
Évaluer la cohérence entre la stratégie et le processus budgétaire.

Éléments stratégiques	Éléments de contrôle
● Stratégie d'entreprise ● Stratégie d'affaires ● Stratégie concurrentielle	● Préparation des budgets ● Rôles et intervenants ● Processus budgétaire

Évaluation
des pratiques de contrôle

	Catégorie	Énoncés	Évaluation
1.	Approche à la budgétisation	Approche ascendante prépondérante	
		Approche non définie	
		Approche descendante prépondérante	
2.	Rôle du budget	Généralement un outil de planification à court terme	
		Mixte	
		Généralement un outil de contrôle	
3.	Rôle des responsables des unités administratives	Relativement important	
		Variable	
		Relativement faible	
4.	Fréquence des rapports et contacts informels avec les supérieurs	Échanges plus fréquents sur les questions politiques et moins fréquents sur les questions d'exploitation	
		Équilibrés	
		Échanges moins fréquents sur les questions politiques et plus fréquents sur les questions d'exploitation	
5.	Importance du budget flexible	Faible	
		Modérée	
		Élevée	
6.	Importance du respect des budgets	Faible	
		Modérée	
		Élevée	

Pour chaque énoncé, cochez la case correspondante à la situation de l'organisation. Ensuite, à l'aide de la grille proposée ci-après, établissez un diagnostic de cohérence.

Processus budgétaire
Proposition d'un diagnostic de cohérence[1]

Catégorie	Énoncés	Stratégie d'entreprise			Stratégie d'affaires			Stratégie concurrentielle		
		Secteur unique	Diversification liée	Diversification non liée	Récolte	Maintien	Croissance	Prix	Mixte	Différenciation
Approche à la budgétisation	Approche ascendante prépondérante	▲	□	○	▲	□	○	▲	□	○
	Approche non définie	▲	▲	▲	▲	▲	▲	▲	▲	▲
	Approche descendante prépondérante	○	□	▲	○	□	▲	○	□	▲
Rôle du budget	Généralement un outil de planification à court terme				▲	□	○	▲	□	○
	Variable				□	○	□	□	○	□
	Généralement un outil de contrôle				○	□	▲	○	□	▲
Rôle des responsables des unités administratives	Relativement important	▲	□	○	▲	□	○	▲	□	○
	Variable	□	○	□	□	○	□	□	○	□
	Relativement faible	○	□	▲	○	□	▲	○	□	▲
Fréquence des rapports et contacts informels avec les supérieurs	Échanges plus fréquents sur les questions politiques et moins fréquents sur les questions d'exploitation	▲	□	○	▲	□	○	▲	□	○
	Équilibrés	□	○	□	□	○	□	□	○	□
	Échanges moins fréquents sur les questions politiques et plus fréquents sur les questions d'exploitation	○	□	▲	○	□	▲	○	□	▲
Importance du budget flexible	Faible				▲	□	○	▲	□	○
	Modérée				□	○	□	□	○	□
	Élevée				○	□	▲	○	□	▲
Importance du respect des budgets	Faible				▲	□	○	▲	□	○
	Modérée				□	○	□	□	○	□
	Élevée				○	□	▲	○	□	▲

- La littérature et l'expérience pratique nous amènent à recommander l'harmonisation de certaines pratiques de contrôle avec la stratégie d'entreprise, la stratégie d'affaires et la stratégie concurrentielle.
- Pour chacun des énoncés, le **rond vert** ○ indique une parfaite cohérence, le **carré jaune** □, une cohérence modérée et le **triangle rouge** ▲, l'absence de cohérence. Généralement, l'absence de cohérence requiert une analyse de la situation et peut justifier la modification des pratiques de contrôle.
- Il est important de préciser que certaines divergences, pourvu qu'elles soient bien définies, sont parfois justifiées, voire expressément voulues par les dirigeants. Il est donc important de faire preuve d'une grande **prudence** dans l'analyse de la cohérence entre la stratégie et les systèmes de contrôle.

Note

1. La proposition de diagnostic de cohérence est inspirée du chapitre 5 du livre SHANK, John K. et Vijay GOVINDARAJAN (1993). *Strategic Cost Management, The NewTool for Competitive Advantage*. The Free Press, 226 p.

11 | Suivi budgétaire

Suivi de l'exploitation : les ventes

Analyse des ventes
Objectif Connaître le contrôle budgétaire des ventes, soit le calcul, l'analyse et la gestion des ventes.

Connaissances	**Utilisations**
● Cycle de vie du produit ● Variables analysées	● Indicateurs financiers ● Indicateurs non financiers ● Analyse des écarts

Cycle de vie du produit

● Le cycle de vie du produit est un facteur important à considérer dans l'élaboration des activités de recherche et développement qui s'y rattachent et de sa stratégie de mise en marché.

Cycle de vie du produit

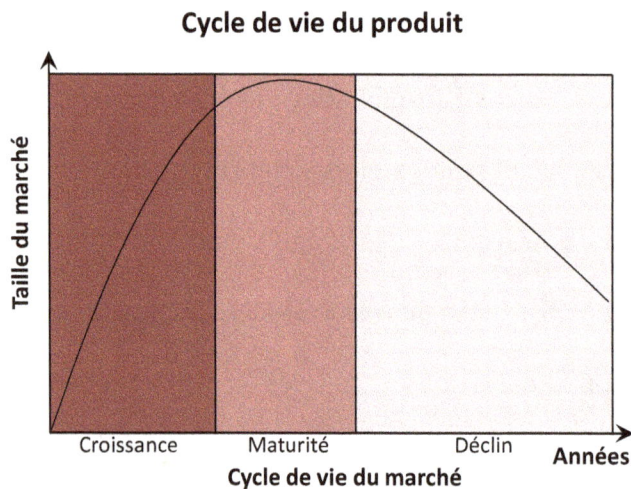

Variables analysées

Écart dû à la part de marché	=	(Part de marché réelle − Part de marché prévue)	× Volume du marché réel	× Marge sur coûts variables unitaires prévue
Écart dû à la taille de marché	=	(Volume du marché réel − Volume du marché prévu)	× Part de marché prévu	× Marge sur coûts variables unitaires prévue

● Selon le modèle budgétaire classique[1], les ventes sont analysées par groupes de produits ainsi qu'en fonction de la croissance du marché et de la taille de marché.

Indicateurs financiers et non financiers

● Les ventes sont généralement contrôlées par une série d'indicateurs financiers tels que les ventes par secteur d'activité et d'indicateurs non financiers tels que le nombre de plaintes ou le degré de satisfaction de la clientèle.

Analyse des écarts

● Le contrôleur prépare un rapport mensuel des écarts.

● L'analyse se fait en comité de direction. Les écarts mis au jour par le contrôleur y sont discutés.

● Le directeur des ventes explique les raisons des écarts sous sa responsabilité en faisant le lien avec les indicateurs non financiers et apporte, le cas échéant, des suggestions pour corriger la situation.

Contrôle des écarts

● Une fois mis au jour, compris et discutés, c'est dans les actions entreprises par la suite que s'exerce le véritable contrôle.

Diagnostic
de l'analyse des ventes

ÉNONCÉS *Dans l'organisation...*	Tout à fait en accord	Plutôt en accord	Plutôt en désaccord	Tout à fait en désaccord	Sans objet
1. Des cibles de prix moyen sont fixées pour tous les produits.					
2. Des cibles de volume de ventes sont fixées pour tous les produits.					
3. Un calcul détaillé des écarts de prix et de volume est effectué pour l'ensemble des produits vendus.					
4. Un calcul détaillé de l'écart de volume dû à la part de marché est effectué.					
5. Un calcul détaillé de l'écart de volume dû à la taille du marché est effectué.					
6. Les écarts de volume dus à la part de marché sont expliqués à la lumière des indicateurs de ventes non financiers.					
7. Les écarts de volume dus à la taille de marché sont expliqués à la lumière des indicateurs de ventes non financiers.					
8. Les écarts liés aux ventes sont discutés en comité de direction dans le but d'initier des actions correctrices, au besoin.					
9. Les écarts liés aux ventes influent sur l'orientation stratégique de l'organisation.					
10. Les écarts liés aux ventes influent sur la rémunération incitative de l'équipe de vente.					

Pour chacun des énoncés, indiquez votre opinion (en attribuant une valeur de 3 à **Tout à fait en accord**, de 2 à **Plutôt en accord**, de 1 à **Plutôt en désaccord** et de 0 à **Tout à fait en désaccord**). Les questions **Sans objet** sont exclues du décompte. Un résultat inférieur à 15/30 (ou à 50 % du maximum) suggère des possibilités d'amélioration en matière d'analyse des ventes au sein de l'organisation.

Suivi de l'exploitation : la production manufacturière

Analyse des coûts d'exploitation
Objectif Connaître le contrôle budgétaire des coûts, qui comprend le calcul, l'analyse et la gestion des coûts.

Connaissances	Utilisations
● Matières ● Main-d'œuvre ● Frais généraux	● Indicateurs non financiers ● Analyse des écarts ● Contrôle des écarts

Coût des produits vendus

- Selon le modèle comptable classique[2], les ressources menant au coût des produits vendus sont regroupées en trois catégories : matières, main-d'œuvre directe et frais généraux.

Matières

- Il peut s'agir de pièces fabriquées par un autre fournisseur ou de matières premières.
- Pour chaque type de matière, une variation du prix et/ou de la quantité a un impact sur le coût.
- De manière générale, certaines matières sont dispendieuses et d'autres moins. Ainsi, la combinaison des matières, lorsqu'elle est possible, peut faire varier le coût d'ensemble du produit fini.
- Raisons des écarts : les écarts de prix et de quantités expliquent les écarts, mais les causes directes de ces écarts sont plutôt en lien avec la qualité des matières, le gaspillage dû à une main-d'œuvre inexpérimentée, à l'erreur humaine, à des équipements défectueux, etc.

Main-d'œuvre directe

- Pour chaque activité de production, les fluctuations du taux salarial et des heures travaillées ont un impact sur le coût.
- Raisons des écarts : si les fluctuations de taux et de temps expliquent les écarts, les causes peuvent toutefois être attribuées à la qualité des matières, aux équipements défectueux, à une mauvaise planification du temps, etc.
- Lorsque le temps de main-d'œuvre varie selon la quantité de matière première utilisée, il est possible de décomposer l'écart sur temps en écarts dû à la productivité et au rendement des matières premières.

Frais généraux

- La portion variable des frais généraux est contrôlée en fonction d'un taux établi lié à la base d'imputation.
- Raisons des écarts : les frais généraux étant généralement en majeure partie fixes, les facteurs affectant la capacité utilisée constituent généralement les principales raisons des écarts des frais généraux de fabrication.

Calcul des écarts de production

- Écart sur prix = (prix réel – prix standard)* × quantité réelle
- Écart sur quantité = (quantité réelle – quantité prévue) × prix standard
- Écart sur taux = (taux réel – taux standard)* × heures réelles
- Écart sur temps = (heures réelles – heures standard) × taux standard
  * : au niveau atteint

Indicateurs non financiers

- La production est généralement contrôlée par un ensemble d'indicateurs non financiers, par exemple le nombre de produits défectueux, les temps d'arrêts de production, les causes à l'origine de ces arrêts, les accidents de travail, etc.

Analyse des écarts

- Le contrôleur prépare un rapport mensuel des écarts.
- L'analyse se fait en comité de direction. Les écarts mis au jour par le contrôleur y sont discutés.
- Le directeur de la fabrication explique les raisons des écarts sous sa responsabilité en faisant le lien avec les indicateurs non financiers et apporte, le cas échéant, des suggestions pour corriger la situation.

Contrôle des écarts

- Une fois les écarts mis au jour, compris et discutés, c'est dans les actions entreprises par la suite que s'exerce le véritable contrôle.

Diagnostic de l'analyse des écarts

	ÉNONCÉS *Dans l'organisation...*	Tout à fait en accord	Plutôt en accord	Plutôt en désaccord	Tout à fait en désaccord	Sans objet
1.	Des standards de prix sont établis pour toutes les ressources utilisées en cours de fabrication.					
2.	Des standards de quantité par unité de produit fini sont établis pour toutes les ressources utilisées en cours de fabrication.					
3.	Un calcul détaillé est fait des écarts de prix et de quantité des matières premières.					
4.	Un calcul détaillé est fait des écarts de taux et de temps de la main-d'œuvre directe.					
5.	Les écarts liés au coût des matières premières sont expliqués à la lumière des indicateurs non financiers de production.					
6.	Les écarts liés au coût de la main-d'œuvre directe sont expliqués à la lumière des indicateurs non financiers de production.					
7.	Les écarts liés aux matières premières sont discutés en comité de gestion afin d'initier, au besoin, les actions correctrices qui s'imposent.					
8.	Les écarts liés à la main-d'œuvre directe sont discutés en comité de direction afin d'initier, au besoin, les actions correctrices qui s'imposent.					
9.	Les écarts sur frais généraux de fabrication sont mesurés par analyse de la capacité.					
10.	Des projets d'amélioration continue sont initiés pour remédier aux écarts récurrents de production.					

Pour chacun des énoncés, indiquez votre opinion (en attribuant une valeur de 3 à **Tout à fait en accord**, de 2 à **Plutôt en accord**, de 1 à **Plutôt en désaccord** et de 0 à **Tout à fait en désaccord**). Les questions **Sans objet** sont exclues du décompte. Un résultat inférieur à 15/30 (ou à 50 % du maximum) suggère des possibilités d'amélioration au niveau de l'analyse des écarts au sein de l'organisation.

Écarts budgétaires significatifs

Déterminer le seuil permettant de distinguer les écarts significatifs des écarts non significatifs
Objectif Être en mesure d'utiliser des critères rationnels pour déterminer les écarts significatifs.

Connaissances	**Utilisations**
<ul><li>Seuil d'écart significatif</li><li>Facteurs organisationnels</li><li>Impact de la stratégie</li></ul>	<ul><li>Identifier les facteurs qui influencent le niveau d'écart significatif</li><li>Établir le niveau d'écart significatif</li></ul>

Déterminer le seuil des écarts significatifs

- La détermination du seuil des écarts significatifs dépend de plusieurs facteurs, dont la stratégie de l'organisation, la nature des postes budgétaires, le niveau d'incertitude de l'environnement et l'expérience des gestionnaires. L'ensemble de ces éléments devrait être considéré lors du choix des niveaux d'écarts significatifs. En règle générale, le pourcentage des postes qui démontrent un écart significatif devait varier entre 10 % et 30 %.

Stratégie

- La stratégie a un impact important lorsque vient le temps de déterminer le seuil d'écart budgétaire significatif.
- Pour la stratégie d'entreprise, les gestionnaires contrôlent généralement mieux leur environnement dans le contexte d'un secteur unique que dans le cas de diversifications non liées.
- Pour la stratégie d'affaires, le degré d'incertitude est généralement plus élevé dans le cadre d'une stratégie de croissance que dans le cadre d'une stratégie de récolte.
- Pour la stratégie concurrentielle, le degré d'incertitude est généralement plus élevé dans le cadre d'une stratégie de différenciation que dans le cadre d'une stratégie de prix, car les gestionnaires doivent constamment innover.

Impact sur le seuil d'écart significatif	Stratégie d'entreprise			Stratégie d'affaires			Stratégie concurrentielle		
	Secteur unique	Diversification liée	Diversification non liée	Récolte	Maintien	Croissance	Prix	Mixte	Différenciation
Seuil d'écart significatif plutôt élevé			●			●			●
Seuil d'écart significatif modéré		●			●			●	
Seuil d'écart significatif plutôt bas	●			●			●		

Nature des postes budgétaires

- Les postes de revenus et les postes qui composent le coût des marchandises vendues sont généralement plus volatils que la majorité des frais de vente et d'administration. Par conséquent, il est souhaitable que les gestionnaires identifient des seuils d'écart significatifs qui varient selon la catégorie de postes analysés.

Degré d'incertitude de l'environnement

- Le degré d'incertitude lié à l'évolution de l'environnement, l'action des concurrents, la nouveauté des produits ou des marchés complexifient le processus de prévisions et augmentent ainsi les probabilités d'erreurs. Dans ce contexte, il est normal d'accepter un seuil d'écart significativement plus élevé.

Expérience des gestionnaires

- L'expérience des gestionnaires dans le cadre de leur fonction, avec le processus budgétaire ou avec les mandats qui leur sont confiés doit être prise en considération lors de l'identification des seuils d'écart significatifs.

Écarts exprimés en termes financiers ou en pourcentage

- Lorsque la question est d'analyser la qualité des prévisions effectuées par les gestionnaires, les écarts budgétaires exprimés en pourcentage d'écart sont pertinents.
- Lorsque les gestionnaires cherchent à analyser les écarts qui ont l'impact le plus important sur le résultat net, les écarts budgétaires exprimés en valeur monétaire sont pertinents.

Nombre de seuils d'écarts significatifs différents

- Il est rare qu'un seul seuil d'écart significatif suffise à identifier tous les écarts significatifs pertinents. Il est donc recommandé d'utiliser plusieurs seuils différents qui varient en fonction de la stratégie, de la nature du poste, de l'incertitude liée à l'environnement ou de l'expérience des gestionnaires.

Diagnostic du processus d'identification des seuils d'écart budgétaires significatifs

ÉNONCÉS *Dans l'organisation...*	Tout à fait en accord	Plutôt en accord	Plutôt en désaccord	Tout à fait en désaccord	Sans objet
1. **Lors de l'identification du seuil d'écart significatif,** la stratégie d'entreprise est considérée.					
2. … la stratégie d'affaires est considérée.					
3. … la stratégie concurrentielle est considérée.					
4. … la nature des postes budgétaires est considérée.					
5. … le degré d'incertitude est considéré.					
6. … l'expérience des gestionnaires est considérée.					
7. Les écarts en pourcentage sont utilisés pour évaluer la qualité des prévisions budgétaires.					
8. Au besoin, plusieurs seuils d'écarts significatifs sont utilisés.					
9. Les gestionnaires révisent régulièrement le niveau des seuils significatifs.					
10. Les responsables budgétaires sont en accord avec les seuils d'écart significatifs utilisés.					

Pour chacun des énoncés, indiquez votre opinion (en attribuant une valeur de 3 à **Tout à fait en accord**, de 2 à **Plutôt en accord**, de 1 à **Plutôt en désaccord** et de 0 à **Tout à fait en désaccord**). Les questions **Sans objet** sont exclues du décompte. Un résultat inférieur à 15/30 (ou à 50 % du maximum) suggère des possibilités d'améliorer le processus d'identification des seuils d'écart budgétaires significatif au sein de l'organisation.

Suivi global des budgets d'exploitation

Techniques utilisées pour le suivi budgétaire des budgets d'exploitation

Objectif
Être en mesure d'utiliser des critères rationnels pour déterminer les écarts significatifs

Connaissances	Utilisations
● Seuil d'écart significatif ● Facteurs organisationnels ● Impact de la stratégie	● Identifier les facteurs qui influencent le niveau d'écart significatif ● Établir le niveau d'écart significatif

Technique	Question	Principale utilité
L'analyse de la marge de manœuvre disponible	Combien reste-t-il à dépenser d'ici la fin de la période ?	Pour le suivi des budgets annuels d'exploitation principalement constitués de frais fixes avec des enveloppes budgétaires fermées.
L'analyse de la répartition des dépenses en fonction des revenus	Quelle est l'importance de chaque poste de dépense par rapport aux revenus ?	Pour le suivi de la variation de chaque poste de dépenses par rapport au chiffre d'affaires.
L'analyse de la répartition des dépenses en fonction du budget d'exploitation	Quelle est l'importance de chaque poste de dépense par rapport au total des coûts d'exploitation?	Pour analyser la variation de l'importance relative de chaque poste de dépense par rapport aux coûts d'exploitation.
L'analyse des écarts par postes budgétaires	De quel montant (ou %) a-t-on dépassé les prévisions pour chaque poste budgétaire?	Pour le suivi des budgets d'exploitation majoritairement composés de frais fixes tels que le budget des entreprises de services et de certaines entreprises commerciales.
L'analyse détaillée des écarts budgétaires	Quels sont les écarts de volume de prix et de rendement qui expliquent la différence entre le budget et les résultats?	Pour le suivi des budgets d'exploitation où les frais variables sont importants en termes monétaires, notamment dans certaines entreprises commerciales et dans la plupart des entreprises manufacturières.

Choisir une ou plusieurs techniques

● Les besoins des gestionnaires varient selon la nature de leur travail ainsi qu'en fonction des décisions budgétaires qu'ils doivent prendre. Il est conseillé d'identifier les besoins des gestionnaires avant de recommander la technique la plus appropriée. Dans certains cas, plus d'une technique peut être pertinente. Toutefois, il faut être conscient que les écarts significatifs peuvent varier en fonction de la technique retenue.

Suivi budgétaire global ou détaillé

● Pour la plupart des entreprises, un suivi budgétaire global de chaque poste du budget d'exploitation est suffisant.

● Toutefois, les entreprises qui ont une structure de coûts comportant de nombreux coûts variables ont avantage à utiliser les techniques d'analyse détaillées des écarts (voir fiche 11.5).

Écarts exprimés en termes de ratios financiers

● Analyser les écarts budgétaires en comparant les ratios financiers tels que le rendement sur capital investi, la marge brute, la marge nette ou le taux de rotation des actifs peut s'avérer être une approche pertinente lorsque l'on désire mesurer rapidement l'impact global des écarts entre les budgets financiers prévisionnels et réels.

Diagnostic du processus d'identification des techniques de suivi budgétaire

	ÉNONCÉS *Dans l'organisation…*	Tout à fait en accord	Plutôt en accord	Plutôt en désaccord	Tout à fait en désaccord	Sans objet
1.	Les gestionnaires sont sensibilisés à l'utilité des différentes techniques de suivi budgétaire.					
2.	Les gestionnaires sont adéquatement encadrés dans le choix de la technique de suivi budgétaire approprié.					
3.	Les gestionnaires sont en mesure de se concentrer uniquement sur les écarts significatifs.					
4.	Avant de changer de technique de suivi budgétaire, les besoins des gestionnaires sont adéquatement analysés.					
5.	La technique des écarts budgétaires détaillés est utilisée seulement lorsque cela est nécessaire.					
6.	Les gestionnaires qui utilisent la technique des écarts budgétaires détaillés reçoivent une formation adéquate.					
7.	L'analyse de l'impact des écarts budgétaires sur les ratios financiers est utilisée lorsque la situation l'exige.					
8.	Les gestionnaires sont impliqués dans la préparation des budgets d'exploitation.					
9.	Les données réelles comparatives sont rapidement disponibles après la fin de la période.					
10.	Les écarts budgétaires sont analysés afin d'améliorer la gestion des unités d'affaires.					

Pour chacun des énoncés, indiquez votre opinion (en attribuant une valeur de 3 à **Tout à fait en accord**, de 2 à **Plutôt en accord**, de 1 à **Plutôt en désaccord** et de 0 à **Tout à fait en désaccord**). Les questions **Sans objet** sont exclues du décompte. Un résultat inférieur à 15/30 (ou à 50 % du maximum) suggère des possibilités d'améliorer le processus qui guide le choix des techniques de suivi budgétaires appropriées au sein de l'organisation.

Synthèse du calcul détaillé des écarts

Calcul des écarts dans les entreprises de services, commerciales et manufacturières
Objectif Synthétiser les formules utilisées dans le calcul détaillé des écarts budgétaires

Connaissances	**Utilisations**
● Écarts relatifs aux ventes ● Écarts de prix ● Écarts de rendement	● Entreprises de services ● Entreprises commerciales ● Entreprises manufacturières

Utilité du calcul détaillé des écarts

Les écarts détaillés peuvent être utiles pour toutes les entreprises :

- Les entreprises de services peuvent analyser les écarts sur ventes, les écarts des frais de vente variables et les écarts sur frais de vente et d'administration fixes.

- Les entreprises commerciales peuvent analyser, en plus des écarts précédents, l'écart de prix relatif au coût de marchandises vendues (en bleu dans le tableau de la page suivante).

- Les entreprises manufacturières sont celles qui bénéficient le plus du calcul détaillé des écarts. Elles peuvent analyser, en plus des écarts précédents, les écarts spécifiques aux coûts de fabrication (en vert dans le tableau de la page suivante).

Les abréviations utilisées dans les formules

Afin de bien comprendre le schéma de la page suivante, il est nécessaire de prendre connaissance des abréviations présentées dans le tableau qui suit :

Abréviations principales		À ces abréviations s'ajoutent
Écarts relatifs aux ventes	**Écarts sur coûts**	
● P : prix de vente ● MCV : marge sur coûts variables ● PM : part de marché ● V : volume d'activité ● VS : volume du secteur d'activité	● P : prix des ressources ● Q : quantité de MP ● H : heures de MOD ● F : frais ● T : taux (horaire de MOD ou d'imputation des FGFV) ● C : taux de commission (en %) ● Vbase : volume de la base d'imputation	● mp : (MCV) moyenne prévue ● ms : (prix) moyen standard / prévu ● p : prévu ● r : réel ● s : standard/prévu ● sna : standard au niveau atteint

Écarts sur résultats

Écarts relatifs aux ventes
$(V_r - V_p) \times MCV_p$

Écarts sur coûts

Écarts sur prix de vente
$(P_r - P_p) \times V_r$

Écarts sur volume de vente

Écarts sur coûts de fabrication[1]

Écarts sur autres coûts

Écarts dû à la quantité des produits vendus
$(V_r - V_p) \times MCV_{mp}$

Écarts dû à la combinaison des produits vendus
$(V_r - V_p) \times (MCV_p - MCV_{mp})$

Écarts sur coûts des marchandises vendues[2]

Écarts sur prix
$(P_r - P_s) \times Q_r$

Écarts dû à la taille du marché
$(V_r - V_p) \times PM_p \times MCV_{mp}$

Écarts dû à part de marché
$(PM_r - PM_p) \times VS_r \times MCV_{mp}$

Écarts sur frais de vente variables

Écarts sur frais de vente et d'administration fixes

Écarts sur coût de la MP

Écarts sur coût de la MOD

Écarts sur FGF variables

Écarts sur FGF fixes [3]

Écarts sur dépenses
$(T_r - T_s) \times V_r$

Écarts sur dépenses
$F_r - F_p$

Écarts sur dépenses
$FGF_r - FGF_p$

Détail de l'écart sur commissions

Écarts de rendement
$(Vbase_r - Vbase_{sna}) \times T_s$

Écarts sur dépenses
$(T_r - T_s) \times Vbase_r$

Écarts sur variation du prix de vente
$(V_r \times P_r) - (V_r - P_p) \times C_p$

Écarts sur taux
$(C_r - C_p) \times (V_r \times P_r)$

Écarts sur taux MOD
$(T_r - T_s) \times H_r$

Écarts sur temps MOD
$(H_s - H_{sna}) \times T_s$

Dû à la productivité de la MOD
$(H_r - [H_s/Q_s \times Q_{sna}]) \times T_s$

Dû au rendement des MP
$(H_s - [H_s/Q_s \times Q_{sna}]) \times T_s$

Écarts sur prix MP
$(P_r - P_s) \times Q_r$

Écarts sur quantité MP
$(Q_r - Q_{sna}) \times P_s$

Dû à la combinaison des MP[4]
$(Q_r - Q_{sna}) \times (P_s - Pm_s)$

Dû au rendement des MP[4]
$(Q_r - Q_{sna}) \times Pm_s$

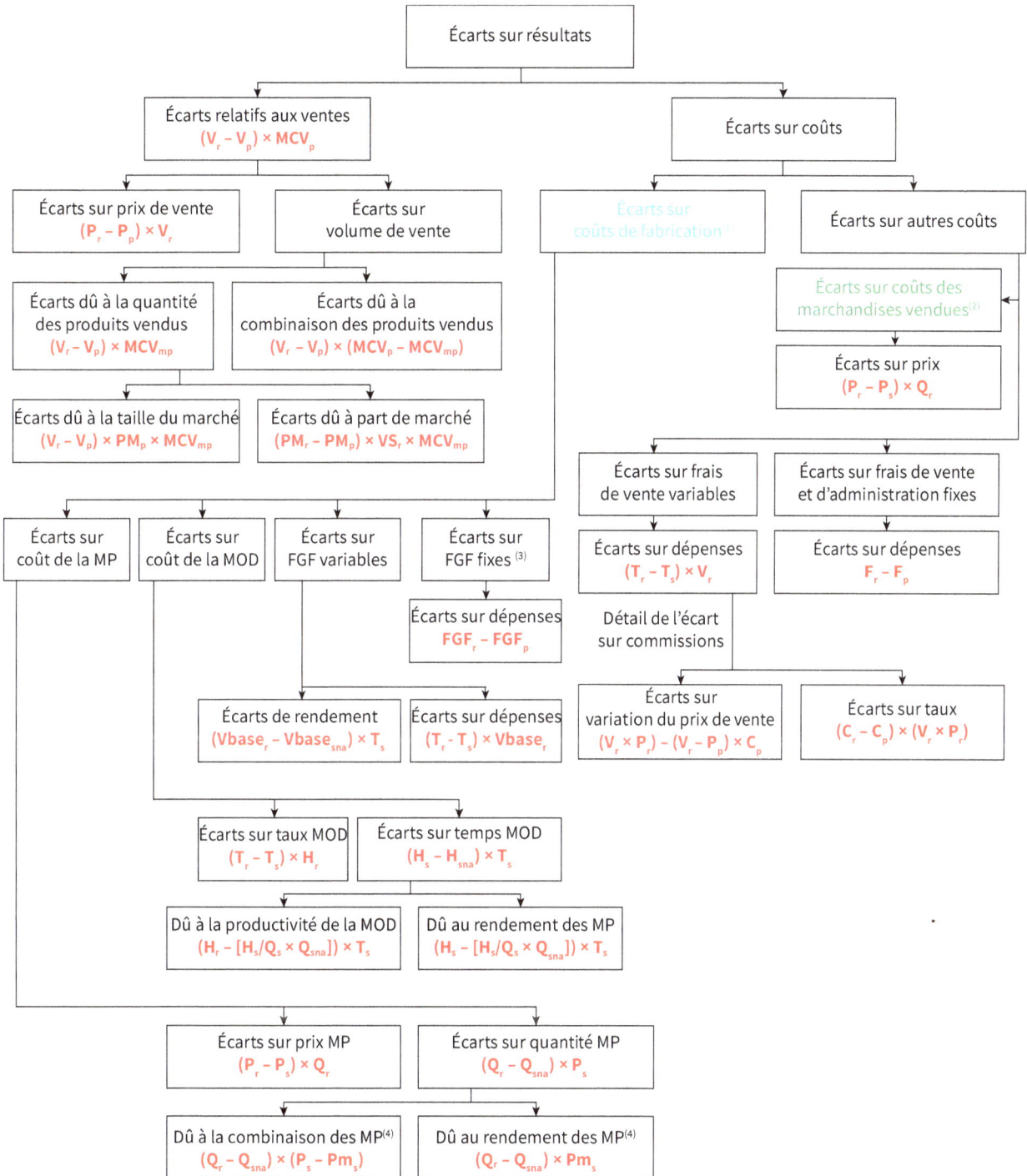

(1) : Spécifiques aux entreprises de fabrication
(2) : Spécifiques aux entreprises commerciales
(3) : Excluant les écarts d'imputation
(4) : Selon la méthode du prix moyen standard

Analyse des causes des écarts budgétaires

Démarche d'analyse des causes, des indices et des solutions aux écarts budgétaires
Objectif Présenter une démarche systématique d'analyse des causes des écarts significatifs.

Connaissances	Utilisations
● Écarts relatifs aux ventes ● Écarts sur coûts de fabrication ● Écarts sur frais de vente et d'administration	● Cause des écarts ● Indices à analyser ● Solutions potentielles aux écarts

Démarche de l'analyse des écarts

● Suite au calcul des écarts, l'étape suivante consiste à analyser les causes possibles en se fiant aux indices. Une fois ces causes identifiées, il est important de trouver des solutions et de les mettre en œuvre afin de rectifier le tir.

Écarts → Causes → Indices → Solutions

● Généralement, ces analyses se font sur une base mensuelle, mais elles peuvent être effectuées sur une base trimestrielle. Toutefois, plus le suivi est fréquent, plus il est facile de corriger rapidement les causes des écarts.

Écarts relatifs aux ventes

Causes possibles des écarts	Indices à analyser	Solutions à envisager
a) Prévisions erronées		
Informations importantes manquantes	Qualité de l'analyse de l'environnement et de l'industrie	Établir une liste des informations requises
Informations erronées	Temps investi dans le processus	Valider les données de base
Hypothèses farfelues	Expertise du personnel	Discuter des hypothèses
Erreurs de calcul	Qualité de la conception des applications	Vérifier les calculs et les formules
b) Variation dans les quantités		
Conjoncture	Évolution du secteur d'activité	Analyser l'évolution des besoins des clients
Concurrence	Évolution des parts de marché	Différencier ou renouveler ses gammes de produits
Promotion et publicité	Écarts sur frais de vente fixes	Lancer des campagnes de promotion et de publicité plus agressives ou mieux ciblées
Performance de l'équipe de vente	Écarts sur frais de vente variables	Maintenir une taille de l'équipe de vente adéquate et la gérer adéquatement
Étendue du réseau de distribution	Évolution des coûts de distribution	Optimiser le réseau de distribution

c) Variation dans la qualité		
Qualité du service à la clientèle	Plaintes, ruptures de stock et délais de livraison	Diminuer les délais et les ruptures de stock
Qualité des produits	Retours de marchandises et écarts sur le prix moyen des unités vendues	Examiner les marchandises lors de la réception et choisir les produits et les fournisseurs avec précaution
Inexpérience de l'équipe de vente	Évolution des coûts de formation	Élaborer un programme de formation pour le personnel de vente
Mobilisation insuffisante de l'équipe de vente	Plaintes et commentaires de la clientèle par rapport au service à la clientèle	Maintenir des salaires compétitifs
d) Variation dans les prix		
Politique d'escomptes et de rabais inappropriée	Politique d'escomptes et de rabais	S'assurer que les marges bénéficiaires brutes sont conformes aux objectifs de l'entreprise
Produits en fin de cycle	Tendances dans les volumes et prix de vente par produit	Bien cibler les besoins de la clientèle
Concurrence vive	Comportement des concurrents	Négocier avec les fournisseurs et renouveler les gammes de produits
Coûts de revient trop élevés par rapport aux concurrents	Rentabilité des produits	Élaborer une stratégie de réduction de coûts

Écarts sur coûts de fabrication

Causes possibles des écarts	Indices à analyser	Solutions à envisager
a) Écarts sur matières premières		
Prévisions erronées	Écarts invraisemblables	Valider les prévisions
Variation des quantités		
Qualité MP	Volume de rejet	S'assurer que la qualité des MP est conforme aux attentes; sinon évaluer la possibilité de changer de fournisseur.
Pertes dans le traitement des MP	Écart entre quantités unitaires réelles et quantités standard	Réévaluer les processus de production et intégrer un processus de formation continue.
Bris de machine	Évolution des coûts d'entretien et de réparation au G.L.G.	Établir un programme d'entretien préventif de la machinerie
Nouvelle machine	Comptes d'immobilisations au G.L.G	Mieux former le personnel
Variation de prix		
Jeux de l'offre et de la demande	Évolution des prix sur le marché.	Négocier avec les fournisseurs ou signer des contrats à terme
Ajustement de prix par les fournisseurs	Prix par fournisseur	Négocier, chercher de nouveaux fournisseurs ou rechercher les économies d'échelle
b) Écarts sur main-d'œuvre directe		
Prévisions erronées	Écarts invraisemblables	Valider les prévisions
Variation des heures		
Dépassement des standards de M.P.	Écarts sur matières premières	Valider les prévisions
Surcharge de travail	Temps supplémentaire	Accroître le contrôle sur quantité des MP
Compétences de la MOD	Dépenses de formation	Établir un plan d'effectif: volume de production vs nombre et profil de la M.O.
Réorganisation du travail	Discussion avec les gestionnaires responsables	Établir un plan de formation de la main-d'œuvre et s'assurer que le niveau de compétence est adapté au travail à effectuer
Bris d'équipement	Évolution des coûts d'entretien et de réparation au G.L.G.	Assurer une planification adéquate de la production

Nouvel équipement	Comptes d'immobilisations au G.L.G	Établir un programme d'entretien préventif de la machinerie
Heures improductives	Évolution du niveau de production	Évaluer la possibilité d'automatiser le processus de production
Insatisfaction du personnel	Taux de roulement du personnel	S'assurer que les salaires sont concurrentiels
Variation dans les taux		
Expérience	Variation du niveau moyen d'ancienneté des employés	Évaluer la possibilité d'offrir des retraites anticipées
Changements dans la rémunération	Convention collective	S'assurer que les salaires sont conformes au marché
Temps supplémentaire	Feuilles de temps	Établir un plan d'effectif : volume de production vs nombre et profil de la M.O.
c) Écarts sur frais fixes		
Prévisions erronées	Écarts invraisemblables	Valider les prévisions
Problèmes liés au choix de la base d'imputation	Écarts liés à la base d'imputation tels que les écarts de M.P. et de MOD	Valider le choix de la base d'imputation
Défaillances de la machinerie	Évolution des coûts d'entretien et de réparation au G.L.G.	Établir un programme d'entretien préventif de la machinerie.
Mauvaise gestion des coûts	Changements au niveau des gestionnaires	Analyser en détail chaque poste budgétaire du compte FGF inscrit au G.L.G.

Écarts sur frais de vente et d'administration

Causes possibles des écarts	Indices à analyser	Solutions à envisager
a) Écarts sur frais variables		
Informations manquantes ou erronées, hypothèses farfelues ou erreurs de calcul	Qualité de l'analyse de l'environnement et de l'industrie, temps investi dans le processus, expertise du personnel et qualité de la conception des applications	Identifier les informations requises, valider les données de base, discuter des hypothèses et vérifier les calculs et les formules
Modification dans la politique de rémunération du personnel de vente	Écart sur taux	S'assurer que les prévisions sont fiables; sinon les revoir
Variation du prix de vente	Écart sur variation du prix de vente	S'assurer de la pertinence de la formule de rémunération
Variation dans le mix de produits vendus, dans le cas de commissions à taux variables	Évolution des ventes par gammes de produits	Mieux orienter l'effort de vente
Variation du coût unitaire moyen des marchandises vendues	Écart sur prix des marchandises vendues	Analyser les marges bénéficiaires brutes et ajuster le mix de produits et les prix ou renégocier avec les fournisseurs
b) Écarts sur frais de vente et d'administration fixes		
Informations manquantes ou erronées, hypothèses farfelues ou erreurs de calcul	Qualité de l'analyse de l'environnement et de l'industrie, temps investi dans le processus, expertise du personnel et qualité de la conception des applications	Identifier les informations requises, valider les données de base, discuter des hypothèses et vérifier les calculs et les formules
Changements dans les relations avec les fournisseurs	Écarts imprévus sur certains frais fixes	Renégocier ou changer de fournisseur
Variations dans les ressources matérielles utilisées par l'entreprise	Acquisitions ou dispositions de ressources matérielles	Réévaluer la pertinence et le coût des ressources utilisées
Changements dans l'équipe de gestion de l'entreprise	Croissance des frais administratifs par rapport aux autres frais d'exploitation	Évaluer l'ensemble des postes en fonction de leur contribution à l'entreprise.

**Diagnostic
de l'analyse des causes des écarts**

ÉNONCÉS *Dans l'organisation...*	Tout à fait en accord	Plutôt en accord	Plutôt en désaccord	Tout à fait en désaccord	Sans objet
1. L'analyse des causes des écarts se fait sur une base régulière.					
2. Les causes des écarts sont analysées par une équipe multidisciplinaire.					
3. L'objectif de l'analyse des causes des écarts est de trouver les correctifs appropriés, et non pas de trouver des coupables.					
4. Les causes des écarts sont analysées uniquement si les écarts sont significatifs.					
5. Les écarts sont analysés afin d'identifier les causes.					
6. Les indices permettant de comprendre les causes sont identifiés.					
7. À chaque écart on associe une solution ou une explication valable.					
8. Les solutions sont rapidement mises en œuvre.					
9. L'impact des solutions mises en œuvre est rapidement évalué.					
10. Les analyses d'écarts sont dûment documentées et répertoriées.					

Pour chacun des énoncés, indiquez votre opinion (en attribuant une valeur de 3 à **Tout à fait en accord**, de 2 à **Plutôt en accord**, de 1 à **Plutôt en désaccord** et de 0 à **Tout à fait en désaccord**). Les questions **Sans objet** sont exclues du décompte. Un résultat inférieur à 15/30 (ou à 50 % du maximum) suggère des possibilités d'amélioration au niveau l'analyse des causes des écarts au sein de l'organisation.

Suivi des projets

Techniques de suivi des projets
Objectif Contrôler l'exécution des projets en vue de s'assurer qu'ils seront réalisés selon les plans, c'est-à-dire à temps et selon le budget proposé.

Connaissances	Utilisations
● Chemin critique ● Diagramme de Gantt ● Méthode PERT ● Budget adapté de PERT	● Contrôle des délais ● Contrôle des coûts

Chemin critique

● La méthode du chemin critique relie toutes les tâches d'un projet et permet de déterminer :
  ○ le laps de temps le plus court pour terminer un projet;
  ○ les tâches qu'il est possible de retarder sans affecter l'échéance du projet;
  ○ la date la plus éloignée pour commencer une tâche en tenant compte de la date d'échéance du projet.

Diagramme de Gantt

● Le diagramme de Gantt permet de visualiser :
  ○ l'échéancier de réalisation de chacune des tâches;
  ○ la marge de manœuvre en termes de délais;
  ○ les retards et les progressions excédant les prévisions.

Méthode PERT[3]

● La méthode PERT reconnaît le caractère incertain de la durée d'une tâche en utilisant trois estimations plutôt qu'une :
  ○ estimation de la durée la plus courte (optimiste), t_o;
  ○ estimation de la durée la plus probable, t_m;
  ○ estimation de la durée la plus longue (pessimiste), t_p.
● Les deux hypothèses suivantes permettent de suivre et de gérer un projet à l'aide d'outils statistiques :
  ○ moyenne de la durée d'une tâche = $(t_o + 4t_m + t_p)/6$;
  ○ écart-type de la durée d'une tâche = $(t_p - t_o)/6$.

Budget inspiré de PERT[4]

● Cette méthode peut être adaptée pour contrôler les coûts d'un projet en estimant pour chacune des tâches d'un projet :
  ○ le coût le moins élevé (optimiste), c_o;
  ○ le coût le plus probable, c_m;
  ○ l'estimation du coût le plus élevé (pessimiste), c_p.

Contrôle des délais

Diagramme de Gantt

Tâche 1					
Tâche 2					
Tâche 3					
...					
Tâche n					
	1er juin	1er juillet	1er août		1er décembre

Contrôle des coûts

Tâches	Tâche				Étape 1		
	Coût le plus probable	Écart-type estimé	Résultat	Écart	Résultat cumulatif	Coût d'achèvement de l'étape	Écart de l'étape
Tâche 1.1							
Tâche 1.2							
...							
Tâche 1.n							

Légende[5]:
Blanc : Écart favorable; Vert : Écart < 1 écart-type; Jaune : Écart < 2 écarts-types; Rouge : Écart > 2 écarts-types.

Diagnostic du suivi des projets

ÉNONCÉS *Dans l'organisation...*	Tout à fait en accord	Plutôt en accord	Plutôt en désaccord	Tout à fait en désaccord	Sans objet
1. La méthode du chemin critique est utilisée pour planifier l'ordonnancement des tâches des projets.					
2. La méthode du chemin critique est utilisée pour connaître la marge de manœuvre accordée par les échéanciers.					
3. Le diagramme de Gantt est utilisé pour contrôler les délais des projets.					
4. La méthode PERT est utilisée pour juger de la normalité des écarts observés.					
5. Le budget PERT est utilisé pour évaluer les coûts des projets.					
6. Une adaptation du budget PERT est utilisée pour contrôler les coûts des projets.					
7. Le suivi des projets est effectué sur une base quotidienne.					
8. En cas d'écarts de temps, les gestionnaires sont en mesure de présenter un plan d'action pour récupérer le temps perdu.					
9. En cas d'écarts de coûts, les gestionnaires sont en mesure de présenter un plan d'action pour réduire les coûts.					
10. Un modèle permet de faire le lien entre les délais et les coûts des projets.					

Pour chacun des énoncés, indiquez votre opinion (en attribuant une valeur de 3 à **Tout à fait en accord**, de 2 à **Plutôt en accord**, de 1 à **Plutôt en désaccord** et de 0 à **Tout à fait en désaccord**). Les questions **Sans objet** sont exclues du décompte. Un résultat inférieur à 15/30 (ou à 50 % du maximum) suggère des possibilités d'amélioration au niveau du suivi des projets de l'organisation.

Suivi des programmes

Analyser la performance des programmes
Objectif Développer une approche d'évaluation et de gestion efficace de la performance des programmes.

Connaissances	**Utilisations**
● Définition ● Objectifs ● Activités	● Mise en œuvre ● Performance

Définition

- Deux types de programmes existent dans les organisations :
  - les programmes de production correspondant à la fabrication d'un certain nombre d'unités d'un produit, échelonnée sur un certain nombre d'années comme on le voit, par exemple, chez BRP et Héroux-Devtek[6];
  - les programmes récurrents tels que ceux de recherche et développement, d'amélioration ou de mise en marché.
- Les programmes récurrents regroupent une suite d'actions en vue de réaliser des objectifs donnés.
- Les programmes récurrents doivent :
  - être justifiés (raisons de leur mise en œuvre);
  - être en lien avec la stratégie;
  - être analysés en fonction de leur impact anticipé sur la performance organisationnelle.

Objectifs

- Les objectifs de programmes sont des cibles stratégiques qu'une organisation doit atteindre afin de réaliser sa mission.
- Généralement, une organisation à but lucratif se dote de plusieurs programmes lui permettant d'exécuter sa stratégie (recherche et développement, mise en marché, amélioration continue, formation des cadres, etc.) tandis qu'une organisation sans but lucratif réalise sa mission grâce à ses programmes.

Activités

- La description des activités d'un programme est particulièrement importante vu le caractère incertain des résultats anticipés.
- Cette incertitude vient du fait que de nombreux facteurs externes sont susceptibles d'en influencer le résultat.
- Le contrôle des programmes passe par le suivi des activités menées et des ressources utilisées plutôt que par les résultats qui ne sont pas toujours immédiats ni en lien direct avec les actions posées.

Évaluation de la performance d'un programme

- Dans le cas d'un programme découlant d'une nouvelle réglementation, l'objectif sera de vérifier s'il répond bien aux objectifs fixés.
- Dans les autres cas, il y a plutôt lieu d'en évaluer la pertinence, l'efficacité et l'efficience :
  - La pertinence s'évalue par la contribution d'un programme à la mission de l'organisation (évaluation des objectifs) :
    - Comment les objectifs ont-ils été fixés? A-t-on procédé à l'élaboration d'une carte stratégique?
    - Comment le programme s'intègre-t-il aux autres projets ainsi qu'au budget?
- L'efficacité vise à mesurer l'atteinte des objectifs du programme (évaluation des résultats) :
  - Quel est le degré d'atteinte des cibles?
  - Quel est l'impact sur les indicateurs clés de performance?
- L'efficience vise à établir la performance des activités (évaluation des activités) :
  - Quels sont les coûts rattachés aux activités? Ces coûts sont-ils comparables à l'application des meilleures pratiques?
  - Les activités sont-elles toutes porteuses de valeur ajoutée? La non-qualité est-elle à l'origine de coûts supplémentaires?

Mise en œuvre

- Le suivi de la mise en œuvre d'un programme est semblable au suivi d'un projet et les mêmes outils de contrôle peuvent être utilisés dans les deux cas.

Diagnostic de l'analyse des programmes

ÉNONCÉS *Dans l'organisation...*	Tout à fait en accord	Plutôt en accord	Plutôt en désaccord	Tout à fait en désaccord	Sans objet
1. Un programme est constitué d'une série d'objectifs à atteindre et d'activités à réaliser.					
2. La pertinence des programmes est établie en reliant leurs objectifs à la mission.					
3. Des cibles sont fixées pour tous les objectifs des programmes.					
4. Les analystes ont identifié les activités menées en lien avec les objectifs de chaque programme.					
5. Une quantité suffisante de ressources a été allouée à chacun des programmes au cours du processus budgétaire.					
6. La mise en œuvre des programmes fait l'objet d'un suivi rigoureux.					
7. Les gestionnaires disposent d'indicateurs permettant de mesurer l'efficacité des activités menées dans le cadre des programmes.					
8. Les gestionnaires disposent d'indicateurs permettant de mesurer l'efficience des activités menées dans le cadre des programmes.					
9. Les facteurs déterminants du succès de la mise en œuvre des programmes sont identifiés.					
10. Les gestionnaires sont en mesure de faire le lien entre les indicateurs d'efficacité des programmes et la performance financière de l'organisation.					

Pour chacun des énoncés, indiquez votre opinion (en attribuant une valeur de 3 à **Tout à fait en accord**, de 2 à **Plutôt en accord**, de 1 à **Plutôt en désaccord** et de 0 à **Tout à fait en désaccord**). Les questions **Sans objet** sont exclues du décompte. Un résultat inférieur à 15/30 (ou à 50 % du maximum) suggère des possibilités d'amélioration au niveau de l'analyse des programmes de l'organisation.

Cohérence du suivi budgétaire

Recherche de cohérence stratégique

Objectif
Évaluer la cohérence entre la stratégie et le suivi budgétaire.

Éléments stratégiques	Éléments de contrôle
● Stratégie d'entreprise ● Stratégie d'affaires ● Stratégie concurrentielle	● Techniques de suivi des budgets ● Analyse des écarts ● Contrôle budgétaire

**Évaluation
des pratiques de contrôle**

	Catégorie	Énoncés	Évaluation
1.	Révision des budgets	Facile	
		Modérée	
		Difficile	
2.	Écarts budgétaires critiques	Prix et combinaison des ventes	
		Analyse globale	
		Efficience et dépenses de production	
3.	Marges acceptables	Élevées	
		Modérées	
		Faibles	
4.	Fréquence de rétroaction	Peu fréquente	
		Régulière	
		Très fréquente	
5.	Limite de contrôle des gestionnaires	Relativement élevée (plus flexible)	
		Variable	
		Relativement faible (moins flexible)	
6.	Importance du respect des coûts standards	Faible	
		Modérée	
		Élevée	
7.	Rôle des coûts dans l'évaluation des résultats	Peu important	
		Modéré	
		Très important	
Pour chaque énoncé, cochez la case correspondante à la situation de l'organisation. Ensuite, à l'aide de la grille proposée ci-après, établissez un diagnostic de cohérence.			

Suivi budgétaire
Proposition de diagnostic de cohérence stratégique[7]

Catégorie	Énoncés	Stratégie d'entreprise			Stratégie d'affaires			Stratégie concurrentielle		
		Secteur unique	Diversification liée	Diversification non liée	Récolte	Maintien	Croissance	Prix	Mixte	Différenciation
Révision des budgets	Facile				▲	■	●	▲	■	●
	Modérée				▲	●	▲	▲	●	▲
	Difficile				●	■	▲	●	■	▲
Écarts budgétaires critiques	Prix et combinaison des ventes				▲	■	●	▲	■	●
	Analyse globale				▲	■	●	●	■	▲
	Efficience et dépenses de production				●	■	▲	●	■	▲
Marges acceptables	Élevées	▲	■	●	▲	■	●	▲	■	●
	Modérées	▲	●	▲	▲	●	▲	▲	●	▲
	Faibles	●	■	▲	●	■	▲	●	■	▲
Fréquence de rétroaction	Peu fréquente				▲	■	●	▲	■	●
	Régulière				■	■	■	■	■	■
	Très fréquente				●	■	▲	●	■	▲
Limite de contrôle des gestionnaires	Relativement élevée (plus flexible)	▲	■	●	▲	■	●	▲	■	●
	Variable	▲	●	▲	▲	●	▲	▲	●	▲
	Relativement faible (moins flexible)	●	■	▲	●	■	▲	●	■	▲
Importance du respect des coûts standards	Faible				▲	■	●	▲	■	●
	Modérée				■	●	■	■	●	■
	Élevée				●	■	▲	●	■	▲
Rôle des coûts dans l'évaluation des résultats	Peu important				▲	■	●	▲	■	●
	Modéré				■	●	■	■	●	■
	Très important				●	■	▲	●	■	▲

- La littérature et l'expérience pratique nous amènent à recommander l'harmonisation de certaines pratiques de contrôle avec la stratégie d'entreprise, la stratégie d'affaires et la stratégie concurrentielle.
- Pour chacun des énoncés, le **rond vert** ● indique une parfaite cohérence, le **carré jaune** ■, une cohérence modérée et le **triangle rouge** ▲, l'absence de cohérence. Généralement, l'absence de cohérence requiert une analyse de la situation et peut justifier la modification des pratiques de contrôle.
- Il est important de préciser que certaines divergences, pourvu qu'elles soient bien définies, sont parfois justifiées, voire expressément voulues par les dirigeants. Il est donc important de faire preuve d'une grande **prudence** dans l'analyse de la cohérence entre la stratégie et les systèmes de contrôle.

Notes

1. Hugues BOISVERT, Marie-Claude BROUILLETTE, Marie-Andrée CARON, Réal JACQUES, Claude LAURIN et Alexander MERSEREAU (2011). *La comptabilité de management, prise de décision et contrôle,* 5e édition. ERPI., p. 455 et suivantes.

2. Hugues BOISVERT, Marie-Claude BROUILLETTE, Marie-Andrée CARON, Réal JACQUES, Claude LAURIN et Alexander MERSEREAU (2011). *La comptabilité de management, prise de décision et contrôle,* 5e édition. ERPI., p. 462 et suivantes.

3. L'acronyme PERT signifie *Program Evaluation and Review Technique*. Cette technique fut développée par la Marine américaine en 1957 comme mesure de contrôle du projet de sous-marin nucléaire *Polaris*, tel qu'il est rapporté dans MALCOLM, D. G., J. H. ROSEBOOM, C. E. CLARK, W. FAZAR, « Application of a Technique for Research and Development Program Evaluation », *Operations Research*, Vol. 7, N° 5, septembre-octobre 1959, p. 646-669.

4. Un exemple du budget adapté de PERT est présenté dans CRÔTEAU et collab. (1981). *Prix de revient, planification, contrôle et analyse des coûts*. ERPI. 748 p.

5. Dans le cas d'un budget adapté de PERT, le coût moyen d'une tâche sera généralement supérieur au coût estimé le plus probable puisque Coût moyen = $(C_o + 4C_m + C_p)/6$ et que Cp est généralement plus éloigné de Cm que Co. Dans ce cas, les probabilités d'observer un résultat inférieur à la moyenne (blanc) sont de 50 %, d'observer un résultat entre la moyenne et un écart-type (vert), de 34 %, d'observer un résultat entre un écart-type et deux écarts-types (jaune), de 13 % et d'observer un écart défavorable de plus de 2 écarts-types (rouge), de 3 %.

6. Hugues BOISVERT, Marie-Claude BROUILLETTE, Marie-Andrée CARON, Réal JACQUES, Claude LAURIN et Alexander MERSEREAU (2011). *La comptabilité de management, prise de décision et contrôle,* 5e édition. ERPI. 644 p.

7. La proposition de diagnostic de cohérence est inspirée du chapitre 5 du livre SHANK, John K. et Vijay GOVINDARAJAN (1993). *Strategic Cost Management, The NewTool for Competitive Advantage*. The Free Press, 226 p.

12 | Analyse de la productivité

Techniques d'analyse de la productivité

Synthèse des techniques d'analyse de la productivité
Objectif Choisir les techniques d'analyse de la productivité les plus appropriées.

Connaissances	**Utilisations**
• Structure des processus • Structure des activités • Infrastructure d'équipements • Structure de coûts	• Avantage concurrentiel • Création de valeur • Évaluation de la productivité

Techniques d'analyse de la productivité

- Le choix des techniques d'analyse de la productivité, des marges et des coûts varie selon l'organisation des processus et des activités, et selon la nature des produits et services d'une organisation.

- Il convient de bien connaître les différentes techniques disponibles afin d'opter pour celles qui conviennent le mieux au contexte organisationnel.

- L'analyse stratégique des coûts soutient l'ensemble des activités de la chaîne de valeur interne de l'organisation tout comme elle conditionne largement sa structure de coûts et son potentiel de revenu.

- Les possibilités et les menaces de l'environnement concurrentiel et de la chaîne de valeur de l'industrie doivent également être prises en compte en ce qu'il convient d'assurer la compétitivité du métier et du produit.

Synthèse des techniques d'analyse des coûts

Outils d'analyse de la productivité

1. Analyse du cycle de vie des produits
2. Analyse de la valeur
3. Analyse comparative
4. Analyse du coût cible
5. Analyse des processus
6. Analyse des inducteurs de coûts et des facteurs de succès
7. Analyse des coûts d'obtention de la qualité
8. Analyse de la capacité

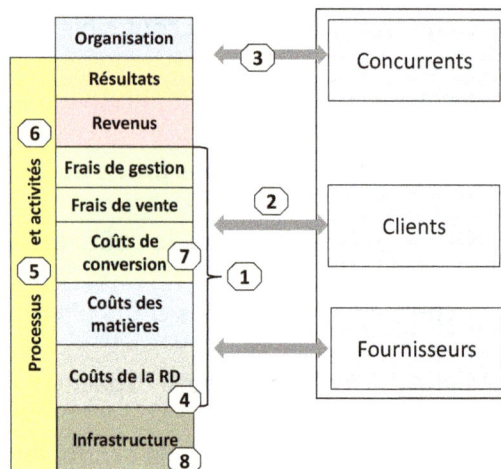

Techniques	Objectifs
1. Analyse du cycle de vie des produits	Évaluer le potentiel de rentabilité à long terme des produits et services.
2. Analyse de la valeur	Identifier les caractéristiques des produits et services les plus valorisées des clients.
3. Analyse comparative	Procéder à l'analyse des meilleures pratiques dans d'autres organisations dans le but de faire évoluer celles de sa propre organisation.
4. Analyse du coût cible	Analyser les coûts de développement des produits en vue de les concevoir à des coûts compétitifs.
5. Analyse des processus	Identifier les processus et activités qui ajoutent de la valeur aux yeux des clients et les optimiser.
6. Analyse des inducteurs de coûts et des facteurs de succès	Identifier les facteurs à l'origine des coûts et du succès des produits et services.
7. Analyse des coûts d'obtention de la qualité	Comprendre la dynamique des coûts d'obtention de la qualité afin de les optimiser.
8. Analyse de la capacité	Évaluer les coûts d'immobilisations et de services afin d'en optimiser l'utilisation.

Diagnostic
des techniques d'analyse de la productivité

ÉNONCÉS *Dans l'organisation...*	Tout à fait en accord	Plutôt en accord	Plutôt en désaccord	Tout à fait en désaccord	Sans objet
1. L'analyse de la productivité vise à améliorer la compétitivité du métier et du produit.					
2. Les analystes maîtrisent l'ensemble des techniques d'analyse de la productivité.					
3. Les techniques d'analyse de la productivité en général requièrent une activité de modélisation.					
4. Les analystes sont en mesure d'utiliser les techniques les plus pertinentes pour l'analyse à effectuer.					
5. Les analystes tiennent compte de l'environnement concurrentiel dans l'analyse de la productivité.					
6. L'analyse de la productivité tient compte de la valeur perçue par les clients des produits.					
7. Les techniques d'analyse de la productivité sont inhérentes au contrôle opérationnel.					
8. Les techniques d'analyse de la productivité sont choisies en fonction des facteurs clés de succès.					
9. L'analyse de la productivité fournit aussi des informations utiles à la planification stratégique.					
10. L'analyse de la productivité influence l'allocation des ressources.					

Pour chacun des énoncés, indiquez votre opinion (en attribuant une valeur de 3 à **Tout à fait en accord**, de 2 à **Plutôt en accord**, de 1 à **Plutôt en désaccord** et de 0 à **Tout à fait en désaccord**). Les questions **Sans objet** sont exclues du décompte. Un résultat inférieur à 15/30 (ou à 50 % du maximum) suggère des possibilités d'amélioration en matière d'analyse de la productivité de l'organisation.

Analyse du coût des produits à l'étape de développement

Analyse du coût des produits en fonction de leur degré de maturité
Objectif Choisir les techniques d'analyse stratégique des coûts les plus judicieuses pour l'organisation.

Connaissances	**Utilisations**
● Coûts de développement ● Coûts de production ● Service après-vente, externalités	● Coûts engagés ● Calendrier des coûts engagés ● Évaluation de la rentabilité

Coûts de développement

● Le développement d'un produit peut s'échelonner sur 3, 4 ou 5 ans[1]. En moyenne, 95 % des coûts engagés au cours de la durée de vie d'un produit le sont à l'étape de conception et de développement.

**Coûts engagés pendant
la durée de vie du produit[2]**

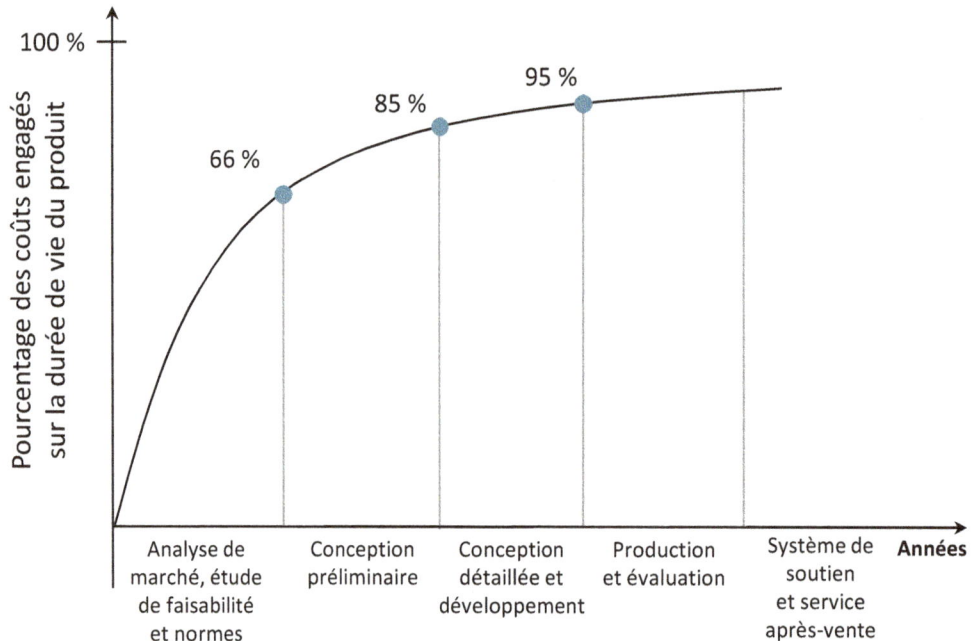

Calendrier des coûts engagés

● Le calendrier des coûts engagés est important puisque l'organisation doit prévoir une réserve à l'étape de production qui saura subvenir aux coûts du service après-vente et des externalités engagés à l'étape de postproduction.
● Les coûts de production sont engendrés pendant les années de fabrication ou d'assemblage d'un produit.

● Les revenus générés par l'organisation au cours de cette période doivent être suffisants pour soutenir les coûts de développement (intervenus aux étapes de conception) et de service après-vente (postproduction, certains peuvent s'échelonner sur plusieurs années, voire bien après qu'un produit ait cessé d'être fabriqué). C'est le cas, entre autres, des produits aéronautiques (moteurs, trains d'atterrissage et avions)[3].

● Les coûts des externalités, en particulier ceux qui se rattachent à l'impact sur l'environnement dont on a souvent fait abstraction jusqu'ici, sont désormais appelés à être identifiés et mesurés.

Rationalisation

● Dans l'industrie aéronautique, le service après-vente est particulièrement onéreux. Dans les industries primaires (minière, pétrolière ou autres industries produisant des déchets), ce sont plutôt les coûts des externalités qui priment en raison de leur impact sur l'environnement.

Évaluation de la rentabilité

● La rentabilité est évaluée en fonction de la durée de vie du programme. Cette évaluation se révèle complexe puisque la plus élevée part des revenus de tout programme est uniquement encaissée au moment de la vente des produits alors qu'une multitude de coûts sont engagés avant, pendant et après l'étape de commercialisation.

Diagnostic de l'utilité de l'analyse des coûts selon le cycle de vie d'un produit

ÉNONCÉS *Dans l'organisation...*	Tout à fait en accord	Plutôt en accord	Plutôt en désaccord	Tout à fait en désaccord	Sans objet
1. Les coûts inhérents aux programmes de production sont rigoureusement évalués.					
2. Les coûts directs des programmes de production (pièces et main-d'œuvre) sont rigoureusement évalués.					
3. Les coûts indirects des programmes de production (équipements et outillage) sont rigoureusement évalués.					
4. Les coûts du service après-vente dans le cadre des programmes de production sont rigoureusement évalués.					
5. La durée de vie utile des produits issus des programmes de production est rigoureusement évaluée.					
6. Les coûts liés aux externalités découlant des programmes de production sont rigoureusement évalués.					
7. Les coûts liés aux externalités potentielles liées aux programmes de production sont rigoureusement évalués en vue de prévoir une réserve à cet effet.					
8. Le calendrier des coûts engendrés dans le cadre des programmes de production est rigoureusement évalué.					
9. Le calendrier des revenus à générer dans le cadre des programmes de production est rigoureusement évalué.					
10. La rentabilité des programmes de production en fonction du cycle de vie des produits est rigoureusement évaluée.					

Pour chacun des énoncés, indiquez votre opinion (en attribuant une valeur de 3 à **Tout à fait en accord**, de 2 à **Plutôt en accord**, de 1 à **Plutôt en désaccord** et de 0 à **Tout à fait en désaccord**). Les questions **Sans objet** sont exclues du décompte. Un résultat inférieur à 15/30 (ou à 50 % du maximum) suggère des possibilités d'amélioration au niveau de l'analyse des coûts de production selon le cycle de vie des produits.

Analyse de la valeur d'un produit ou d'un service

Technique d'analyse de la valeur d'un produit ou d'un service
Objectif Connaître les attributs et les fonctionnalités qui ajoutent de la valeur à un produit ou service aux yeux des clients ainsi que les coûts qui s'y rattachent.

Connaissances	Utilisations
● Définition ● Fonctions et activités ● Défis comptables	● Développement de produits et services ● Amélioration continue ● Réingénierie des processus

Définition

- La valeur se présente sous différentes formes :
  - ○ La valeur d'un produit peut être perçue comme le prix maximal qu'un client est prêt à débourser pour l'obtenir[4];
  - ○ La valeur ajoutée fait plutôt référence à la différence entre le prix de vente d'un produit ou service et le coût des matières premières ayant servi à sa fabrication.
- L'analyse de la valeur[5] (AV), (également connue sous les appellations d'ingénierie de la valeur, de méthodologie de la valeur, et de management ou gestion par la valeur) constitue une démarche systématique visant à optimiser la valeur perçue des produits ou services.

Valeur des attributs et des fonctionnalités des produits ou services

- L'analyse de la valeur d'un produit ou service fait l'examen de ses attributs et fonctionnalités, c'est-à-dire de ce que le produit ou service permet d'accomplir ou offre de plus par rapport à d'autres.
- Il s'agit d'évaluer quels attributs ou fonctions sont jugés utiles par les clients et dans quelle mesure chacun ajoute à la valeur perçue dudit produit ou service.

Valeur des activités et des processus

- Certains processus et activités ajoutent de la valeur aux yeux des clients tandis que d'autres, pas du tout ou ne font que la maintenir ou l'assurer[6]. L'analyse de la valeur des activités et des processus d'une organisation examine dans quelle mesure elles ajoutent à la valeur perçue des produits qui en résultent. De manière générale, seuls les activités et processus de la chaîne de valeur ajoutent de la plus-value. Il est à noter que les processus de soutien facilitent l'exécution des processus directeurs (principaux) mais ne contribuent pas directement à la valeur perçue des produits ou services.

Défis comptables

- D'une part, l'analyse de la valeur d'un produit ou service présente deux défis comptables de taille :
  - ○ La complexité d'évaluer les coûts liés aux attributs et aux fonctionnalités de produits ou services vient du fait que les coûts sont généralement répertoriés par activités ou par centres de responsabilité;
  - ○ Ainsi, l'évaluation des attributs et des fonctionnalités oblige l'analyste à recueillir des données qualitatives auprès des clients dans l'objectif d'éviter celles dont le coût dépasse la valeur perçue par les clients.

- D'autre part, l'analyse de la valeur d'une activité ou d'un processus présente un défi communicationnel important. En effet, il est difficile d'admettre qu'une activité essentielle à la bonne gouvernance d'une organisation n'ajoute aucune valeur aux yeux des clients.

Développement de produits et services

- Le déploiement d'une nouvelle génération de produits et services peut s'échelonner sur quelques années. Au cours de cette période, le service de comptabilité (coût de revient) œuvre en étroite collaboration avec les équipes d'ingénierie et d'approvisionnement dans le but d'en arriver aux coûts de revient estimatifs des produits ou services que l'organisation compte commercialiser. L'ensemble des attributs et fonctionnalités doit être évalué en fonction du coût de revient estimatif et de la valeur marchande anticipée de chacun.

Amélioration continue

- L'amélioration continue (Kaizen) vise l'efficience des activités exercées, en ciblant prioritairement celles qui n'ajoutent pas de valeur aux yeux des clients. Elle vise bien sûr à éliminer le gaspillage, les rejets, les arrêts de production, les temps perdus, la capacité inutilisée, etc.

Réingénierie des processus

- La réingénierie dépasse l'amélioration continue des processus pour faire place à un réaménagement exhaustif des processus par l'application/l'intégration de nouvelles technologies.

Diagnostic de l'analyse de la valeur des produits

ÉNONCÉS *Dans l'organisation...*	Tout à fait en accord	Plutôt en accord	Plutôt en désaccord	Tout à fait en désaccord	Sans objet
1. Les principaux attributs et fonctionnalités des produits et services ont été rigoureusement définis et analysés.					
2. Les coûts liés aux attributs et fonctionnalités des produits et services ont fait l'objet d'une évaluation rigoureuse.					
3. La valeur des attributs et fonctionnalités des produits et services a fait l'objet d'une évaluation rigoureuse.					
4. Le coût de chaque nouvel attribut ou fonctionnalité est évalué dès l'amorce du développement d'un produit.					
5. La valeur de chaque nouvel attribut ou fonctionnalité est évaluée dès l'amorce du développement d'un produit.					
6. L'information tirée de l'analyse de la valeur est utilisée pour l'analyse des coûts cibles.					
7. L'information tirée de l'analyse de la valeur est utilisée dans le cadre des projets d'amélioration continue (ex. : Kaizen).					
8. L'information tirée de l'analyse de la valeur est utilisée dans le cadre des projets de réingénierie des processus.					
9. Les analystes comptables sont formés pour évaluer les coûts des attributs et des fonctionnalités des produits et services.					
10. Les analystes comptables sont formés pour évaluer la valeur des attributs, fonctionnalités et services.					
Pour chacun des énoncés, indiquez votre opinion (en attribuant une valeur de 3 à **Tout à fait en accord**, de 2 à **Plutôt en accord**, de 1 à **Plutôt en désaccord** et de 0 à **Tout à fait en désaccord**). Les questions **Sans objet** sont exclues du décompte. Un résultat inférieur à 15/30 (ou à 50 % du maximum) suggère des possibilités d'amélioration en matière d'analyse de la valeur des produits et services de l'organisation					

Analyse du coût cible

Modèle d'analyse des coûts d'un produit en développement

Objectif

Évaluer le coût d'un produit en développement en fonction du volume de
ventes anticipées ainsi que des objectifs de prix de vente, de rentabilité et d'investissement.

Connaissances	Utilisations
● Ventes (prix et volume) ● Investissement ● Coûts	● Rentabilité de l'investissement ● Maintien de la part de marché ● Planification de la production

Modèle d'analyse des coûts et des marges

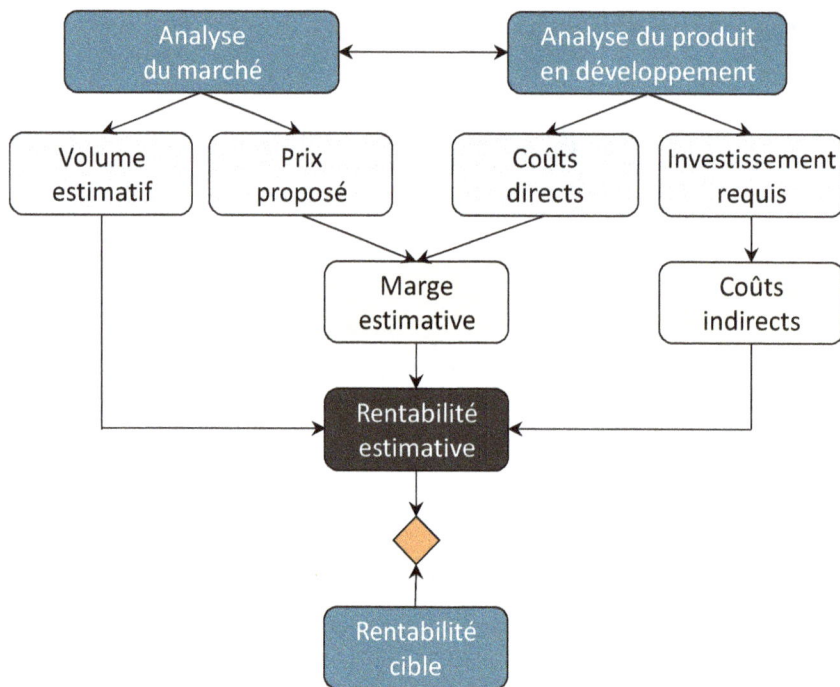

Analyse de marché

● L'analyse de marché explore les besoins des clients et les tendances[7].

Analyse du produit mis au point

● L'analyse d'un produit mis au point permet d'évaluer les coûts de l'investissement en
équipement et en outillage ainsi que les coûts directs et indirects qui s'y rattachent.

Rentabilité de l'investissement

● Avant d'investir dans l'équipement et l'outillage requis pour le développement d'une nouvelle plateforme (c'est-à-dire un nouveau modèle de motoneige ou autre), l'organisation doit de manière raisonnable s'assurer de la rentabilité du projet en tenant compte des résultats de l'analyse de marché et de celle du produit en développement.

Maintien de la part de marché

● Dans un souci de maintenir ou, mieux encore, d'accroître sa part de marché, l'organisation doit sans cesse innover et elle doit s'assurer de maintenir ses prix à un niveau concurrentiel, selon la stratégie concurrentielle choisie.

Planification de la production

● L'investissement requis en équipement et outillage est fonction de la façon dont le produit sera fabriqué ou assemblé. La planification de la production se fait ainsi dans le cours du développement du produit.

Diagnostic
de l'analyse du coût cible

ÉNONCÉS *Dans l'organisation...*	Tout à fait en accord	Plutôt en accord	Plutôt en désaccord	Tout à fait en désaccord	Sans objet
1. Les analyses de marché permettent d'évaluer des possibilités et des menaces.					
2. Les analyses de marché permettent de bien saisir les besoins des clients.					
3. L'analyse de marché comprend différents scénarios afin d'estimer les variations de volume en fonction des prix demandés.					
4. L'analyse de marché permet d'évaluer l'impact des caractéristiques et fonctionnalités intégrées aux produits sur l'élasticité des prix.					
5. L'analyse des produits des concurrents permet d'identifier de nouvelles caractéristiques et fonctionnalités d'intérêt à mettre au point.					
6. L'analyse des produits en développement permet d'estimer adéquatement l'investissement requis en équipement et outillage.					
7. L'analyse des produits en développement fait le lien entre leurs caractéristiques et fonctionnalités convoitées et les besoins en équipement et outillage.					
8. L'analyse des produits en développement évalue avec rigueur les coûts directs en pièces, matériaux et main-d'œuvre.					
9. L'analyse des produits en développement fait le lien entre leurs caractéristiques et fonctionnalités convoitées et les besoins en pièces, matériaux et main-d'œuvre.					
10. La comparaison de la rentabilité prévue et la rentabilité cible permet aux ingénieurs d'établir de nouvelles cibles de coûts.					

Pour chacun des énoncés, indiquez votre opinion (en attribuant une valeur de 3 à **Tout à fait en accord**, de 2 à **Plutôt en accord**, de 1 à **Plutôt en désaccord** et de 0 à **Tout à fait en désaccord**). Les questions **Sans objet** sont exclues du décompte. Un résultat inférieur à 15/30 (ou à 50 % du maximum) suggère des possibilités d'amélioration en matière d'analyse du coût cible des produits ou services en développement au sein de l'organisation.

Analyse comparative

Modèle d'analyse comparative
Objectif Analyser les coûts, le savoir-faire et les processus d'affaires d'autres organisations dans le but de stimuler l'innovation.

Connaissances	**Utilisations**
● Types d'analyse comparative ● Étapes de l'analyse comparative ● Avantages de l'analyse comparative	● Évaluer la performance ● Innover ● Améliorer la performance

Types d'analyse comparative

- L'**analyse comparative interne** compare les produits fabriqués et les activités exercées au sein d'une même organisation – divisions, unités d'affaires, usines, etc.

- L'**analyse comparative entre concurrents** compare les produits fabriqués et les activités exercées par d'autres organisations d'une même industrie, d'un même secteur d'activité.

- L'**analyse comparative fonctionnelle** compare les activités et les coûts liés aux différentes fonctions (finances, ressources humaines, etc.) d'autres organisations.

- L'**analyse comparative générique** compare les processus, c'est-à-dire des ensembles d'activités articulées autour d'un même objectif au sein d'organisations de secteurs d'activité différents.

Étapes de l'analyse comparative[8]

- La **planification** vise à définir le ou les processus à analyser, choisir le type d'analyse (interne, entre concurrents, fonctionnelle ou générique), planifier le travail, recruter et former une équipe de travail.

- La **modélisation** du processus identifie le facteur déclencheur du processus (début), des produits (résultats) du processus (fin), des activités du processus et ses variables clés (indicateurs de performance, etc.).

- Les **études de cas** consistent à recueillir des données quantitatives (mesures de variables) et qualitatives (explications) de la performance.

- L'**analyse finale** compare quantitativement la performance des cas étudiés, interprète les résultats (fournit des explications sur la performance observée) et offre une description des pratiques s'étant révélé les plus performantes dans l'échantillon comparé.

Avantages de l'analyse comparative

- Stimuler la réflexion par la comparaison et l'analyse des pratiques d'autres services, divisions, organisations ou secteurs d'activité.

- Fournir des pistes ou cibles inspirées des pratiques les plus performantes observées au cours et au terme de l'exercice.

Évaluation de la performance

- L'analyse comparative permet d'évaluer l'efficacité et l'efficience d'un processus comparativement à la performance de processus comparables dans d'autres organisations ou secteurs d'activité.

L'approche générique favorise l'innovation

- L'analyse comparative générique est une approche novatrice permettant de recueillir des idées provenant d'organisations œuvrant dans d'autres secteurs d'activité, non pas en vue de copier leurs pratiques, mais bien de s'en inspirer pour faire les choses autrement.
- Les pratiques d'un même secteur d'activité sont souvent semblables et l'exploration d'autres secteurs aux pratiques différentes inspire très souvent de nouvelles façons de faire, d'innover.
- Plus vaste est l'échantillon, plus l'analyse comparative est efficace et utile pour l'organisation.

Stimulation de la performance

- L'analyse comparative donne des résultats beaucoup plus probants qu'une simple analyse des activités d'une organisation donnée.

Diagnostic de l'utilité
de l'analyse comparative générique

	ÉNONCÉS *Dans l'organisation...*	Tout à fait en accord	Plutôt en accord	Plutôt en désaccord	Tout à fait en désaccord	Sans objet
1.	L'analyse comparative est utilisée par la direction comme un moyen d'améliorer la performance organisationnelle.					
2.	L'analyse comparative est utilisée par la direction comme un processus d'autoévaluation à l'aide de points de repère externes.					
3.	L'analyse comparative est utilisée par la direction comme un moyen de générer des idées en vue d'innover.					
4.	L'analyse comparative est utilisée par la direction comme un moyen de fixer des cibles de performance de classe mondiale.					
5.	L'analyse comparative est utilisée par la direction comme un moyen de réaménager les processus clés liés au succès de l'organisation.					
6.	Les indicateurs de performance du processus sont appropriés au processus étudié.					
7.	Les inducteurs à l'origine de la performance d'un processus analysé ont été identifiés et influencent sa gestion.					
8.	Les gestionnaires ont un grand souci de la rigueur (fiabilité et validité) des mesures utilisées des indicateurs à l'origine de la performance d'un processus.					
9.	La direction tend à privilégier les analyses comparatives génériques qui forcent les gestionnaires à sortir des sentiers battus.					
10.	L'équipe de projet d'analyse comparative générique est multidisciplinaire et expérimentée.					

Pour chacun des énoncés, indiquez votre opinion (en attribuant une valeur de 3 à **Tout à fait en accord**, de 2 à **Plutôt en accord**, de 1 à **Plutôt en désaccord** et de 0 à **Tout à fait en désaccord**). Les questions **Sans objet** sont exclues du décompte. Un résultat inférieur à 15/30 (ou à 50 % du maximum) suggère des possibilités d'améliorer la performance organisationnelle par la réalisation d'analyses comparatives.

Gestion des processus

Analyse axée sur la satisfaction du client externe
Objectif Comprendre l'approche par processus en tant que moyen favorisant une performance organisationnelle optimale.

Connaissances	Utilisations
● Définition ● Objectifs de l'analyse ● Maturité	● Cartographie ● Réingénierie ● Gestion

Définition

● Un processus est une suite d'activités liées entre elles, qui passe des fournisseurs aux clients en vue de créer de la valeur aux clients (voir schéma de la fiche 1.4).

● Il y a des processus dont le client final est externe à l'organisation, les processus de la chaîne de valeur interne d'une organisation ou les processus principaux. Exemples : développer de nouveaux produits, mettre en marché, produire et livrer, etc.

● Les activités des processus principaux sont aussi dites à valeur ajoutée car elles ajoutent de la valeur aux produits et services aux yeux des clients.

● Il y a des processus dont le client final est interne à l'organisation, les processus de soutien. Exemples : gérer les ressources humaines, gérer les ressources financières, etc.

● Les activités des processus de soutien n'ajoutent pas directement de la valeur aux produits et services offerts aux clients externes.

● L'objectif des processus de soutien est d'améliorer la performance des processus principaux.

Objectifs de l'analyse

● L'objectif de l'analyse est d'attirer l'attention sur les ressources requises globalement par les processus principaux et les processus de soutien :

  ○ Exemple : Une organisation qui consacre 70 % de ses ressources aux processus principaux et 30 % aux processus de soutien est plus performante qu'une autre qui consacre 60 % aux processus principaux et 40 % aux processus de soutien.

● L'objectif de l'analyse au sein d'un processus donné est d'identifier les activités qui ajoutent de la valeur aux yeux des clients et celles qui n'en ajoutent pas ou la soutiennent.

Utilisations de la cartographie des processus

● Elle est essentielle au contrôle des processus financiers et de logistiques afin de prévenir les erreurs et les irrégularités.

● Elle est essentielle au réaménagement et à la réingénierie des processus.

● Elle amène la gestion par processus, en particulier dans les organisations dont la stratégie est axée sur l'innovation des produits et services. Par exemple, dans le secteur des technologies de l'information.

Maturité de la gestion par processus (GPP)

● Selon une politique de comptabilité de management : sept stades de maturité[9] :

Stades de maturité	Objectifs, jalons par étapes
Sensibilisation	● Minimum d'efforts liés aux processus ● Conclusion de l'appréciation de la GPP
Adhésion	● Grappes de processus efficaces ● Stratégie de mise en œuvre de la GPP ● Soutien de la direction
Engagement	● Gouvernance des processus ● Grille de classification ● Amorce du travail des équipes de processus
Gestion	● Équipes de processus en activité ● Gestion des processus individuels ● Buts et objectifs fondés sur le processus
Intégration	● Rôle de titulaire de la GPP assumé par le conseil des processus ● Intégration des processus et indicateurs multi-processus ● Stades de transformation de la GPP intégrés aux buts et aux objectifs
Assimilation	● Buts et objectifs de la GPP intégrés à la culture organisationnelle ● Coordination des processus intégrés et de la stratégie ● Performance des processus liés aux mesures d'encouragement
Achèvement	● Extension externe de la GPP ● Accès des processus au rang de structure principale, soutenue par les fonctions ● Intégration, classement par ordre de priorité et approvisionnement en ressources des projets d'amélioration continue, en fonction de la stratégie

Diagnostic de l'analyse des processus

ÉNONCÉS *Dans l'organisation...*	Tout à fait en accord	Plutôt en accord	Plutôt en désaccord	Tout à fait en désaccord	Sans objet
1. L'objectif prioritaire est de comprendre les relations entre les activités à l'origine des produits et services.					
2. L'analyse permet de focaliser les efforts d'amélioration des processus en fonction des objectifs stratégiques.					
3. L'analyse permet de connaître le ratio des ressources consacrées aux processus principaux et de soutien.					
4. L'analyse permet de connaître les activités qui ajoutent de la valeur aux yeux des clients et celles qui la soutiennent.					
5. L'analyse permet ainsi d'accroître la valeur aux yeux des clients.					
6. L'analyse permet d'accroître la productivité des processus.					
7. L'analyse permet d'assurer le contrôle des processus, la prévention des erreurs et des irrégularités.					
8. L'analyse permet de contrôler la qualité des processus.					
9. L'analyse amène l'amélioration et la réingénierie des processus.					
10. L'analyse permet d'évoluer dans l'échelle des stades de maturité de la GPP.					

Pour chacun des énoncés, indiquez votre opinion (en attribuant une valeur de 3 à **Tout à fait en accord**, de 2 à **Plutôt en accord**, de 1 à **Plutôt en désaccord** et de 0 à **Tout à fait en désaccord**). Les questions **Sans objet** sont exclues du décompte. Un résultat inférieur à 15/30 (ou à 50 % du maximum) suggère des possibilités d'améliorer l'analyse des processus au sein de l'organisation.

Inducteurs de coûts et des facteurs de succès

Analyse des relations entre les inducteurs de coûts et les facteurs de succès
Objectif
Identifier les facteurs à l'origine des coûts et de la réussite de l'organisation.

Connaissances	**Utilisations**
● Stratégie	● Inducteurs de coûts
● Activités	● Facteurs de succès
● Produits et services	● Outils

Stratégie

● La stratégie définit les orientations de l'organisation, les domaines visés et les territoires sur lesquels intervenir. La stratégie se décline en plans (stratégiques) qui exigent un certain nombre d'activités.

Activités

● Les activités d'une organisation permettent de concrétiser sa stratégie. D'une part, elles exigent des ressources et génèrent des coûts mais, d'autre part, elles conduisent aux produits et services qui font le succès de l'organisation. Ici, il importe d'élaborer des modèles permettant de faire le lien entre les produits, les services, les activités menées, les ressources déployées et la mission de l'organisation en mesurant les divers volets de la performance organisationnelle (choix d'indicateurs de performance, mesures cibles).

Produits et services

● Les produits et services d'une organisation contribuent à la réalisation de sa mission, à sa réussite.

Une adaptation de la croix CAM-I[10]

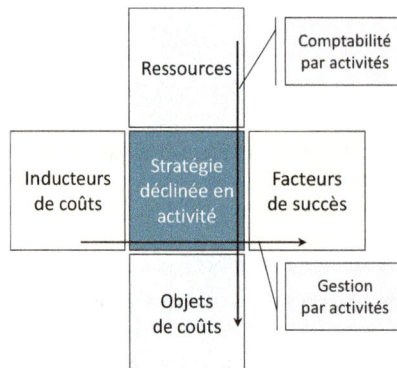

Inducteurs de coûts

● Inducteurs structurels[11] : économies d'échelle, degré d'intégration verticale, technologies, expertise, expérience, complexité.
● Inducteurs d'exécution : déclencheurs d'activité, facteurs de consommation des ressources.
● Attributs : ajoutent de la valeur, n'ajoutent aucune valeur, maintiennent la valeur.

Facteurs de succès

- Facteurs clés de succès : bon nombre d'indicateurs non financiers sont souvent à l'origine du succès de l'organisation.
- Indicateurs de performance : financiers ou non financiers, ils témoignent du succès de l'organisation.

Outils liés

- Cartographie des processus, diagramme d'Ishikawa[12], cartes stratégiques :

Diagramme d'Ishikawa

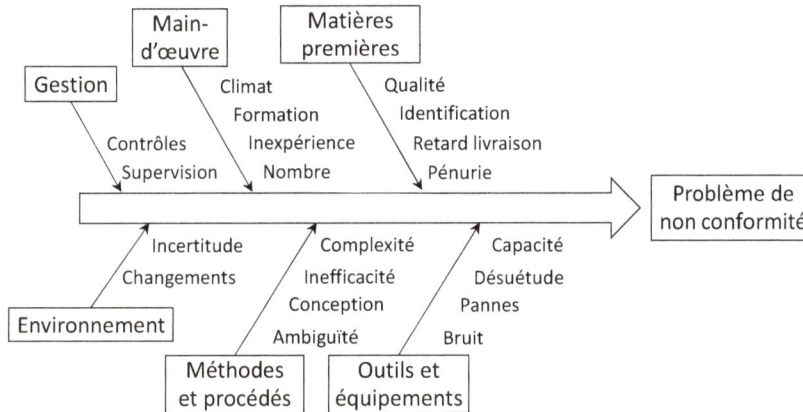

Diagnostic de l'utilité des inducteurs de coûts et des facteurs de succès

	ÉNONCÉS *Dans l'organisation...*	Tout à fait en accord	Plutôt en accord	Plutôt en désaccord	Tout à fait en désaccord	Sans objet
1.	L'impact des économies d'échelle réalisées est connu et régulièrement réévalué.					
2.	Les bénéfices d'une intégration verticale sont connus et régulièrement réévalués.					
3.	Le potentiel d'amélioration de la performance organisationnelle par l'intégration de nouvelles technologies est connu et régulièrement réévalué.					
4.	Les besoins en expertise et en expérience sont connus et régulièrement réévalués à l'échelle de l'organisation.					
5.	Les inducteurs de coûts ont été identifiés afin d'intervenir au niveau des causes qui en sont à l'origine.					
6.	Les indicateurs financiers et non financiers à l'origine du succès de l'organisation ont été formellement identifiés.					
7.	Des indicateurs de performance facilitant la réalisation de la mission ont été formellement identifiés.					
8.	Des indicateurs de performance permettant de mesurer le succès financier de l'organisation ont été formellement identifiés.					
9.	On différencie les indicateurs menant à la performance (*leading*) de ceux qui témoignent de la performance (*lagging*).					
10.	On utilise les diagrammes d'Ishikawa ou les cartes stratégiques pour mieux saisir les facteurs permettant d'améliorer la performance de l'organisation.					

Pour chacun des énoncés, indiquez votre opinion (en attribuant une valeur de 3 à **Tout à fait en accord**, de 2 à **Plutôt en accord**, de 1 à **Plutôt en désaccord** et de 0 à **Tout à fait en désaccord**). Les questions **Sans objet** sont exclues du décompte. Un résultat inférieur à 15/30 (ou à 50 % du maximum) suggère des possibilités d'amélioration au niveau de l'utilisation des inducteurs de coûts et des facteurs de succès de l'organisation.

Analyse des coûts d'obtention de la qualité

Modèle d'analyse des coûts d'obtention de la qualité

Objectif
Évaluer ce qu'il en coûte à l'organisation pour assurer la qualité d'un produit et service.

Connaissances	Utilisations
● Typologie des coûts ● Modélisation	● Minimisation des coûts ● Création de valeur ● Rentabilité de l'exploitation

Une typologie des coûts d'obtention de la qualité (COQ)

Coûts des anomalies ou défauts découverts à l'interne
- ● Unités rejetées en cours de production
- ● Unités mises au rebut suite à un test de fiabilité
- ● Rejets, matériaux et pièces jugées non conformes
- ● Arrêts de production

Coûts des anomalies ou défauts découverts à l'externe
- ● Unités remplacées une fois dans les mains des clients
- ● Garanties autres que celles des unités remplacées

Coûts d'évaluation
- ● Utilisation d'équipement de test et d'inspection
- ● Tests et inspections autres que ceux liés aux équipements
- ● Planification des tests et entrée de données sur système d'information

Coûts de prévention
- ● Formation du personnel
- ● Entretien préventif
- ● Investissement en mise à niveau ou en équipements supérieurs
- ● Formation à l'intention des clients et des fournisseurs

Modélisation des coûts d'obtention de la qualité

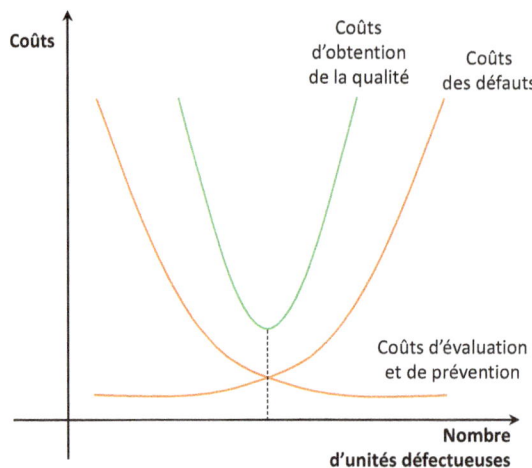

Minimisation des coûts

- L'organisation souhaite minimiser les coûts encourus pour assurer la qualité de ses produits et services.
- Les coûts des anomalies ou défauts varient de manière inversement proportionnelle aux coûts d'évaluation et de prévention.
- Les coûts des anomalies et défauts découverts à l'externe comportent des éléments intangibles difficiles à mesurer.

Création de valeur

- L'organisation souhaite créer de la valeur pour ses clients en assurant la qualité de ses produits et services.
- La qualité des produits et services comporte des éléments d'influence intangibles difficiles à mesurer (réputation de l'organisation, etc.).
- Une qualité améliorée peut souvent conduire à la réduction substantielle des coûts de production des produits et services.

Rentabilité de l'exploitation

- La rentabilité de l'exploitation passe par des clients satisfaits des produits et des services qu'ils reçoivent.

Diagnostic de l'analyse
des coûts d'obtention de la qualité

ÉNONCÉS *Dans l'organisation...*	Tout à fait en accord	Plutôt en accord	Plutôt en désaccord	Tout à fait en désaccord	Sans objet
1. L'analyse des coûts rattachés à l'obtention de qualité permet de minimiser le montant global des coûts d'obtention de la qualité.					
2. L'analyse des coûts rattachés à l'obtention de qualité favorise la création de valeur au profit des clients.					
3. L'analyse des coûts rattachés à l'obtention de qualité optimise la rentabilité à long terme de l'organisation.					
4. L'analyse des coûts rattachés à l'obtention de qualité permet de minimiser le montant global des coûts d'obtention de la qualité.					
5. L'analyse des coûts rattachés à l'obtention de qualité favorise la création de valeur au profit des clients.					
6. L'analyse des coûts rattachés à l'obtention de qualité optimise la rentabilité à long terme de l'organisation.					
7. L'analyse des coûts liés aux anomalies ou défauts découverts à l'interne permet d'en retracer l'origine (les causes).					
8. L'analyse des coûts liés aux anomalies ou défauts découverts à l'externe permet d'en retracer l'origine (les causes).					
9. L'analyse des causes de coûts permet de trouver des moyens efficaces de les réduire.					
10. L'analyse des coûts liés aux anomalies ou défauts découverts à l'externe permet d'isoler les manques à gagner.					

Pour chacun des énoncés, indiquez votre opinion (en attribuant une valeur de 3 à **Tout à fait en accord**, de 2 à **Plutôt en accord**, de 1 à **Plutôt en désaccord** et une valeur de 0 à **Tout à fait en désaccord**). Les questions **Sans objet** sont exclues du décompte. Un résultat inférieur à 15/30 (ou à 50 % du maximum) suggère des possibilités d'amélioration au niveau de l'analyse des coûts d'obtention de la qualité au sein de l'organisation.

Analyse de la capacité

Modèle d'analyse des coûts de capacité
Objectif Comprendre quels sont les coûts rattachés à la capacité.

Connaissances	**Utilisations**
● Modélisation de la capacité ● Évaluation des coûts ● Raisons des coûts	● Gestion des coûts de capacité ● Création de valeur ● Rentabilité de l'exploitation

**Modèle des coûts
de capacité adapté de CAM-I[13]**

Capacité inutilisée		Ne pouvant pas être activée
		Hors limite
		Pouvant être mise en marche
Capacité utilisée	Capacité improductive	Capacité de secours
		Gaspillage
		Arrêts des machines
		Maintenance
		Mise en route
	Capacité productive	Développement de procédés
		Développement de produits
		Produits respectant les normes de qualité

- Capacité inutilisée : au-delà des raisons à l'origine d'une désactivation voulue ou non, la capacité dite « hors limite » qualifie celle qui ne peut être utilisée en raison de lois, règles ou politiques de gestion (interdiction de faire décoller un avion d'un aéroport après minuit, etc.).
- Capacité utilisée : capacité actuellement utilisée, mais qui peut, au gré des circonstances, être productive ou improductive.
- Capacité improductive : capacité pour laquelle l'organisation assume des coûts, mais qui n'est pas productive pour de multiples raisons (capacité de secours en vue d'équilibrer les processus de production, gaspillage par défectuosités ou rejets, arrêt, maintenance ou mise en route des équipements, etc.).
- Capacité productive : capacité permettant de développer des procédés et des produits et d'en assurer la qualité.

Gestion des coûts de capacité

- L'objectif est de minimiser la capacité improductive en analysant les causes d'improductivité et en les corrigeant, le cas échéant.
- En cas de fonctionnement à capacité (c'est-à-dire la capacité utilisée plus la capacité inutilisée, mais utilisable), l'objectif est d'analyser comment l'organisation pourrait utiliser la capacité actuellement hors limite par contrat, par exemple en ajoutant un quart de travail ou des heures supplémentaires.

Création de valeur

- L'organisation souhaite créer une plus-value au profit de ses clients en minimisant ses coûts d'improductivité et en veillant à ce que le prix de ses produits et services soit plutôt calculé en fonction d'éléments de coûts contribuant à leur valeur.

Rentabilité de l'exploitation

- Au final, la satisfaction des clients joue un rôle prépondérant dans la rentabilité de l'exploitation. Dans ce contexte, la création de valeur et la minimisation des coûts d'improductivité sont des considérations prioritaires.

Diagnostic de l'analyse des coûts de capacité

ÉNONCÉS *Dans l'organisation...*	Tout à fait en accord	Plutôt en accord	Plutôt en désaccord	Tout à fait en désaccord	Sans objet
1. L'analyse des coûts de capacité est utilisée afin de minimiser la capacité improductive.					
2. L'analyse des coûts de capacité est utilisée afin d'identifier les causes de la capacité improductive.					
3. L'analyse des coûts de capacité est utilisée afin d'optimiser les travaux de maintenance des équipements.					
4. L'analyse des coûts de capacité est utilisée afin de mieux planifier la production et mieux équilibrer les processus productifs.					
5. En cas de fonctionnement à capacité, l'analyse des coûts de capacité est utilisée afin d'identifier les causes d'inutilisation de la capacité hors limite et improductive et d'y remédier.					
6. L'analyse de la capacité hors limite est utilisée afin d'élaborer des plans visant à en repousser les limites.					
7. L'évaluation de la capacité inutilisée vise à élaborer des plans en vue d'offrir la capacité à l'extérieur (à d'autres organisations).					
8. L'analyse des coûts de capacité permet d'assurer la meilleure cohérence possible entre la capacité de production et la demande pour les produits et services.					
9. L'analyse des coûts de capacité est utilisée afin de mieux comprendre l'impact de l'utilisation de la capacité sur la productivité.					
10. La gestion des coûts de capacité est perçue par la direction comme un facteur clé de la rentabilité à long terme de l'organisation.					

Pour chacun des énoncés, indiquez votre opinion (en attribuant une valeur de 3 à **Tout à fait en accord**, de 2 à **Plutôt en accord**, de 1 à **Plutôt en désaccord** et de 0 à **Tout à fait en désaccord**). Les questions **Sans objet** sont exclues du décompte. Un résultat inférieur à 15/30 (ou à 50 % du maximum) suggère des possibilités d'amélioration au niveau de l'analyse des coûts de capacité de l'organisation.

Cohérence des techniques d'analyse de la productivité

Recherche de cohérence stratégique

Objectif
Évaluer la cohérence entre la stratégie et l'analyse stratégique des coûts.

Éléments stratégiques	Éléments de coûts
● Stratégie d'entreprise ● Stratégie d'affaires ● Stratégie concurrentielle	● Méthodes d'analyse stratégiques ● Coûts standards ● Coûts de commercialisation

Évaluation
des pratiques de contrôle

	Catégorie	Énoncés	Évaluation
1.	Importance de l'analyse du coût des produits à l'étape de développement	Moins important	
		Modérée	
		Plus important	
2.	Importance de l'analyse de la valeur d'un produit ou d'un service	Moins important	
		Modérée	
		Plus important	
3.	Importance de l'analyse du coût cible	Moins important	
		Modérée	
		Plus important	
4.	Importance de l'analyse comparative	Élevée pour les parts de marché et la croissance des ventes	
		Modérée	
		Élevée pour les coûts	
5.	Importance de l'analyse des inducteurs de coûts et des facteurs clés de succès	Plus d'attention aux facteurs clés de succès	
		Équilibrée	
		Plus d'attention aux inducteurs de coûts	
6.	Importance de l'analyse des coûts d'obtention de la qualité	Plus élevée en termes de satisfaction de la clientèle	
		Équilibrée	
		Plus élevé en termes de réduction des coûts	
7.	Importance de l'analyse de la capacité	Moins important	
		Modérée	
		Plus important	
8.	Importance accordée à l'analyse des coûts de commercialisation	Moins important	
		Modérée	
		Plus important	
9.	Importance des coûts dans la détermination des prix	Moins important	
		Modérée	
		Plus important	
10.	Importance de l'analyse des coûts des concurrents	Moins important	
		Modérée	
		Plus important	

Pour chaque énoncé, cochez la case correspondante à la situation de l'organisation. Ensuite, à l'aide de la grille proposée ci-après, établissez un diagnostic de cohérence.

Analyse de la productivité
Proposition de diagnostic de cohérence[14]

Catégorie	Énoncés	Stratégie d'entreprise			Stratégie d'affaires			Stratégie concurrentielle		
		Secteur unique	Diversification liée	Diversification non liée	Récolte	Maintien	Croissance	Prix	Mixte	Différenciation
Importance de l'analyse du coût des produits à l'étape de développement	Moins important				▲	◻	●	▲	◻	●
	Modérée				◻	●	◻	◻	●	◻
	Plus important				●	◻	▲	●	◻	▲
Importance de l'analyse de la valeur d'un produit ou d'un service	Moins important				●	◻	▲	●	◻	▲
	Modérée				◻	●	◻	◻	●	◻
	Plus important				▲	●	●	▲	●	●
Importance de l'analyse du coût cible	Moins important				▲	◻	●	◻	◻	▲
	Modérée				◻	●	◻	◻	●	◻
	Plus important				●	◻	▲	●	◻	▲
Importance de l'analyse comparative	Élevée pour les parts de marché et la croissance des ventes				▲	◻	●	▲	◻	●
	Modérée				◻	●	◻	◻	●	◻
	Élevée pour les coûts				●	◻	▲	●	◻	▲
Importance de l'analyse des inducteurs de coûts et des facteurs clés de succès	Plus d'attention aux facteurs clés de succès				▲	◻	●	▲	◻	●
	Équilibrée				◻	●	◻	◻	●	◻
	Plus d'attention aux inducteurs de coûts				●	◻	▲	●	◻	▲
Importance de l'analyse des coûts d'obtention de la qualité	Plus élevée en termes de satisfaction de la clientèle				▲	◻	●	▲	◻	●
	Équilibrée				◻	●	◻	◻	●	◻
	Plus élevé en termes de réduction des coûts				●	◻	▲	●	◻	▲
Importance de l'analyse de la capacité	Moins important				▲	◻	●	▲	◻	●
	Modérée				◻	●	◻	◻	●	◻
	Plus important				●	◻	▲	●	◻	▲
Importance accordée à l'analyse des coûts de commercialisation	Moins important				▲	◻	●	▲	◻	●
	Modérée				◻	●	◻	◻	●	◻
	Plus important				●	◻	▲	●	◻	▲
Importance des coûts dans la détermination des prix	Moins important				▲	◻	●	▲	◻	●
	Modérée				◻	●	◻	◻	●	◻
	Plus important				●	◻	▲	●	◻	▲
Importance de l'analyse des coûts des concurrents	Moins important				▲	◻	●	▲	◻	●
	Modérée				◻	●	◻	◻	●	◻
	Plus important				●	◻	▲	●	◻	▲

- La littérature et l'expérience pratique nous amènent à recommander l'harmonisation de certaines pratiques de contrôle avec la stratégie d'entreprise, la stratégie d'affaires et la stratégie concurrentielle.
- Pour chacun des énoncés, le **rond vert** ● indique une parfaite cohérence, le **carré jaune** ◻, une cohérence modérée et le **triangle rouge** ▲, l'absence de cohérence. Généralement, l'absence de cohérence requiert une analyse de la situation et peut justifier la modification des pratiques de contrôle.
- Il est important de préciser que certaines divergences, pourvu qu'elles soient bien définies, sont parfois justifiées, voire expressément voulues par les dirigeants. Il est donc important de faire preuve d'une grande **prudence** dans l'analyse de la cohérence entre la stratégie et les systèmes de contrôle.

Notes

1. Voir entrevue réalisée avec Pierre Tremblay, vice-président de BRP (Bombardier Produits Récréatifs) – capsule vidéo 3.1 du complément Web de Hugues BOISVERT, Marie-Claude BROUILLETTE, Marie-Andrée CARON, Réal JACQUES, Claude LAURIN et Alexander MERSEREAU (2011). *La comptabilité de management, prise de décision et contrôle,* 5e édition. ERPI. 644 p.

2. La figure est adaptée de Benjamin S. BLANCHARD (1978). Design and Manage to Life Cycle Cost. M/A Press. p. 15. Elle est discutée en p. 590 du livre Hugues BOISVERT, Marie-Claude BROUILLETTE, Marie-Andrée CARON, Réal JACQUES, Claude LAURIN et Alexander MERSEREAU (2011). *La comptabilité de management, prise de décision et contrôle,* 5e édition. ERPI. 644 p.

3. Voir entrevue réalisée avec Réal Bélanger, chef de la direction financière de Héroux-Devtek, – capsule vidéo 2.1 du complément Web de Hugues BOISVERT, Marie-Claude BROUILLETTE, Marie-Andrée CARON, Réal JACQUES, Claude LAURIN et Alexander MERSEREAU (2011). *La comptabilité de management, prise de décision et contrôle,* 5e édition. ERPI. 644 p.

4. PORTER, Michael (1986). *L'avantage concurrentiel.* InterÉditions. Paris. L'auteur écrit (p. 54) « En termes de concurrence, la valeur est la somme que les clients sont prêts à payer ce qu'une firme leur offre. »

5. SOCIÉTÉ CANADIENNE D'ANALYSE DE LA VALEUR. http://www.scav-csva.org/aboutva.php?section=1.

6. CÔTÉ, Daniel (1993). La comptabilité par activités et son mode d'implantation dans une entreprise manufacturière. Mémoire de maîtrise. Département de génie industriel. École Polytechnique de Montréal.

7. Voir entrevue réalisée avec André Rémillard, vice-président aux finances de l'Oréal – capsule vidéo 12.3 du complément Web de Hugues BOISVERT, Marie-Claude BROUILLETTE, Marie-Andrée CARON, Réal JACQUES, Claude LAURIN et Alexander MERSEREAU (2011). *La comptabilité de management, prise de décision et contrôle,* 5e édition. ERPI. 644 p.

8. Voir une définition plus détaillée (plus académique) de la démarche dans Hugues BOISVERT, Marie-Claude BROUILLETTE, Marie-Andrée CARON, Réal JACQUES, Claude LAURIN et Alexander MERSEREAU (2011). *La comptabilité de management, prise de décision et contrôle,* 5e édition. ERPI. 644 p.

9. DALY, Dennis, Patrick DOWDLE, Randy SORENSEN et Jerry STEVENS (2009). *La mise en œuvre de la gestion par processus dans les organisations. Politique de comptabilité de management.* Société des comptables en management du Canada et Consortium for Advanced Management International. 75 p.

10. La croix CAM-I (Consortium for Advanced Management International, www.cam-i.org) fut élaborée en 1990 par Gary COKINS, Peter TURNEY et Norm RAFFISH. Tel que rapporté en page 53 de COKINS, Gary (1996). Activity-Based Cost Management Making It Work. Irwin. 226 p.

11. Le concept des inducteurs structurels et d'exécution est expliqué en page 20 de SHANK, John K. et Vijay GOVINDARAJAN (1993). *Strategic Cost Management, The New Tool for Competitive Advantage.* The Free Press. 226 p.

12. ISHIKAWA, Kaoru (1976). Guide to Quality Control, Industrial Engineering and Technology. Ce diagramme intitulé « Asian Productivity Organization » est aussi présenté en page 205 du livre BOISVERT Hugues (1991*). Le contrôle de gestion, vers une pratique renouvelé.* ERPI. 278 p.

13. CAM-I (Consortium for Advanced Management International). www.cam-i.org. Le modèle CAM-I est aussi expliqué dans la politique de comptabilité de management Le coût de la capacité archivée sur le site www.cma-canada.org.

14. Adapté de SHANK JOHN K. et Vijay GOVINDARAJAN (1995). *La gestion stratégique des coûts.* Les Éditions d'organisation, p. 1.

www.ingramcontent.com/pod-product-compliance
Lightning Source LLC
Chambersburg PA
CBHW081102220326
41598CB00038B/7195